CW01619944

SPOWIEDŹ HITLERA

SZCZERA ROZMOWA Z ŻYDEM

SPOWIEDŹ HITLERA

SZCZERA ROZMOWA Z ŻYDEM

Opracował i do wydania przygotował
Christopher Macht

BELLONA
Warszawa

Uwaga: autorem ostrzeżenia, ostatniego rozdziału pod tytułem *Jeżeli przegramy, naród niemiecki nie będzie miał po co żyć. Hitler nie żyje*, obu epilogów, a także komentarzy i większości przypisów jest Christopher Macht.

Projekt okładki i stron tytułowych
Anna Damasiewicz

Redaktor prowadzący
Sylwia Ciuła

Redakcja merytoryczna
Zofia Gawryś

Konsultacja
Bartłomiej Zborski

Redaktor techniczny
Marcin Adamczyk

Korekta
Ewa Grabowska
Grażyna Ćwietkow-Góralna

Copyright © by Christopher Macht, Warszawa 2016
Copyright © for the edition by Bellona Spółka Akcyjna, Warszawa 2016

Źródła ilustracji: archiwum redakcji „Mówią wieki", Bundesarchiv, Library of Congress, Wikimedia Commons

Niniejsza publikacja mimo nadanego jej paradokumentalnego charakteru jest fikcją literacką

Wydawca
Bellona Spółka Akcyjna
ul. Bema 87, 01-233 Warszawa

Dział wysyłki:
tel. 22 457 03 02, 22 457 03 06, 22 457 03 78
faks: 22 652 27 01
e-mail: biuro@bellona.pl

Zapraszamy na strony www.bellona.pl, www.ksiegarnia.bellona.pl
Dołącz do nas na Facebooku www.facebook.com/Wydawnictwo.Bellona

ISBN 978-83-11-14166-7

Spis treści

Ostrzeżenie

Przed lekturą dalszych stron chciałbym wyraźnie oznajmić, że moim celem nie jest rozpowszechnianie i propagowanie nienawiści. Ta publikacja ma jedynie zaznajomić czytelników z nieznanym dotąd źródłem historycznym.

Książka została oparta na dokumentach, czego wyraz znajdujemy w bibliografii. Wszystkie wypowiedzi bohaterów mają swoje oparcie w opracowaniach historycznych, nie są moimi własnymi wypowiedziami.

W żadnym wypadku nie podzielam poglądów prezentowanych przez bohaterów. Przedstawione tezy nie są akceptowane przeze mnie.

Niniejszy utwór powinien być więc traktowany jedynie jako publikacja udostępniająca wiedzę wydobytą z sensacyjnych zapisków doktora Blocha.

Christopher Macht
contact@christophermacht.com

Adolf Hitler na nazistowskim plakacie propagandowym z 1935 roku

Urodzony:	20 kwietnia 1889 roku
Miejsce urodzenia:	Braunau nad rzeką Inn w Austrii
Waga:	79,5 kg
Wzrost:	173 cm (inne źródła: 175 cm)

Führer pozdrawia tłum wyciągniętą i uniesioną do góry prawą ręką. Początkowo takim gestem pozdrawiali się członkowie NSDAP. W 1933 roku minister spraw wewnętrznych Frick nakazał jego stosowanie wszystkim Niemcom jako „świadectwo jedności i posłuszeństwa wobec wodza”

Według różnych źródeł ludzkość poniosła z winy Adolfa Hitlera straty w wysokości od czterdziestu do pięćdziesięciu milionów zabitych. Do tego należy doliczyć miliony wypędzonych, poniżanych, rannych ludzi.

„Jeżeli wojnę przegramy, zginie również naród. […] To, co pozostanie po wojnie, reprezentować będzie mniejszą wartość, albowiem ci lepsi zginą”.

Wg: M. Hesemann, *Kłamstwa Hitlera*, Świat Książki, Warszawa 2014.

Doktor Eduard Bloch z wnukami. Ten żydowski lekarz z Linzu leczył młodego Hitlera i jego bliskich. Opiekował się zwłaszcza jego matką, która zmarła na raka piersi. Mimo antysemickich przekonań Hitler darzył Blocha szacunkiem. Po przyłączeniu Austrii do Trzeciej Rzeszy zadbał, aby go nie prześladowano, i umożliwił mu emigrację do USA

Szlachetny Żyd Hitlera

Jestem Żydem. Do tego – jak mawia Adolf Hitler – „szlachetnym Żydem". Zatem jak to możliwe, że doszło do historycznego paradoksu, w którym największy na świecie pogromca mojego narodu postanowił zaufać wrogowi, przedstawicielowi niższej rasy? Może wydać się to dziwne, ale z Adolfem Hitlerem znam się od wielu lat. Choć jeśli uznamy, że znajomość oznacza regularne spotkania towarzyskie, to może akurat to słowo nie jest najodpowiedniejsze. Zapewne Państwo nadal są w szoku. Dlatego raz jeszcze powtórzę: „Szlachetny Żyd" – tak właśnie nazywał mnie Adolf Hitler. Ten sam, który nienawidził Żydów i był zatwardziałym antysemitą. Przyszłego przywódcę Trzeciej Rzeszy poznałem zdecydowanie wcześniej, niż mogłoby się wszystkim zdawać. Jednak najpierw przedstawię kilka informacji na swój temat.

Nazywam się Eduard Bloch. Urodziłem się w 1872 roku we Frauenbergu* na południu Czech. Po ukończeniu studiów medycznych dostałem powołanie do austriackiej armii. Później osiadłem w Linzu i w 1901 roku otworzyłem gabinet lekarski. Nikomu nie odmawiałem pomocy. Ludzie twierdzili, że jestem przede wszystkim lekarzem biedoty. Starałem się pomagać o każdej porze dnia i nocy. Gdy było trzeba, udawałem się do chorych swym jednokonnym powozem.

* Czeska nazwa: Hluboká nad Vltavou (wszystkie przypisy oznaczone asteryskiem pochodzą od redakcji).

Czternastego stycznia 1907 roku w moim gabinecie pojawiła się około pięćdziesięcioletnia kobieta. Skarżyła się na bóle w piersi, które czasem stawały się tak uciążliwe, że nie mogła spać. Doszedłem do wniosku, że mamy do czynienia ze złośliwym nowotworem znanym powszechnie jako rak piersi. Pacjentka nazywała się Klara Hitler i była matką przyszłego kanclerza Rzeszy. Nie przedstawiłem jej swojej diagnozy. Uspokoiłem ją i powiedziałem, że konieczna będzie operacja. Pacjentka, oczywiście, na to przystała. Następnie musiałem o wszystkim powiedzieć dzieciom pani Hitler. Był wśród nich najmłodszy syn – Adolf. Do dzisiaj pamiętam jego minę, płakał. Na jego pociągłej twarzy pojawił się grymas. Na koniec zapytał: „Czy mama będzie cierpieć?". Przyznaję, że w całej karierze lekarskiej – a byłem świadkiem wielu tragedii – nie widziałem człowieka tak przygniecionego cierpieniem jak Adolf Hitler. Pamiętam, jak po operacji nalegał, by nie umieszczać matki w wielkiej przepełnionej sali, tylko w drogiej separatce. Zamiast dwóch koron dzieci Hitlera musiały zapłacić pięć. Ale dla nich nie było to istotne, przedkładały nade wszystko dobro matki. Ona zaś, świadoma swojej choroby, powiedziała mi szeptem: „Ale Adolf jest jeszcze taki młody…". Od tamtej chwili wiele się zmieniło. Adolf Hitler pochował oboje rodziców, później wysyłał mi drobne upominki, ciągle powtarzając, że ma wobec mnie dług wdzięczności, aż nasz kontakt znacznie osłabł.

Nawiasem mówiąc, do dzisiaj bawi mnie jedna sytuacja. Kiedy spotykali mnie na ulicy dawni pacjenci, nie chcieli mnie urazić hitlerowskim pozdrowieniem *Heil Hitler!* Nie chcieli również mijać mnie bez słowa. Jednak i na to znajdowali rozwiązanie. Na mój widok podnosili po nazistowsku rękę i krzyczeli: „*Heil*, doktor Bloch!".

W 1938 roku moje życie radykalnie się zmieniło. Miałem wtedy sześćdziesiąt sześć lat. Pamiętam, że po wkroczeniu do Linzu niemieckich wojsk, pierwszego października 1938 roku, zamknięto mój gabinet. Córka z zięciem – doktorem Franzem Krenem – uciekli za morze. Ja zostałem. Plotka głosi, że już rok wcześniej Führer zasięgał informacji na mój temat u swoich partyjnych towarzyszy. Ja także próbowałem do niego dotrzeć. Przez różnych pośredników starałem się dostarczyć mu listy z prośbą o pomoc i ochronę przed antyżydowskimi ekscesami. Byłem przekonany, że Hitler nie zapomniał lekarza matki, który w swej działalności zawsze kierował się nie materialnym, ale etycznym punktem widzenia.

Kanclerz Hitler na moje prośby zareagował błyskawicznie. Jako jedyny Żyd w Linzu zostałem objęty ochroną Gestapo do czasu, aż udało mi się załatwić wszystkie formalności związane z wyjazdem z Niemiec. Dzięki pomocy pana Adolfa mogłem zachować majątek, co nie było w tamtych czasach normalne. Wówczas Żyd mógł opuścić Niemcy pod warunkiem wyzbycia się wszystkich dóbr materialnych, zabierając ze sobą jedynie dokument tożsamości. Razem z żoną mieliśmy również prawo poszukać kupca na nasz dom. Zgodnie z rozporządzeniem Adolfa Hitlera z czternastego września 1938 roku mogłem o każdej porze dzwonić do Ameryki, dostałem kartki na ubrania, które Żydom nie przysługiwały, zostawiono mi paszport, a moja służba nie musiała stać w kolejce po żywność, bo nie miałem wpisane na kartkach „J", czyli „Jude". Nawet gestapowcy byli wobec mnie uprzejmi – w stosunku do Żyda sytuacja nie do pomyślenia.

Jeśli chodzi o Adolfa Hitlera, to w młodości nie był on ani awanturnikiem, ani chłopcem nieporządnym czy aroganckim. To po prostu nieprawda. Jako dziecko był spokojny, dobrze wychowany i czysto ubrany, ale zamknięty w sobie. W wieku czternastu czy piętnastu lat czekał cierpliwie w poczekalni na swoją kolej, jak każde dobrze ułożone dziecko. Kłaniał się i zawsze uprzejmie dziękował. Adolf miał oczy matki – duże, zamyślone, melancholijne. Jak inni chłopcy w Linzu, nosił krótkie skórzane spodnie i zielony lodenowy kapelusz z piórkiem. Z tego co pamiętam, był wysoki i blady na twarzy. Do tego wyglądał na starszego, niż był w rzeczywistości.

Wróćmy jednak do mojej skromnej osoby. Po dopełnieniu wszelkich formalności w 1940 roku razem z żoną zamierzaliśmy wyemigrować do Stanów Zjednoczonych. Już byliśmy na lotnisku, gdy nagle opadło nas kilku esesmanów. Żonie pozwolili odlecieć, a mnie zabrali ze sobą i odwieźli do hotelu Adlon. Słyszałem, jak mówili między sobą, że z niezrozumiałych powodów Führer nakazał dyskretnie dbać o takiego parszywego Żyda i zapewnić mu wikt i opierunek w hotelu.

Tak przeżyłem kilka lat wojny. Parę razy rozmawiał ze mną Hermann Fegelein*. Powiedział, że jest zaufanym człowiekiem wodza i „mam nie robić głupstw". Raz oznajmił, że wkrótce zostanę przewieziony do obozu koncentracyjnego, ale nic takiego nie nastąpiło. Nie wolno mi było opuszczać hotelu.

Rozluźnienie kontroli nastąpiło w 1945 roku i mogłem wychodzić z hotelu, choć zawsze szło za mną paru tajniaków. Dostałem raz zaproszenie do siedziby Czerwonego Krzyża, gdzie rozmawiał ze mną hrabia Folke Bernadotte**. Oznajmił, że negocjuje z Reichsführerem SS Heinrichem Himmlerem uwolnienie i przewiezienie do kraju neutralnego pozostałych jeszcze przy życiu Żydów. Hrabiemu towarzyszyła młoda kobieta. Przedstawiła się jako Heidi i powiedziała, że jest „serdeczną przyjaciółką" Fegeleina i że to ona będzie prowadzić sprawę mojego wyjazdu z Rzeszy. Potem rozmawiałem z nią jeszcze parę razy.

Tak nastał kwiecień 1945 roku.

Właśnie w pokoju hotelowym kładłem się do łóżka, gdy rozległo się pukanie do drzwi. Za drzwiami stało dwóch umundurowanych żołnierzy, prawdopodobnie esesmanów. Jeden z nich się wylegitymował, po czym zapytał:

– Pan Eduard Bloch?

– We własnej osobie – odpowiedziałem mocno zaskoczony.

---

* Hermann Fegelein, generał SS, oficer łącznikowy Himmlera. W nocy z 27 na 28 kwietnia 1945 r. z kieszeniami wypchanymi frankami szwajcarskimi i brylantami został zatrzymany w mieszkaniu swojej cudzoziemskiej kochanki. Przez dwa dni był nieobecny w bunkrze Hitlera i wszystko wskazywało na to, że miał zamiar uciec. Fegelein został siłą doprowadzony na stanowisko dowodzenia Wilhelma Mohnkego pod Vossstrasse, a potem, pijanego w sztok, zaciągnięto go przed trybunał polowy. Mohnke uznał, że Fegelein nie nadaje się do postawienia przed sądem i przekazał całkowicie opaskudzonego własnym moczem i kałem delikwenta gen. Johannowi Rattenhuberowi, szefowi służby bezpieczeństwa Kancelarii Rzeszy. O świcie 29 kwietnia Fegelein został rozstrzelany.

** Folke Bernadotte (1895–1948), hrabia, bratanek króla szwedzkiego Gustava V, działacz Szwedzkiego Czerwonego Krzyża; wiceprezes (od 1943), a następnie prezes tej organizacji (1946–1948), zamordowany w Jerozolimie.

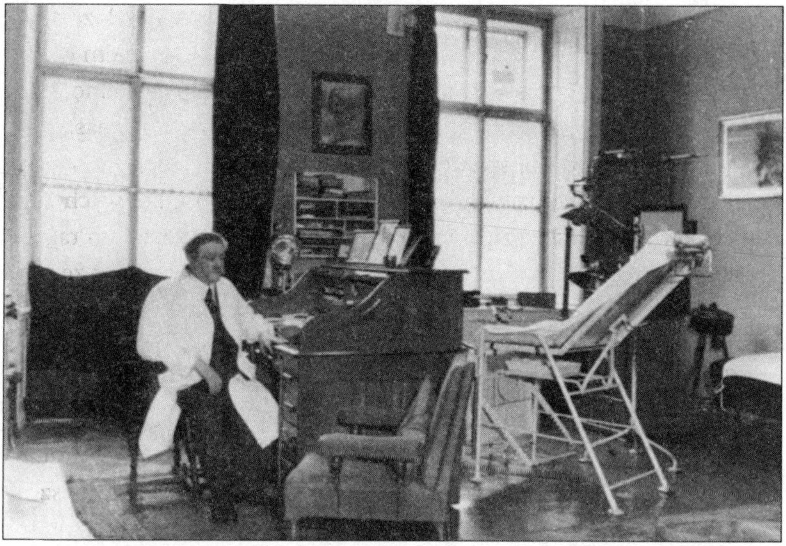

Doktor Bloch w swym gabinecie lekarskim

– Dziękuję, przyjąłem do wiadomości. Przyszliśmy, by oznajmić, że ma się pan natychmiast ubrać i ruszyć za nami. Führer czeka na pana w swoim bunkrze!

– Adolf Hitler?

– Tak, zgadza się – potwierdził wysoki blondyn z oczami w kolorze niezapominajki.

W tym momencie w mojej głowie rozpętała się burza myśli. Co się stało, że mój stary znajomy postanowił znienacka wezwać mnie do siebie? Znając jego antysemickie poglądy, ta chęć natychmiastowego zobaczenia się ze mną nie mogła działać uspokajająco. Powtarzałem sobie, że prawdopodobnie ma problemy ze zdrowiem i potrzebuje błyskawicznej pomocy. Jak się później okazało, byłem w błędzie...*

* Doktor Eduard Bloch zmarł na raka żołądka w Nowym Jorku w wieku 73 lat, blisko miesiąc po śmierci Adolfa Hitlera.

Pierwsze spotkanie

Kwiecień 1945 roku. Od blisko sześciu lat trwa wojna światowa. Jest już właściwie pewne, że Niemcy ponieśli klęskę, bo alianci stoją u bram Berlina. W takiej chwili w towarzystwie dwóch żołnierzy idę przez ciemny las. Po kilku minutach docieramy na miejsce. Wejścia pilnuje czterech żołnierzy. Wszyscy mają w klapach swastyki, a na skórzanych paskach masywne pistolety. Na nasz widok podnoszą wyprostowaną prawą rękę i witają się słowami: *Sieg Heil!* Jeden z nich dokładnie mnie przeszukuje. Wreszcie otwiera ciężkie drzwi i wchodzimy do ogromnego bunkra. Cały czas się denerwuję. Czuję, że moje ciało jest jedną wielką galaretą.

Po drodze znów legitymuje mnie kilku żołnierzy. Na początku jest dość jasno. Białe kafelki na ścianach pozwalają zapomnieć o panującej tutaj duchocie i nieprzyjemnym zapachu zgnilizny. Pięć minut później pojawia się niezliczona liczba schodów. Im niżej schodzimy, tym panuje większy mrok. Esesman podchodzi do włącznika, przekręca go i pojawia się światło. Żwawym krokiem przemierzamy kolejne schody. Dochodzimy pod drzwi gabinetu, gdzie każą mi czekać. Strażnik delikatnie puka, wchodzi do środka, po czym wraca i daje mi znak, że za chwilę wyjdzie po mnie sam wódz.

Wreszcie słyszę jego kroki, a właściwie szuranie nóg, które z niemałym trudem ciągnie po podłodze. Dostrzega mnie z daleka. Mierzy nieco ponad sto siedemdziesiąt centymetrów. Ma pięćdziesiąt sześć lat, lecz wygląda jak starzec. Ale pozostał mu ten diabelski wzrok, o którym mówił każdy, kto choć przez moment widział go z bliska. Ma sparaliżowaną rękę na skutek zamachu w 1944 roku. Trudno go poznać: korpulentny, o zaczerwienionej twarzy, zapadnięte policzki, ciemny kosmyk włosów spada mu na czoło, a pod nosem niedbały wąs. Wściekły mówi coś do siebie, prezentując przebarwione zęby, po czym do mnie podchodzi. Uderza mnie intensywne spojrzenie jego niebieskich oczu. Głupia sytuacja. Nie wiem, co robić. Nie mam zamiaru podawać mu ręki na powitanie, a tym bardziej podnosić w geście: *Heil Hitler!* Na szczęście problem rozwiązuje się sam. Hitler bez słowa pokazuje, bym poszedł za nim, siada przy biurku i patrząc mi w oczy, pyta:

–To pan, panie doktorze, prawda?

Przytakuję lekkim skinieniem głowy, na co w odpowiedzi słyszę:

– Mam dość siedzenia w tym cholernym bunkrze! Jestem tu od połowy stycznia! I do tego śmierdzi tu jak cholera! Jeszcze ten nieznośny szum agregatów. Ile można?! To jakiś skandal. Wydam rozkaz, by zastrzelono wszystkich, przez których muszę tkwić w tym beznadziejnym miejscu!

Nic nie mówię. Siedzę i słucham. Wiem, że ten człowiek nie zna słowa dyskusja. Wreszcie kończy to narzekanie i mówi:

– Proszę tutaj usiąść. Tak, tak. Na krześle obok mojego biurka.

Nieśmiało rozglądam się po gabinecie. W kącie leży owczarek niemiecki.

– To suka. Wabi się Blondi – zagaja rozmowę Hitler, wyraźnie zadowolony z mojego zainteresowania psem, i kontynuuje: – Domyśla się pan, dlaczego pana tutaj sprowadziłem?

– Nie mam pojęcia. Czyżby miał pan problemy zdrowotne?

– Na szczęście nic z tych rzeczy. Choć może nie wyglądam najlepiej, ale zapewniam pana, panie doktorze, że czuje się świetnie. Nie mogę zresztą inaczej. Ojczyzna i wszyscy Niemcy na mnie liczą!

(Następuje kilkusekundowa niezręczna cisza. Nie mam zamiaru przytakiwać, by nie kłamać w kwestii zdrowia. Nie chcę też przyklaskiwać słowom o germańskiej potędze, mając świadomość losu Żydów. Wreszcie Hitler kontynuuje):

– Mam wobec pana dług wdzięczności, wciąż o tym pamiętam.

– Ma pan doskonałą pamięć. Za to ja nie mam pojęcia,

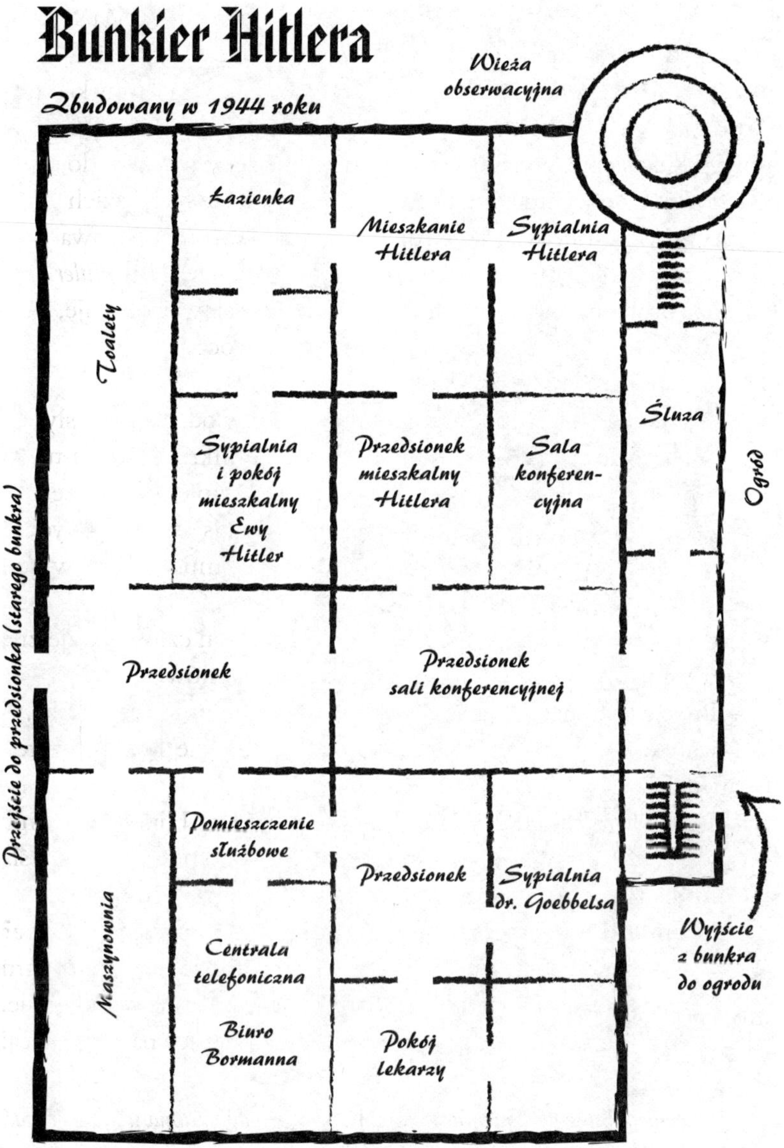

Źródło: E. Kempka, *Byłem kierowcą Hitlera*, Vesper, Poznań 2012.

Hitler jako dyktator Trzeciej Rzeszy w 1938 roku

co to ma wspólnego z tym naprędce zaaranżowanym spotkaniem.

– Chcę spłacić ten dług. Wiem, że pisze pan pamiętnik, z którym się pan nie rozstaje...

– Skąd pan to wie?! Ach, no tak... To tłumaczy, dlaczego w czasie mojej nieobecności nieznani sprawcy przeszukali mój pokój hotelowy. Nic nie tknięto poza pamiętnikiem. Dało się też bez trudu zauważyć pozaginane kartki notatek.

– Panie Bloch, proszę darować sobie te insynuacje. Pamiętam taki dzień, gdy siedząc przy mojej chorej matce, wspomniał pan, że chciałby napisać książkę, o której wszyscy by mówili. Interesował się pan dziennikarstwem. I właśnie teraz dostanie pan szansę napisania dzieła bardzo ważnego dla całego niemieckiego narodu. Dzięki mnie dostąpi pan tego zaszczytu. Proszę to potraktować jako spłatę długu wdzięczności.

– Mam napisać pańską biografię?

– Nie. To będzie coś więcej. Jak pan zapewne wie, w przeciwieństwie do Goebbelsa i innych prominentów nie piszę pamiętników. Spod mojego pióra wyszło *Mein Kampf*, ale to było dawno temu. Przeprowadzi pan ze mną długą rozmowę, a następnie ją spisze, ale świat przeczyta to dopiero po mojej śmierci. Powtórzę – DOPIERO PO ŚMIERCI! Musi pan też jedno wiedzieć: z powodu zajmowania się moją matką mam do pana ogromne zaufanie. Nie proponowałbym tego komuś, komu nie mogę zawierzyć. Niech pan zresztą spojrzy, wokół nas kręcą się same szuje i zdrajcy!

(Tu Hitler wykonał dobrze mi znany gest, uderzając prawą ręką w serce)

– To dla mnie ogromny zaszczyt, ale... Sam nie wiem, czy to dobry pomysł. Ja, skromny Żyd, pan – zaciekły antysemita...

– Nie pytałem pana o opinię ani o decydowanie o słuszności tej decyzji, Herr Bloch! Proszę w tej kwestii ze mną nie dyskutować. Radzę panu już się przygotowywać do naszej pierwszej rozmowy. Widzimy się jutro o tej samej porze. Przyślę po pana automobil.

Hitler z ulubioną suką Blondi w swej alpejskiej rezydencji Berghof

W nocy nie mogłem spać, byłem w strasznym stresie. Co chwila wycierałem pot z czoła, niemiłosiernie wierciłem się w łóżku. Usiłowałem czytać gazetę, ale nie mogłem się na niej skupić. Wziąłem do ręki *Mein Kampf* i materiały, które dostałem na temat Hitlera od jednego z jego przybocznych. Wreszcie ogarnął mnie względny spokój. Następnego dnia punktualnie o godzinie dwudziestej drugiej przed moim hotelem pojawił się samochód. Minutę później rozległo się pukanie do drzwi. Przyszło po mnie dwóch żołnierzy. Dojazd do bunkra Hitlera zajął nam niecałe pół godziny. Na mój widok Führer od razu przeszedł do konkretów:

– Na początku ustalmy kilka zasad. Właściwie już je ustaliłem. Po pierwsze: nie palę i pan również nie może tego robić. Po drugie: musi pan wiedzieć, że nie cierpię alkoholu. I po trzecie: rozstrzelam pana, jeśli będzie pan przekręcał w swojej książce to, co będę mówił. Nawet dług wdzięczności ma granice. Czy to jest jasne?

(Wystraszony bez namysłu skinąłem głową).

– Gut. Napije się pan czegoś?
– Jeżeli to nie sprawi kłopotu, to poproszę kawę.

(Mówiąc to, uświadamiam sobie, że to pierwsze słowa, które wypowiedziałem do tej pory. Za chwilę do pokoju wchodzi dwudziestoparoletnia sekretarka z tacą, na której są dwie filiżanki. W tym czasie dyskretnie rozglądam się po pokoju. Hitler rozparty w krześle wpatruje się w sufit. Na biurku widzę miniaturkę jego owczarka, kałamarz z piórem, plik dokumentów i telefon. Powierzchnia blatu wyczyszczona na błysk, w pomieszczeniu panuje idealny porządek i cisza. Mój przyszły rozmówca ciągle patrzy w sufit. Po kilku minutach podjąłem próbę rozpoczęcia rozmowy).

– Panie kanclerzu. Chciałbym zacząć naszą rozmowę od pańskiego dzieciństwa.

– Jeżeli chce pan zyskać uznanie w moich oczach, to takim zachowaniem na pewno pan tego nie osiągnie. To ja będę decydował, o czym chcę rozmawiać!

Jedno z ostatnich zdjęć Hitlera wykonane 20 kwietnia 1945 roku (w jego 56. urodziny) podczas spotkania z małoletnimi obrońcami Berlina przed nacierającą Armią Czerwoną

– Przepraszam. Myślałem, żeby omawiać wszystko po kolei, dlatego na początek zaproponowałem dzieciństwo.

(Hitler spokojnym ruchem ściąga okulary, w pokoju słychać jedynie dźwięk ich uderzenia o biurko. Raz jeszcze rozpiera się wygodnie w fotelu, krzyżuje ręce, po czym z dłoni splata koszyk. Bierze głęboki oddech i mówi):

– Dobrze pan wie, że rozmawiam z panem nieprzypadkowo. Dlatego od początku będę szczery. Dzieciństwo jest dla mnie bardzo bolesnym i drażliwym tematem.

– W takim razie, o czym chciałby pan porozmawiać na początku?

– Jest mi to dość obojętne. Jako przywódca najpotężniejszego państwa na świecie niczego się nie boję.

– Słyszałem, że planuje pan wyjechać z Berlina...

– To bzdura! Zapewniam pana, że prędzej sobie strzelę w łeb, niż opuszczę Berlin! Jestem gotów odejść. Zrobię to bez trudu. W razie potrzeby jedna chwila, a później to już tylko wieczny odpoczynek.

– Mam do pana mnóstwo pytań.

– To niech pan zacznie je zadawać, bo może będę musiał udać się na naradę z generałami i nie wiadomo kiedy wrócę. À propos! Zaraz wrócę, panie doktorze, muszę skorzystać z toalety. Proszę tutaj chwilę poczekać i pod żadnym pozorem niczego nie ruszać. Jeżeli któryś z moich żołnierzy pana przyłapie na niepożądanym zachowaniu, każę pana natychmiast rozstrzelać. A gdy wrócę, możemy porozmawiać o moim dzieciństwie.

Dzieciństwo i rodzina

• rodzice Adolfa Hitlera • pisanie wierszy • wybraniec narodu • chrzest • surowy ojciec • występy w kościele • Karol May • hodowla pszczół

Moim oczom ukazuje się Hitler. Bez wątpienia jest swoim cieniem sprzed lat. Powłóczy nogami niczym starzec, lewa ręka mu drży, jakby chorował na Parkinsona, a wzrok ma słaby do tego stopnia, że aby czytać, musi używać lupy. Co więcej, słyszałem, że specjalnie dla niego skonstruowano maszynę, za której pomocą można pisać wielką czcionką. Patrzę na Hitlera i trudno mi uwierzyć, że ten człowiek ma tylko pięćdziesiąt sześć lat...

Przyszły ojciec przywódcy Trzeciej Rzeszy – Alois Schicklgruber – przyszedł na świat siódmego czerwca w 1837 roku jako nieślubne dziecko. Krążą plotki, że urodził się w rodzinie, w której kilka ostatnich pokoleń było małorolnymi chłopami w Dolnej Austrii, graniczącej z Czechami. To właśnie on był pierwszy w rodzinie, który wspiął się po drabinie społecznej (o czym więcej, mam nadzieję, powie mi mój dzisiejszy rozmówca). Udało mi się dowiedzieć, że trzydzieści dziewięć lat po swoich narodzinach, to jest w 1876 roku, Alois Schicklgruber zmienił nazwisko na Hitler.

Matka Adolfa, Klara Pölzl, była młodsza od męża o dwadzieścia trzy lata. Była najstarsza z trójki rodzeństwa (podobno spośród jedenaściorga dzieci tylko ta trójka przeżyła). Podobnie jak jej mąż, wy-

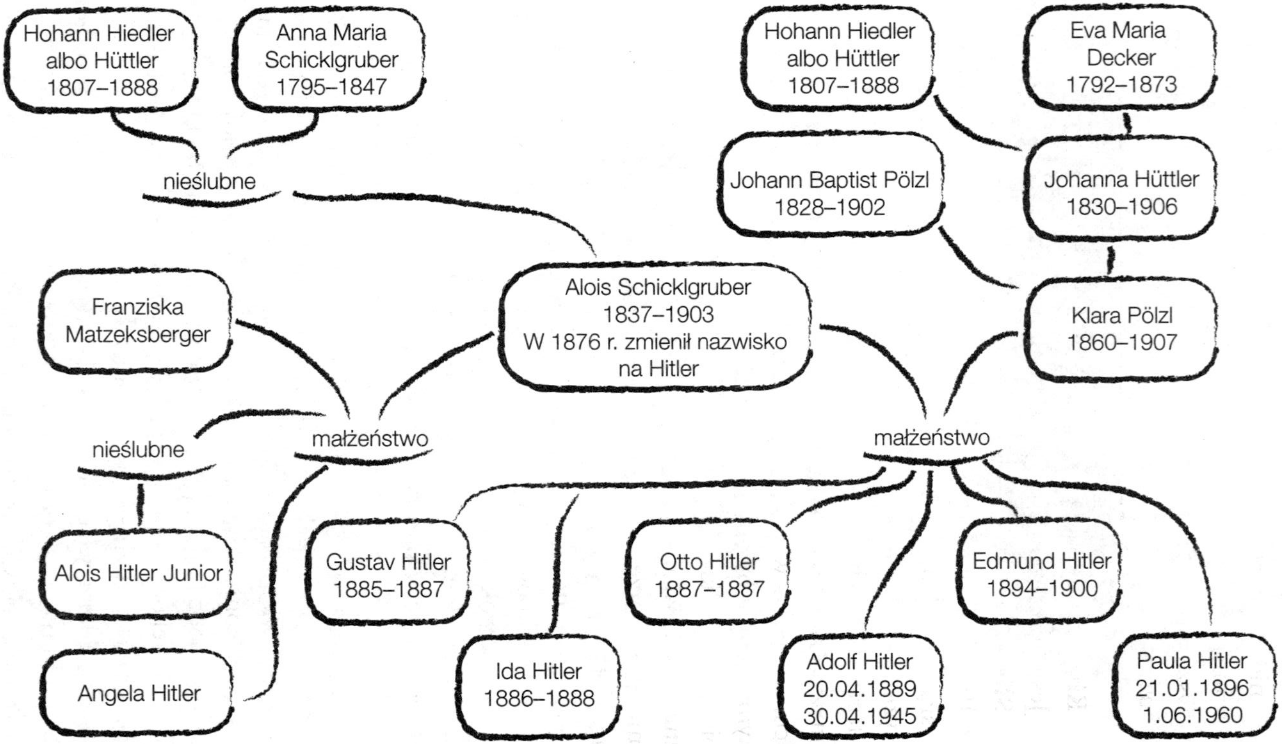

Drzewo genealogiczne rodziny Adolfa Hitlera

wodziła się z rodziny małorolnych chłopów. Jednak największe zaskoczenie przynoszą inne informacje. Zaufany znajomy powiedział mi, że inny jego znajomy słyszał o tym, że panna Klara, nim wyszła za przyszłego ojca Hitlera, była jego służącą! Wieść niesie, że do tego byli kuzynami drugiego stopnia!

– Kim pan dzisiaj jest, kanclerzu?

– Jestem Jezusem Wojownikiem, który musi walczyć z Żydami!

– Słucham?!

– Panie doktorze. Jestem tą samą osobą, którą poznał pan kilkadziesiąt lat temu. Obywatelem chcącym bronić honoru swojej ojczyzny przed najnikczemniejszym spiskiem żydostwa. Największym strategiem wszech czasów, który doszedł do władzy bez rewolucji i zamachu stanu. Człowiekiem, dla którego nie ma rzeczy niemożliwych. A przede wszystkim kimś, kto nieprzypadkowo znalazł się w tym miejscu, by wypełnić misję. Lubię mówić, a jeszcze bardziej lubię to robić, kiedy inni pilnie słuchają. W 1938 roku tygodnik „Time" przyznał mi tytuł „Człowieka Roku", a rok później byłem nominowany przez członka parlamentu szwedzkiego do Pokojowej Nagrody Nobla!

– Był pan nominowany do Pokojowej Nagrody Nobla?

– Tak. Ale pogardziłem tą skandynawską nagrodą i trzydziestego stycznia 1937 roku stworzyłem własną: Niemiecką Nagrodę Narodową w Dziedzinie Nauki i Sztuki. Pierwszym laureatem został wybitny germański konstruktor Ferdinand Porsche.

– Wróćmy do pana. Czy jest pan osobą wyjątkową?

– Bez wątpienia. Jestem wybrańcem Boga, mam nieść światu światłość i doprowadzić do tego, by naród niemiecki stał się rasą panów. Los wielokrotnie dawał mi do zrozumienia, że przyszedłem na świat w konkretnym celu. Mimo kolejnych zamachów na moje życie, wychodziłem z nich bez większego szwanku, co utwierdzało mnie w przekonaniu, że nie jest to przypadek. Zawsze nosiłem się z zamiarem wypełniania misji będącej marzeniem wszystkich Niemców. Nieprzypadkowo los pozwolił mi przebyć drogę od nieznanego żołnierza pierwszej wojny światowej do wodza narodu niemieckiego.

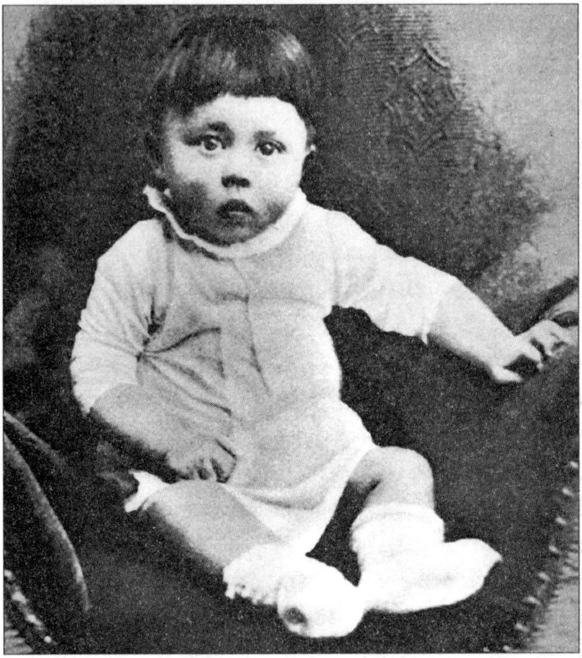

Hitler jako trzyletnie dziecko

– Zmieńmy temat. Doskonale zdaję sobie sprawę, jak bolesny jest dla pana wątek rodziny. Proszę wybaczyć, ale wyraźnie widać, że dotychczas starannie unikał pan tego tematu. Czy możemy jednak o tym porozmawiać?

– Możemy spróbować. Ale proszę pamiętać, panie doktorze, że w czasie tej rozmowy nie ręczę za siebie. To nie jest temat, na który chciałbym się wypowiadać w czasie pierwszego naszego spotkania.

– Wszystko to rozumiem, ale byłoby lepiej – i zapewne ciekawiej – gdybyśmy mogli omawiać pana życie chronologicznie.

– Niech pan się nie powtarza. Popieram tę koncepcję, dlatego przystałem na pańską propozycję.

– Dziękuję. Zatem spróbujmy od początku. Co pan wie na temat swoich narodzin?

– Na ten temat wiem niewiele. Muszę głęboko sięgnąć do pamięci, by cokolwiek z niej wydobyć. Proszę mi dać chwilę...

(Mój rozmówca łapie się za głowę. W milczeniu poprawia skromną grzywkę, drapie się po wąsie i myślami jest zupełnie gdzie indziej, a po chwil mówi):

– Przepraszam, jakie było pytanie?

– Pytałem o pańskie narodziny...

– Ach tak... Mam za dużo spraw na głowie. Ale już wiem, co chciałem powiedzieć. Nim się urodziłem, matka wydała na świat trójkę potomstwa. Jednak wszyscy po kilku dniach umierali. Dopiero ja zostałem wybrańcem, który żyje po dziś dzień. To już wtedy był znak, że moje narodziny nie były przypadkowe i czeka mnie misja. Wracając do tematu... Na świat przyszedłem dwudziestego kwietnia 1889 roku. Według relacji matki, o osiemnastej trzydzieści. Podobno była to Wielka Sobota, dzień był pochmurny, a ziąb wdzierał się do każdego kąta. Przyszedłem na świat na drugim piętrze gospody w Braunau jako czwarte dziecko Hitlerów. Matka miała wtedy dwadzieścia osiem lat, a ojciec pięćdziesiąt jeden. Dwa dni później, dwudziestego drugiego kwietnia o piętnastej trzydzieści, proboszcz ochrzcił mnie w miejscowym kościele Świętego Stefana.

– Został pan ochrzczony?

– To są pytania o decyzje, których nie było dane mi podjąć.

– Nie chcę być niegrzeczny, panie kanclerzu, ale może spróbowalibyśmy się skupić na sednie sprawy.

– Nie będzie pan niegrzeczny, jak zacznie pan zadawać odpowiednie pytania. Proszę nie wplątywać mnie w żydowską manipulację!

– Ale to nie jest żadna manipulacja...

– Nie mamy czasu na dywagacje. W każdej chwili możemy zginąć!

DROBNY POSIADACZ ADOLF HIEDLER

Hitler, Hietler, Hiedler, Hütler, Hüttler – w rzeczywistości wszystkie odmiany nazwiska znaczą to samo, a mianowicie: „drobny posiadacz". Tak liczne wersje wzięły się zaś stąd, że urzędnicy, słysząc słowo „Hitler", zapisywali je tak, jak je słyszeli, nie przywiązując większej wagi do poprawności. Wszystkie te formy w dokumentach z XIX wieku pojawiały się na zmianę. Historycy twierdzą, że nazwisko Hitler nie jest typowym austriackim nazwiskiem i być może należy się w nim dopatrywać czeskich korzeni! Bardzo prawdopodobne, że pochodzi od czeskich form Hidlar albo Hidlarček, pojawiających się od XV wieku.

POETA ADOLF HITLER

Piętnastoletni Adolf Hitler spędzał sporo czasu na rysowaniu, malowaniu i czytaniu książek. Zdarzyło mu się również napisać dość dziwny poemat, który poniżej. Jak widać, niektórych słów nie udało się odczytać.

Ludzie siedzą w przewiewnym domu
Napełniając się piwem i winem
Jedząc i pijąc radośnie
(-) a potem na czworakach.
Wspinają się na górskie szczyty
I spadają jak akrobaci w salcie
I nie mogą złapać równowagi
A potem, niestety, wracają do domu
I zapominają o tym czasie
Widzi (-) swoją żonę, biedak,
Która leczy jego rany solidnym laniem.

Źródło: P. Delaforce, *Adolf Hitler. Nieznane sceny z życia*, tłum. A. Kowalska, K. Kuraszkiewicz, Wydawnictwo Amber, s. 16–17.

(Hitler spogląda na swoją suczkę i mówi do niej):

– Muszę odpowiedzieć na to pytanie, bo ten Żyd nie da mi spokoju! (*Następnie, zwracając się do mnie*):

– Tak, zostałem ochrzczony. W poniedziałek wielkanocny.

– Jak wspomina pan swoje dzieciństwo?

– To okres mojego życia, o którym w dużej mierze wolałbym zapomnieć. Wspominałem już o tym w *Mein Kampf*. Młodość była dla mnie bardzo bolesna.

– Dlaczego?

– Przychodzi pan rozmawiać ze mną i nie wie podstawowych rzeczy! Jak pan się przygotował?!

(Z trudem wstaje na chwilę od stołu, bierze kilka głębokich wdechów, po czym znów siada).

– Przede wszystkim z powodu ojca, który często bił mnie pasem. Nigdy go nie kochałem, wzbudzał we mnie wielki strach. Ojciec nigdy nie wołał mnie po imieniu, tylko gwizdał na dwóch palcach. Pamiętam, jak przeczytałem u Karola Maya, że odważny jest ten, kto potrafi ukrywać ból. Po tej lekturze obiecałem sobie, że kolejnym razem, gdy ojciec dostanie napadu wściekłości i będzie mnie bił, zachowam kamienną twarz. Długo nie musiałem czekać. W myślach liczyłem każde uderzenie. Łącznie nazbierały się trzydzieści dwa.

– W Austrii, gdzie się pan wychowywał, bicie dzieci nie było niczym niezwykłym.

– Tak. Banda przemądrzałych baranów przekonywała, że surowe karcenie dzieci jest dobre dla duszy. Przecież to jawna kpina! Przeżywałem jeszcze gorsze katusze, gdy uciekł mój przyrodni brat Alois Junior. Od tej chwili ojcowska frustracja skupiła się głównie na mnie.

– Słyszałem plotkę, że pański ojciec bił również psa tak długo, aż ten się skulił i zmoczył podłogę.

– Nie chcę aż tak głęboko sięgać pamięcią. Okres związany z ojcem jest dla mnie bardzo dramatyczny.

(Widzę, jak w tym momencie wódz tłamsi złość, mocno zaciskając prawą rękę).

– Proszę pozwolić, że zadam ostatnie pytanie związane z pańskim ojcem. Czy próbował pan uciec z domu, tak jak pański przyrodni brat?

– Jako zbuntowany chłopiec rzeczywiście wpadłem na taki pomysł. Nim jednak doszło do próby ucieczki, mój ojciec już o tym wiedział. Za karę zamknął mnie wtedy w pokoju na piętrze. Postanowiłem go przechytrzyć i uciec w nocy. Niewiele zabrakło, by plan się powiódł. Okno było okratowane. Próbowałem przecisnąć się przez kraty, ale się nie udało. Spróbowałem bez ubrania i byłem już bliski sukcesu, gdy usłyszałem kroki ojca…

– …i błyskawicznie się pan wycofał?

– Tak. Szybko się wycofałem i nim ojciec wszedł do pokoju, zdążyłem nagie ciało zasłonić obrusem. To był dla mnie trudny moment. Ojciec zaczął się śmiać i zawołał mamę, by zobaczyła chłopca w todze. Po tych przeżyciach sporo czasu zajęło mi dojście do siebie.

– Skoro przywołał pan postać matki, to porozmawiajmy właśnie o pani Klarze.

– Matkę, w przeciwieństwie do ojca, uwielbiałem, zresztą pan doktor, bywając w naszym domu, to dostrzegał. Najlepiej tę sytuację

Matka Hitlera Klara, która zmarła w 1907 roku

opisuję w *Mein Kampf*: „Swojego ojca szanowałem, a matkę kochałem. Zapamiętałem ją jako wysoką brunetkę z pięknymi szaroniebieskimi oczami".

(Adolf sięga po zdjęcie na biurku).

– Niech pan spojrzy. – (*Pokazuje mi fotografię matki*). – Noszę to zdjęcie zawsze przy sobie, schowane w medalionie.

(Oglądam zdjęcie, po czym wracamy do rozmowy).

– W przeciwieństwa do ojca, matka była osobą ustępliwą, cichą, skrytą i wierzącą. Zresztą dziesięć lat później, na jej prośbę, przyjąłem bierzmowanie. Matka miała wtedy nadzieję, że zostanę kapłanem.

– Co na to ojciec?

– Ojciec uważał, że powinienem pójść w jego ślady i zostać urzędnikiem. Wielokrotnie rozpierała go duma z tego, co osiągnął, i był zdania, że jego pierworodny musi dokonać tego samego. Kiedy mu mówiłem, że pragnę zostać artystą, zawsze odpowiadał to samo: „Póki ja żyję, nie zostaniesz artystą!". Tak sobie jeszcze myślę o tym kościele. Coś mi świta w pamięci, że może to nawet ojciec posłał mnie do klasztoru w Lambach[1] na lekcje śpiewu.

[1] Chodzi o klasztor Benedyktynów w Lambach, w Górnej Austrii.

– Co pan w tamtym czasie sądził o chodzeniu do kościoła?

– Hmm... Ciekawe pytanie.

(Hitler wstaje i zaczyna chodzić po pokoju, nieświadomie prezentując swój słynny krok – raz, dwa, trzy, w tył zwrot! Po kilku takich krokach siada na krześle i krzyżuje ręce).

– Ta podniosła atmosfera w świątyni bardzo mi się podobała. Dla małego chłopca opat był w kościele kimś wielkim, kimś, kto zarządza tym całym przepychem.

– Myślał pan o tym, żeby zostać kapłanem?

– Pewnie zabrzmi to zaskakująco, ale tak. Jako mały chłopiec myślałem o karierze duchownego. Pamiętam nawet, że brałem kuchenny fartuch, wdrapywałem się na krzesło i wygłaszałem kazania. Co więcej, mój antyklerykalny ojciec, ku mojemu zaskoczeniu, wykazywał aprobatę wobec tych planów. Jednak niedługo trwała ta fascynacja.

– Wracając do pańskiego ojca. Dość wcześnie snuł plany na temat pańskiej przyszłości. Pan miał w końcu wtedy tylko jedenaście lat!

– Tylko albo aż! Ojciec już wtedy nie wyobrażał sobie nieposłuszeństwa. Twierdził, że niedoświadczony chłopiec, jakim byłem, nie może podejmować istotnych decyzji. W efekcie musiałem stanąć w opozycji do ojca. On trwał przy swoim, a ja w głębi duszy powtarzałem sobie, że za żadne skarby nie dam się przekonać do zostania urzędnikiem!

– Dlaczego nie rozważył pan tej koncepcji?

– Wiele czasu spędziliśmy na rozmowach na ten temat. Jednak nie przyniosły one zamierzonego przez mojego ojca efektu. Nie widziałem siebie jako urzędnika siedzącego za biurkiem, który nie będzie panem swego czasu. Dla jedenastolatka perspektywa spędzania każdego dnia w towarzystwie stosu papierów nie była niczym atrakcyjnym.

– Rozważania na temat pańskiej przyszłości trwały stosunkowo krótko. Dwa lata później, w 1903 roku, pański ojciec zmarł.

– Tak, zgadza się. I nie mam zamiaru myślami wracać do tamtego okresu! Zresztą sam pan mówił, że już nie będziemy o tym rozmawiali.

Ojciec przyszłego dyktatora Alois, urzędnik celny, który w 1877 roku zmienił nazwisko z Schicklgruber na Hitler. Zmarł w 1903 roku

– To jak mamy rozmawiać, skoro nic nie chce pan mówić?

(Dopiero w tym momencie dotarło do mnie, co powiedziałem, i obleciał mnie strach).

– Będę mówił to, co uznam za słuszne! To ja tu decyduję!

– A będzie pan łaskaw dokończyć wątek śmierci pańskiego ojca?

(Chwila ciszy).

– ...Miałem trzynaście lat i nagle zostaliśmy pozbawieni głowy rodziny. Ojciec zmarł na zawał serca. Trzeciego stycznia 1903 roku poszedł do gospody Gasthaus Stiefler, usiadł przy stole i powiedział kolegom, że się źle czuje. Zaraz potem zmarł, nim zdążył przybyć lekarz, nastąpił wylew krwi do jamy opłucnej. Pewnie zaraz padnie pytanie, jak go zapamiętałem. Zatem, jak przystało na dobrego stratega, uprzedzę pana i już teraz udzielę odpowiedzi. Zapamiętałem go jako typowego urzędnika. Bez poczucia humoru, wyniosłego, surowego, a do tego punktualnego i całkowicie oddanego pracy. Ojciec był bardzo porywczy. Wybuchał złością w najmniej oczekiwanych momentach *(cisza)*. Więcej w tej chwili nie jestem w stanie powiedzieć na ten temat. Porozmawiajmy o czymś innym.

– W takim razie wróćmy do pomysłu ojca, by został pan urzędnikiem.

– Śmierć ojca nie osłabiła prób przekonania mnie do tego. Wówczas rolę tę przejęła moja matka, która z zgodnie z życzeniem ojca tak kierowała moim wykształceniem, bym był gotów do pracy właśnie w tym charakterze.

– Rozważał pan wtedy zaakceptowanie myśli, że jednak zostanie pan urzędnikiem?

– Wręcz przeciwnie! Te wydarzenia jeszcze bardziej wzmocniły we mnie przekonanie, że pójście w ślady ojca nie będzie dobrą decyzją! Mogę nawet pokusić się o stwierdzenie, że w tamtym momencie, jak nigdy przedtem, byłem zdecydowany, iż nie zostanę urzędnikiem. Przypomniała mi się teraz pewna sytuacja. Kiedyś naczelnik poczty zapytał mnie, czy nie chciałbym pracować na poczcie. Odpowiedziałem mu, że zamierzam zostać wielkim artystą!

– Ostateczne rozwiązanie wszystkich tych wątpliwości przyniósł los. Choroba zmieniła pańską perspektywę o sto osiemdziesiąt stopni.

– W szkole średniej okazało się, że cierpię na poważne schorzenie płuc. Lekarz stanowczo wtedy odradził, bym w przyszłości pracował za biurkiem. Ponadto musiałem wówczas na rok przerwać naukę.

– I zrezygnować z poznawania kolejnych kart historii.

– W szkole historii uczył mnie radny miejski, prywatnie żarliwy nacjonalista – doktor Leopold Pötsch. To jemu zawdzięczam miłość do tego przedmiotu. Zręcznie wykorzystując emocje, rozpalał w nas spory, które niekiedy kończyły się nawet łzami. Nie miałem, niestety, takiego szczęścia do nauczyciela fizyki. Pomijam jego nazwisko świadomie, bo ten człowiek nie zasłużył na żadne dobre wspomnienie. To prawdziwy głupiec. Inni nauczyciele również nie mieli pojęcia o nauczaniu. Jakiekolwiek oznaki talentu u ucznia oznaczały prześladowania z ich strony. Do dzisiaj po nocach śni mi się nauczyciel francuskiego, który niczego mnie nie nauczył.

– Nawet najlepszy nauczyciel nie jest w stanie przekazać wiedzy, kiedy druga strona nie chce jej poznawać.

– A kto mówi, że nie chciałem?! Jednak sam pan przyzna, że belfer w tłustej przepoconej koszuli, z niechlujną brodą i brudnymi włosami to najbardziej odpychająca kreatura.

– Nie poznałem, nie będę oceniał. Za to oglądałem pana świadectwo z czwartej klasy. Widniała na nim data szesnasty września 1905 roku. Z takich przedmiotów, jak: matematyka, stenografia czy język niemiecki, miał pan bardzo słabe oceny.

– No i co z tego? Nie zgadzam się z panem! Zawsze mogło być gorzej. Wy, Żydzi, tak macie, że widzicie to, co chcecie zobaczyć. Tego, że w semestrze 1897/1898 miałem aż dwanaście najwyższych ocen, to już pan nie powiedział.

– Tego akurat nie wiedziałem. Zatem niech pan opowie o cenzurkach, z których był pan dumny.

– Najlepsze oceny miałem zawsze z rysunku. W tej rubryce zazwyczaj widniały dwa wyrazy: godny pochwały. Z gimnastyki było podobnie. Na tym świadectwie z czwartej klasy, o którym pan mówi, z gimnastyki miałem cenzurkę: doskonały. W przypadku ćwiczeń fizycznych wszystko się później zmieniło. Wraz z upływającymi latami znienawidziłem ćwiczenia sportowe do tego stopnia, że nawet unikałem spacerów. Poza rysunkiem najbardziej lubiłem geografię i historię.

– Pański nauczyciel profesor Eduard Hümer powiedział, że zapamiętał pana jako mizernego chłopca o bladej twarzy, który, choć był zdolny, nie miał dobrych rezultatów, bo nie potrafił narzucić sobie dyscypliny.

– Tak, tak, tak. I z pewnością dodał, że byłem kłótliwy, arogancki i nieopanowany.

– Zgadza się.

– Wcale nie jestem zaskoczony tymi słowami. Odkąd pamiętam, ta belferska świnia mnie nie lubiła! Chociaż, co tu dużo ukrywać, jest w tym sporo prawdy. Nie byłem dzieckiem, które bez problemów przystosowało się do szkolnych warunków. Mój entuzjazm gasł, nim zdążył się na dobre rozpalić. Nie cierpiałem słuchać rad ani żadnych upomnień. Za to od swoich szkolnych kolegów wymagałem lojalności i posłuchu. Już wtedy dobrze się czułem w roli przywódcy.

– Niech pan opowie o swoich relacjach rodzinnych.

– Moja matka zawsze była podporządkowana ojcu. On był despotą, przed którego władzą nie dało się uchronić. Poniżał mnie, kazał całować w rękę po tym, jak mnie ukarał, do tego wymagał, bym okazywał mu szacunek. Matka mi to wynagradzała.

TRUDNE STOSUNKI MATKI HITLERA Z OJCEM
Klara Pölzl, matka Adolfa Hitlera, zanim wyszła za przyszłego ojca kanclerza Rzeszy Aloisa Hitlera, była jego służącą. Z tego powodu Klara uważała Aloisa za kogoś wyżej od siebie postawionego. Doszło nawet do tego, że po przejściu drogi od służącej do kochanki, a następnie żony, wciąż zwracała się do męża „wuju"!

Źródło: J. Toland, *Hitler. Reportaż biograficzny*, Albatros, Warszawa 2014.

– Była nadopiekuńcza.

– Nie, nie zgadzam się z panem! Niech pan jej nie obraża, bo zaraz przerwiemy tę rozmowę. Ona robiła to, co uważała za słuszne. I tak ma pan o niej napisać!

– Ale przyzna pan, że...

– Dość tego. Koniec tematu! Następne pytanie proszę.

– Proszę pana, skoro się spotkaliśmy, chciałbym z panem wszystko spokojnie wyjaśnić. Bardzo o to proszę. W każdej chwili może spaść na nas bomba i...

– Poproszę następne pytanie.

– Rozmawiało się o polityce w pańskim domu?

– Ojciec prowadził dysputy na tematy polityczne, ale poza domem. Mamusia nigdy się nie wypowiadała. Poza tym często, kiedy ktoś mnie nie rozumiał, mówiłem: „Ty tego nie rozumiesz" albo „O tym nie ma co z tobą rozmawiać". Często zwracałem się do przyjaciela Kubizka: „Kiedy idzie o politykę, Gustl, jesteś zwykłym durniem!".

– Wracając do pańskiego domu. Jaki miał pan stosunek do swojej rodziny?

– Nigdy tego nie ukrywałem, a nawet głośno mówiłem, że nic mnie to nie obchodzi. W tym miejscu mogę tylko potwierdzić krążące opinie, że nie znam historii swojej rodziny. Właściwie o istnieniu krewnych dowiedziałem się dopiero wtedy, gdy objąłem urząd kanclerza Rzeszy.

– Skąd wzięło się u pana takie podejście?

– Co tu dużo mówić... To nigdy mnie nie interesowało. A właściwie było dla mnie czymś błahym... (*chwila milczenia*). Nie jestem człowiekiem rodzinnym. Czuję przynależność do mojego narodu, ale nie odnajduję w sobie poczucia więzi familijnej. Szczerze mówiąc, czasem musiałem się dwa razy zastanawiać, by przypomnieć sobie imię ciotki czy kuzynki.

– I to...

– Proszę nie przerywać! Chciałbym coś dodać. Ojciec uwielbiał palić papierosy. Nie stronił od alkoholu. Nienawidziłem go za to, że po pracy zamiast wracać do domu, wolał przesiadywać ze swoimi kolegami w piwiarni. Bardzo mało go obchodziłem, jak zresztą cała rodzina.

– Chce pan powiedzieć, że bardziej szczęśliwy był poza domem?

– Tak. Pamiętam, że jego wielkim marzeniem było mieć własną pasiekę. Często po pracy w urzędzie chodził do jakiejś pasieki. Wreszcie, gdy dostał spadek, mógł kupić kawałek ziemi, na którym trzymał ule. Zdarzało się, że matka wyciągała mu nawet pięćdziesiąt żądeł. Mnie też kilka razy pocięły.

– Jest pan w stanie powiedzieć o nim coś dobrego?

– Z różnych opowieści wiem, że mając trzynaście lat, zapakował plecak i podjął dramatyczną decyzję, aby opuścić dom i wyruszyć w nieznane. Miał przy sobie jedynie trzy guldeny. Przez kilka lat pracował jako czeladnik u szewca, później postanowił zostać kimś lepszym i zaciągnął się do straży granicznej. Uczył się pilnie i zdał specjalny egzamin, dzięki czemu, mając dwadzieścia cztery lata, zajmował kierownicze stanowisko. Później jeszcze wielokrotnie awansował, aż wreszcie w 1875 roku został inspektorem celnym w Braunau nad rzeką Inn. Powinien pan kojarzyć to miejsce, jest położone niedaleko niemieckiej granicy. Trzeba przyznać, że mój ojciec był ambitną osobą.

– Przepraszam z góry za to, co powiem, ale kronikarska rzetelność wymaga, bym zapytał. W swojej książce *Mein Kampf* opisuje pan warunki panujące w rodzinach robotniczych, gdzie dzieci nie mają wyboru i są świadkami, jak pijani ojcowie biją ich matki...

– ...wiem, do czego pan zmierza. Przemilczę to. Nie będę odpowiadał na to pytanie. Niech to zostanie w sferze wątpliwości.

– Rozumiem. Hmm... Wszystkim są dobrze znane pańskie dwie miłości – Karol May i Richard Wagner.

– Powieści Karola Maya urzekły mnie już w podstawówce. Jego opowieści o Indianach, o szlachetnym wodzu Apaczów Winnetou i całym Dzikim Zachodzie bardzo pobudzały moją dziecięcą wyobraźnię. Podobnie zresztą jak wyobraźnię dziesiątek moich rówieśników. W szkole podczas przerw zostawałem przywódcą i razem z kolegami odgrywaliśmy sceny z książek Karola Maya. Słuchali mnie, bo uważali, że jestem światowcem. Wiedzieli, że ze względu na pracę ojca mieszkałem w wielu miejscach.

– Pamięta pan, jaki tytuł nosiła pierwsza książka Karola Maya, którą pan przeczytał?

– To była *Przez pustynię*. Czytałem ją przez lupę, przy świecy, w towarzystwie księżyca. Później rzuciłem się na resztę. Były świetne, a całe pokolenie austriackich i niemieckich chłopców fascynowało się nimi i traktowało jak biblię.

– Kiedy u pana osłabła ta fascynacja?

– Nigdy! Nawet jako kanclerz czytałem dzieła tego niemieckiego pisarza i zachwalałem je swoim podwładnym. Gdyby wcześniej się tym interesowali, nie mieliby problemu z wyobraźnią!

– Słyszałem, że Karol May był związany z Linzem, pańskim rodzinnym miastem.

(Hitler z dumą podnosi głowę do góry. Widać wyraźnie, że to stwierdzenie znacząco poprawiło mu humor).

– Ooo tak! To prawda. Pisarz Karol May uwielbiał mieszkać w hotelu Czerwony Rak w moim Linzu. W 1901 roku przebywał tam dłuższy czas.

(W tym miejscu darowałem już sobie pytanie o szczegółowy życiorys Karola Maya. Szanowni Czytelnicy zapewne wiedzą, że ten niemiecki powieściopisarz przed napisaniem swoich dzieł nie był w Ameryce, choć jego książki opowiadały o szlachetnych Indianach, Dzikim Zachodzie i dzielnych kowbojach).

– Chciałbym zapytać pana o jeden dość wstydliwy wątek. Nie wiem tylko, czy starczy mi odwagi.

Adolf Hitler jako dziesięciolatek w 1899 roku

– Proszę pytać. Najwyżej pan tego pożałuje *(ha, ha!)*.

– Zdarzyło się panu upić?

– Chodzi panu o zalanie się „w trupa"?

– Właśnie tak.

– W życiu doświadczyłem wielu sytuacji. Wśród nich była również taka. Zdarzyło się to w czasach młodzieńczych. Po zdaniu jakiegoś egzaminu z kilkoma znajomymi postanowiliśmy to uczcić. Uczta była suto zakrapiana. Tamtego dnia wino lało się strumieniami, a ja zapomniałem o umiarze. Zresztą w ogóle nie pamiętam wydarzeń tamtej nocy, ocknąłem się dopiero o świcie.

– Gdzie pana zastał ten świt?

– To dość traumatyczne wspomnienia. Leżałem gdzieś przy drodze. Nieprzytomnego młodzieńca z bujnymi włosami i wąsikiem, jak wówczas wyglądałem, obudziła mleczarka. Uznałem to za osobistą porażkę, którą postanowiłem przekuć w sukces. Obiecałem sobie, że takie upokorzenie zdarzyło mi się po raz pierwszy i zarazem ostatni w życiu. Już nigdy tak się nie zachowałem.

– Czego się pan jeszcze wstydzi z dzieciństwa?

– Niczego. Moja pewność siebie wyraźnie mi podpowiada, że wszystko, co dotychczas robiłem i co nadal robię, ma certyfikat wysokiej słuszności.

– Symulował pan chorobę, żeby mieć wolne od szkoły?

– Jak większość dzieci! I nie uważam, by był to powód do wstydu. To tylko kolejny dowód na to, że już we wczesnych latach dawał o sobie znać mój wrodzony spryt. Miałem swoje metody, by odwlec o kilka dni chodzenie do szkoły.

– Lepiej o nich nie mówmy, żeby nie dawał pan złego przykładu młodemu pokoleniu.

– Pan, panie doktorze, naprawdę myśli, że młodzież przed wybuchem trwającej obecnie wojny nie stosowała podobnych metod? Skoro tak, to pańska naiwność nie ma granic.

– Być może przesadziłem z tą wiarą w dobre intencje.

– Niechaj wszyscy, którzy będą czytali naszą rozmowę, teraz się skupią. Opowiem o sytuacji, kiedy postanowiłem uciec się do podstępu. Jest ona ważna, ponieważ płynie z niej istotny morał, o którym jeszcze później wspomnę. Otóż, któregoś razu miałem problem z matematyką. Musiałem stawić się w szkole, by poprawić ocenę. Tego dnia nie czułem w sobie odpowiedniej energii, która pozwoliłaby mi tego dokonać.

– I pewnie powiedział pan matce, że się źle czuje i został pan w łóżku.

– Nie. Wolałem zadziałać z większym rozmachem. Owszem, stawiłem się w szkole, choć z niecodziennymi akcesoriami. Owinąłem wokół szyi ogromną chustę i udawałem, że straciłem głos. Odniosłem wtedy sukces. Odesłano mnie do domu.

– A jaki jest morał z tej historii?

– W każdej sytuacji trzeba zlokalizować wroga, by móc z nim skutecznie walczyć!

– Myślałem, że powie pan: drogie dzieci, uczcie się, bo w przeciwnym razie będziecie musiały posuwać się do takich sztuczek jak ja.

– Czasem spryt jest w życiu ważniejszy niż solidna nauka. Nie zawsze ma się na nią ochotę. I nie można wtedy zachowywać się jak bezradny żołnierz w okopach, który zamiast walczyć do ostatniej kropli krwi, woli się poddać i zostać zamknięty w celi ze szczurami. Właśnie! À propos szczurów, chcę coś dodać. Miałem w swoim młodzieńczym życiu taki okres, kiedy więcej czasu poświęcałem na strzelanie z okna do szczurów niż na naukę. Oczywiście od zawsze pochłaniało mnie rysowanie.

– Kończymy dzisiejsze spotkanie?

– Jeszcze moment... Przepraszam za moją dzisiejszą i przyszłą wybuchowość. Przez te wszystkie bitwy, konflikty i konieczność rozwiązania kwestii żydowskiej jestem czasem zbyt emocjonalny. Moi bliscy muszą z tym żyć. Jeżeli pan chce dokończyć nasze wspólne dzieło, musi się pan do tego przyzwyczaić.

– Postaram się.

– Ale ja nie pytałem pana o zdanie! (*Długa cisza*). Przepraszam. Widzimy się znowu jutro. Do zobaczenia.

Na dzisiaj to koniec naszej rozmowy. Mimo to w głowie wciąż mam obraz rodzinnego domu kanclerza. Mała kuchnia z meblami pomalowanymi na zielono. Było w niej tylko jedno okno wychodzące na podwórze. Adolf Hitler spał i uczył się w gabinecie, do którego wchodziło się przez sypialnię. W pokoju mieszkalnym spały matka i siostra kanclerza – Paula. W tym pokoju również było tylko jedno okno, które wychodziło na ulicę. Pamiętam, że był portret ojca. Do dzisiaj mam w oczach jego gniewną minę. Po śmierci Aloisa w kuchni na regale leżały starannie ułożone długie fajki, które do niego należały. Ich tak zwane cybuchy były pomalowane na różne kolory.

Życie w Wiedniu

• mój przyjaciel Gustl • pierwsza miłość • sprzedawca pocztówek

Z daleka czuję jego przeszywający wzrok. Na mój widok poprawia swoje przerzedzone włosy.

– Uwielbiam chodzić na spacery – tymi słowami wita mnie dzisiaj Adolf Hitler.

Idziemy się przejść. Kanclerz zabiera na spacer także swoją sukę Blondi. Potem pokazuje mi tor z przeszkodami, zbudowany specjalnie z myślą o jego owczarku niemieckim. Podpytuję go o stosunek do kotów. Okazuje się, że ich nie cierpi, z wyjątkiem Petera, kota należącego do jego sekretarki Christy Schroeder.

Po kilku minutach spaceru w milczeniu wracamy do bunkra. Po drodze dowiaduję się, że imponują mu liczby, dlatego chętnie je przytacza. W nocy w pokoju ma włączoną jedynie lampę stojącą. Powód? Oczy wodza nie tolerują zbyt mocnego światła. Poza tym od 1936 roku do czytania musi używać okularów. Nie mogłem się skupić na tym, co mówił. Drżenie jego lewej ręki się nasila, gdy kładzie ją na oparciu. Zwróciłem też uwagę na blade dłonie.

– W 1906 roku po raz pierwszy odwiedził pan Wiedeń. Następnych kilka lat spędził pan właśnie w tym mieście. Zadawał pan sobie kiedykolwiek pytanie, jak potoczyłyby się pana losy

Z KART HISTORII – 1907 ROK

W 1907 roku po ulicach Wiednia jeździło 1458 automobili. Była to połowa wszystkich pojazdów w monarchii dopuszczonych do ruchu. Wówczas maksymalna prędkość, z jaką można było się poruszać automobilem, wynosiła 25 kilometrów na godzinę. Według statystyk, w 1907 roku zdarzyły się 354 wypadki.

Źródło: B. Hamann, *Wiedeń Hitlera*, Dom Wydawniczy Rebis, Poznań 2011.

i losy świata, gdyby wtedy nie przeprowadził się pan do tego miasta?

– Przede wszystkim chciałbym podziękować nieżyjącej już matce, która umożliwiła mi wyjazd do Wiednia. Wiedziała, że chciałem zostać artystą i próbowała mi pomóc to marzenie zrealizować. Celem mojej wiedeńskiej podróży była cesarska galeria malarska. Należy pamiętać, że potrzebowałem legitymacji nazywanej „dowodem przynależności", która potwierdzała moje prawo do pobytu w Linzu. Po otrzymaniu tego dokumentu szóstego maja 1906 roku wsiadłem do pociągu, by po sześciogodzinnej podróży znaleźć się na wiedeńskim dworcu.

– Musiał to być spory wydatek dla pańskiej matki, wdowy po urzędniku.

– Panie doktorze, wielokrotnie mógł pan zaobserwować, jak bardzo kochała mnie moja matka. Mówiłem już panu, że ojca szanowałem, a matkę kochałem. Dzięki jej dobrotliwemu sercu jako siedemnastolatek miałem okazję po raz pierwszy zobaczyć Wiedeń.

– Porozmawiajmy o wrażeniach z pańskiego pobytu w Wiedniu. To była „miłość od pierwszego wejrzenia"?

– Zdecydowanie tak. Zachwyciła mnie szczególnie architektura Ringu*. Biegałem po mieście jak szalony od rana do nocy, moją uwagę przykuwały budowle. Mogłem stać godzinami przed parlamentem albo operą i podziwiać te fantastyczne gmachy. Kiedy patrzyłem na Ring, czułem się jak w baśni z tysiąca i jednej nocy. Tamtego dnia zakochałem się w Wiedniu. Po pierwszej wizycie w tym mieście wielokrotnie byłem ciałem w Linzu, a myślami w centrum Wiednia.

---

* Ringstrasse – bulwar w centrum Wiednia.

– Tak samo tamten okres wspomina pański przyjaciel August Kubizek.

– Kiedy pojechałem po raz pierwszy do Wiednia, wysłałem Kubizkowi kilka pocztówek...

– Pozwoli pan, że przerwę. Pewnie pana zaskoczę, bo mam przy sobie te pocztówki.

– Wiem! Kazałem adiutantowi przygotować teczkę z materiałami na mój temat.

– Bardzo dziękuję. A teraz pozwoli pan, że przeczytam jedną z nich: „Wysyłając Ci tę kartkę, muszę Cię na wstępie przeprosić, że tak długo nie dawałem znaku życia. Szczęśliwie już dojechałem i teraz intensywnie zwiedzam. Jutro wybiorę się do opery na *Tristana*, pojutrze na *Latającego Holendra*. Bardzo mi się tutaj podoba, chociaż tęsknię za Linzem. Dzisiaj wybiorę się do Stadttheater. Pozdrawia Cię twój przyjaciel Adolf Hitler"[2].

(Po tych słowach Hitler uniósł drżącą lewą rękę w stronę oka, by je potrzeć. Chwilę później odruchowo schował rękę pod stołem i oparł na udzie, by ukryć drżenie. Następnie przyłożył palce prawej ręki do oka i delikatnie je przetarł).

– Tak, tak. To jedna z bodajże czterech pocztówek, które mu wysłałem. Do Linzu wróciłem kilka dni później. Jednak już na początku września 1907 roku wyjechałem z Linzu do Wiednia, mając przed oczyma obraz ojca, który z biednego wiejskiego chłopaka, syna szewca, awansował na urzędnika państwowego.

– Z kim było się najtrudniej rozstać poza matką?

(Na pomarszczonych policzkach Adolfa Hitlera pojawił się lekko widoczny róż. Na ustach zarysował się uśmiech. Nawet lewa ręka jakby przestała drżeć).

– Była taka jedna piękna nastolatka, która skradła mi serce. Miałem chyba wtedy siedemnaście lat, gdy zwróciłem uwagę na dwa lata starszą piękną blondynkę z wyższych sfer. Na imię miała Stefanie,

[2] B. Hamann, *Wiedeń Hitlera*, op. cit.

studiowała w Monachium i Genewie, a ja byłem jej cichym adoratorem. Uwielbiałem ją obserwować podczas spacerów. Chodziła na nie zazwyczaj ze swoją matką.

– Pański przyjaciel Kubizek mówił, że w tamtych czasach żył pan „tylko dla tej kobiety".

– Jako siedemnastolatek widziałem ją u swojego boku. Chciałem, żeby została moją żoną, dla której zbudowałbym dom, otoczony parkiem. Wiem, że miałem mnóstwo konkurentów. O jej serce walczyło wielu, a ja byłem szalenie zazdrosny.

– Rozmawiał pan z nią kiedyś?

(Na twarzy Hitlera pojawił się delikatny rumieniec).

– Nigdy nie zamieniłem z nią słowa, za to przed przeprowadzką napisałem do niej list. Wyjaśniłem w nim, że wyjeżdżam do Wiednia na studia, na Akademii Sztuk Pięknych, ale niech na mnie czeka, bo gdy wrócę, to się z nią ożenię.

– Wie pan, co się z nią później działo?

– Słyszałem, że się z kimś zaręczyła.

– Zasięgnąłem informacji i dowiedziałem się, że zaręczyła się w 1908 roku…

– … czyli to jednak prawda[3].

– Tak. Zaręczyła się z kapitanem pułku heskiego, stacjonującym właśnie w Linzu.

– To była moja pierwsza miłość. Kiedy na deptaku spotykały się nasze spojrzenia, serce mi przyspieszało i biło bardzo mocno. Czekałem, aż odpowie na moje spojrzenie uśmiechem. Gdy tak się działo, kolejne godziny żyłem w euforii.

– Czy później próbował pan z nią nawiązać jakiś kontakt?

– W 1913 roku w bożonarodzeniowym wydaniu gazety w Linzu zamieściłem anonimowe ogłoszenie, w którym złożyłem jej życzenia.

– Widzę, że zakręciła się panu w oku łza.

[3] Co ciekawe, Stefanie Rabatsch nie miała pojęcia, kim jest anonimowy wielbiciel. Dopiero kilkadziesiąt lat później dotarła do niej ta informacja.

JAK WYGLĄDAŁA DZIELNICA MARIAHILF, W KTÓREJ ZAMIESZKAŁ ADOLF HITLER

Wiedeńska dzielnica Mariahilf, w której zamieszkał Adolf Hitler, składała się z wysokich domów wybudowanych w XIX wieku. Tworzyły one ciasną zabudowę. Większość, w tym również dom Hitlera, miała spory front i niewielką oficynę z małymi mieszkaniami. Wszystkie mieszkania ulokowane były wzdłuż długiego korytarza, miały wspólne łazienki (nazywane Bassena) i wspólne toalety. Całe mieszkanie miało około trzydziestu metrów kwadratowych i składało się z małej kuchni, pokoju i gabinetu.

Źródło: B. Hamann, *Wiedeń Hitlera*, op. cit., s. 46.

– Stara miłość nie rdzewieje. Wróćmy do rozmowy o Wiedniu, tak będzie lepiej!

– Proszę opowiedzieć o swoim pierwszym wynajmowanym mieszkaniu w Wiedniu.

– Moje wiedeńskie mieszkanie mieściło się przy Stumpergasse trzydzieści jeden[4] w Szóstej Dzielnicy Wiednia – Mariahilf, pod numerem siedemnaście. Właściwie to wynajmowałem pokój. Miał około dziesięciu metrów kwadratowych. Zobowiązałem się płacić za niego dziesięć koron miesięcznie. Wynajmowałem go od niezamężnej Czeszki, która słabo mówiła po niemiecku. Pani Maria Zakreys nie była Polką, jak twierdzą moi wrogowie i niedouczeni dziennikarze.

– Wróćmy do otoczenia, w którym przyszło panu żyć.

– Przede wszystkim Mariahilf jest dzielnicą handlową. Znajduje się tam wiele sklepów, kawiarni i restauracji. Jedna utkwiła mi szczególnie w pamięci. Mieściła się przy Liniengasse dziewięć. Za trzydzieści halerzy można tam było zjeść obiad złożony z trzech dań.

– Kojarzę tę okolicę. Byłem tam kiedyś przejazdem, odwiedzałem tamtejszy szpital sióstr szarytek na Stumpergasse trzynaście. Pamiętam, że korzystałem wtedy z publicznej łaźni.

– Tak, tak. To się zgadza. Łaźnia była przy Gumpendorfer Strasse pięćdziesiąt dziewięć. A wracając do Mariahilf, z mojej dzielnicy kursował do śródmieścia tramwaj elektryczny. Jak na moją skromną kieszeń, bilet był dość drogi. Dlatego podjąłem wówczas decyzję, że na Akademię Sztuk Pięknych, która mieściła się przy placu Schillera, będę chodził pieszo. Zabierało mi to około kwadransa, a czasem nawet krócej.

---

[4] Niektóre źródła twierdzą, że chodzi o numer 29.

Kościół Franciszkanów w Wiedniu namalowany przez Hitlera ok. 1910 roku

– W takim razie porozmawiajmy teraz o jednym z ważniejszych spacerów, który odbył pan na akademię na początku września w 1907 roku.

– Jesienią 1907 roku jako osiemnastolatek pojechałem do Wiednia, by przystąpić do wstępnego egzaminu na Akademię Sztuk Pięknych. Byłem wtedy przekonany, że tkwi we mnie artysta, dla którego te wszystkie egzaminy będą jedynie formalnością.

– To nie przygotowywał się pan do nich?

– Przygotowywałem to złe słowo. Ale owszem, podejmowałem pewne przedsięwzięcia, które miały mi pomóc w zdaniu egzaminów.

Pobierałem lekcje w prywatnej szkole malarstwa i rysunku Rudolfa Panholzera. To była dość nowa szkoła, miała jedynie dwóch nauczycieli i około dwudziestu uczniów.

– Rozumiem. Czyli uważał pan, że egzaminy będą czystą formalnością, ale mimo wszystko starał się pan jakoś do nich przygotować. Lecz to nie pomogło.

– Przeszedłem pierwszy sześciogodzinny etap, po którym odpadło trzydziestu trzech zdających ze stu dwunastu. Wstępny etap polegał na tym, że oceniano pliki rysunków. Potem zacząłem pobierać lekcje w szkole Panholzera. Z przykrością muszę stwierdzić, że w drugim etapie – pierwszego i drugiego października 1907 roku – nie odniosłem zwycięstwa. Nie przeszedłem drugiego etapu, który trwał najpierw trzy godziny rano i po południu kolejne trzy.

– Co musiał pan narysować w drugim etapie?

– Było osiem tzw. zadań kompozycyjnych z sześciu grup tematycznych – wygnanie z raju, polowanie, deszcz, śmierć, robotnik budowlany i wiosna.

– Jestem pod ogromnym wrażeniem. Pan je wszystkie ciągle pamięta!

– Dobrze pan wie, panie doktorze, że zawsze mogłem polegać na mojej pamięci. Jednak wracając do wyniku egzaminu, muszę przyznać, że byłem wtedy tak pewny sukcesu, że zawiadomienie o niedostatecznym wyniku egzaminu z rysunku, czyli niepowodzeniu, spadło na mnie jak grom z jasnego nieba. Kilka lat później pocieszano mnie, że to wcale nie była oznaka braku talentu, bo razem ze mną nie zdał człowiek, który ostatecznie został dyrektorem Wydziału Mistrzów Malarstwa Wiedeńskiego Akademii Sztuk Pięknych.

– Rozmawiałem z innymi kandydatami z tamtego okresu. Podobno wówczas od kaprysów egzaminatorów zależało, kto zda, a kto nie. Myśli pan, że gdyby dostał się pan na ASP, to świat ustrzegłby się Hitlera w roli przywódcy państwa niemieckiego?

– Sztuka zawsze była ważna w moim życiu. Stojąc w opozycji do urzędniczej pracy mojego ojca, uważałem, że to właśnie ten kierunek, w którym powinienem podążać. Po tej porażce nie miałem wiele czasu na rozmyślania, bo stan zdrowia matki znacznie się pogorszył.

Wróciłem do rodzinnego Linzu, gdzie zastałem matkę umierającą na raka.

– Z moich zapisków wynika, że o tragicznym stanie zdrowia matki dowiedział się pan piętnastego stycznia 1907 roku. Miał pan wtedy osiemnaście lat.

– Panie doktorze, nigdy nie mieliśmy okazji porozmawiać na ten temat. Jak to się stało, że zdiagnozował pan u mojej mamy tę chorobę? Te tragiczne wydarzenia działy się tak szybko. Niech pan teraz o tym opowie, bardzo proszę.

– Czternastego stycznia pańska matka wezwała mnie do siebie. W czasie wizyty słabym głosem zaczęła się uskarżać na ból w piersiach, który nie pozwalał jej spać. Przeprowadziłem badanie, które wykazało, że miała guz w piersi.

– Pamiętam, że kilka dni później matka była już przykuta do łóżka. Jej łóżko ustawiłem w kuchni, która była jedynym ogrzewanym pomieszczeniem. Obok postawiłem sofę, by czuwać przy niej dzień i noc.

– W swoim dzienniku mam notatkę, że od szóstego listopada przychodziłem do pańskiej matki codziennie i podawałem jej morfinę łagodzącą ból.

– Do dzisiaj jestem panu doktorowi za to bardzo wdzięczny. Pamiętam, jak bolesne dla matki były te zabiegi. Nakładał pan na otwartą ranę chusty nasączone jodoformem, by wypalić ranę. A to wywoływało u mojej matki pragnienie, ale nie mogła przełykać.

– Zgadza się. Te zabiegi były dla pańskiej matki bolesne, ale trzeba też przyznać, że były istną torturą dla pana.

– To nic takiego w porównaniu z tym, co musiała przeżywać moja czterdziestosiedmioletnia matka. Z pamięci wyłania mi się taka oto scena: Zegar wybił godzinę drugą w nocy, kalendarz pokazywał dwudziesty pierwszy grudnia. Wtedy po raz ostatni zabiło serce mojej ukochanej matki. Dzień później pan doktor wystawił świadectwo zgonu… (*Cisza*). Przepraszam, panie doktorze, ale musimy zrobić krótką przerwę. Proszę dać mi chwilę.

(Przywódca Trzeciej Rzeszy schował twarz w dłoniach. Po kilku minutach zdecydowanie bardziej opanowany położył ręce na udach. Wcześniej jednak ukradkiem przetarł załzawione oczy i poprawił zaczesaną grzywkę).

– Panie doktorze, jestem gotowy do dalszej rozmowy – ogłosił zdecydowanie.

– Wiem, że przed śmiercią matka bardzo się o pana martwiła. W głębi duszy czuła, że nie może odejść, bo zmierza pan ku niepewnej przyszłości. A na pańskiej twarzy tamtej nocy rysował się – co zrozumiałe – smutek i zmęczenie po nieprzespanej nocy.

– To oczywiste, trudno jest zasnąć, kiedy właśnie odchodzi najbliższa sercu osoba. Nie wiedziałem wtedy, co mam ze sobą począć. Po długich rozważaniach postanowiłem narysować ją na łożu śmierci, by uchwycić ostatnie wrażenie. Moja matka była kochana. Odeszła z tego świata, mając czterdzieści siedem lat.

– Po śmierci matki czekało pana kolejne tragiczne przeżycie – pogrzeb.

– Zwłoki mamusi przez dwa dni spoczywały na katafalku. Dwudziesty trzeci grudnia był mglisty i deszczowy. Tego dnia razem z rodziną i kilkorgiem znajomych odwieźliśmy ją do kościoła. Na przodzie jechał karawan, za nim dwie bryczki jednokonki. W jednej z nich siedziałem ja z moją jedenastoletnią siostrą Paulą. Założyłem do żałobnego ubrania cylinder i czarne rękawiczki. Około południa odbyła się ceremonia pogrzebowa. Zwłoki mamuni spoczęły obok ojca. Podobny wstrząs jak tego dnia przeżyłem podczas niemieckiej kapitulacji w 1918 roku.

– Chyba nigdy wcześniej nie miałem okazji panu tego powiedzieć... Muszę przyznać, że w mojej prawie czterdziestoletniej praktyce lekarskiej nie widziałem młodego człowieka tak bardzo przepełnionego bólem i cierpieniem, jak wówczas pan.

RACHUNKI Z POGRZEBU MATKI HITLERA

Okazuje się, że zachowały się niektóre rachunki za pogrzeb matki Adolfa Hitlera. Wynika z nich, że grabarz za przewiezienie i pochowanie zwłok zażądał 369,90 koron. Trumna – polerowana z metalowymi okuciami – kosztowała 110 koron. Dla Adolfa nie była to mała kwota, zważywszy na jego sytuację materialną; spadek po ojcu wynosił 652 korony (dla niego i siostry Pauli), a renta sieroca, którą wówczas dostawali, 25 koron.

Źródło: B. Hamann, *Wiedeń Hitlera*, op. cit.

– Pan doktor odwiedził nas dzień po pogrzebie, czyli dwudziestego czwartego grudnia.

– Tak... A pan podszedł wtedy do mnie i płacząc, łamiącym się głosem podziękował mi za lekarskie starania.

– To był dla mnie bardzo ciężki okres. Nieprzypadkowo napisałem później w *Mein Kampf*, że „Od dnia, gdy stałem nad grobem matki, nie płakałem". Te wydarzenia mocno utwardziły moje wnętrze i zapewne zmieniły psychikę.

– Z tamtego okresu mam kilka pamiątek związanych z pańską osobą. Przyniosłem je dzisiaj. Poznaje je pan?

– Pocztówki? Kartka datowana na wrzesień 1907 roku. Ach tak! (*Hitler czyta: „Z mojej wiedeńskiej podróży najserdeczniejsze pozdrowienia. Pański zawsze wdzięczny pacjent Adolf Hitler"*). To niesłychane, że pan ma jeszcze tę pocztówkę. Miło mi.

– Mam jeszcze jedną, proszę spojrzeć...

– Akwarelowa pocztówka. Nowy Rok 1908. Też ją pamiętam! Zgadza się, pocztówka przedstawiająca kapucyna. I jest moje pismo: „Najserdeczniejsze życzenia noworoczne zawsze Panu wdzięczny Adolf Hitler". Wszystko się zgadza. Podarowałem panu też kiedyś własnoręcznie wykonany duży obraz. Pańska pomoc w tamtym czasie była nieoceniona.

(W tym miejscu winien jestem Drogim Czytelnikom małą dygresję. Tematy poruszane w tym miejscu wywołały u Adolfa Hitlera niemałe emocje. Rozmawiając z nim, odnosiłem wrażenie, że targają nim zmienne nastroje. Dlatego, nim zadałem kolejne pytanie, musiałem zwalczyć wewnętrzny opór, który mnie od tego powstrzymywał).

– Nie ma sposobu, aby przygotować się na śmierć kogoś bliskiego. Ale w pana przypadku było to podwójnie trudne. Co tu dużo mówić, kiedy żyła pańska matka, prowadził pan jej kosztem dość swobodny, by nie powiedzieć próżniaczy tryb życia.

– Przygotować to się, proszę pana, można do wojny, a nie do śmierci. Myślałem, że ma pan więcej taktu, panie doktorze.

– Staram się tylko jak najlepiej zagłębić w rozmowę... Możemy wrócić do tematu?

– Nie tylko możemy! My to musimy zrobić! Otóż dwudziestego pierwszego grudnia 1907 roku byłem zmuszony zdać się na własne siły. Nagle jako osiemnastoletni chłopak zostałem bez matki, bez ojca. Za to wiedziałem, że jestem wybrańcem. W końcu w przeciwieństwie do braci przeżyłem, mimo że byłem wątły i chorowity. A wiadomo, który naród to uniwersalne ramię szatana!

– Wróćmy do pańskich rodziców. Ciężko było panu pogodzić się ze śmiercią rodziców?

– Od zawsze byłem twardym człowiekiem! I na tym poprzestańmy. Pomówmy o Wiedniu, do którego znów pojechałem kilka tygodni później, w lutym 1908 roku. Chciałem zostać artystą i udowodnić swoim kołtuńskim krewnym, że rację mam ja, a nie oni. Po przyjeździe napisałem do swojego przyjaciela Kubizka pocztówkę i…

– Pozwoli pan, że tutaj panu przerwę. Udało mi się pożyczyć od pańskiego przyjaciela tę kartkę. Niech pan spojrzy, jest datowana na osiemnastego lutego. Napisał pan w niej: „Czekam z utęsknieniem na wiadomość o Twoim przyjeździe. Napisz jak najszybciej, żebym przygotował wszystko na uroczyste przyjęcie. Cały Wiedeń już czeka. Przyjedź tak szybko, jak to możliwe. Naturalnie wyjdę po Ciebie i tak jak mówiliśmy, zostaniesz u mnie. A potem obaj zobaczymy”. – Poniżej jest jeszcze dopisek: „Proszę raz jeszcze, przyjedź prędko!”. – Przyjechał?

– Rzeczywiście kilka dni później zjawił się u mnie August Kubizek. Jego pierwsze wrażenia po zobaczeniu mieszkania nie były zaskakujące. Wspominał później, że otoczenie sprawiło na nim ponure wrażenie. Z mojego mieszkania widać było jedynie tylną okopconą ścianę domu, a w powietrzu unosiły się dym i kurz albo mgła. Zaraz po przyjeździe Kubizka wyruszyliśmy na Ring, który koniecznie musiałem mu pokazać jeszcze tego samego dnia. Ten widok zrobił na nim piorunujące wrażenie.

– Kubizek zamieszkał z panem?

– Z Kubizkiem był jeden problem. Potrzebował miejsca na wynajęty fortepian. Szukaliśmy różnych pokoi, ale żaden nie był odpowiedni. W końcu odbyliśmy na ten temat rozmowę z właścicielką mieszkania, w którym znajdował się mój pokój. Doszliśmy do porozumienia: pani Zakreys oddała nam swój duży pokój za dwadzieścia koron miesięcznie, sama zaś przeniosła się do mniejszego gabinetu.

– Jak panowie zorganizowali sobie dzień?

– Nie było z tym większych problemów. Jak na prawdziwego artystę przystało, pracowałem do późnych godzin, potem spałem dość długo, czasem nawet do południa. W tym czasie Kubizek chodził do konserwatorium, bo udało mu się zdać egzaminy wstępne. Popołudnia zazwyczaj spędzałem poza domem. W tym czasie Kubizek albo Gustl, jak go niekiedy nazywałem, ćwiczył grę na skrzypcach i fortepianie. Nawiasem mówiąc, przez kilka miesięcy sam brałem lekcje gry na skrzypcach, a mamusia nawet kupiła mi instrument. Po powrocie do domu zdarzało mi się dość długo rozmawiać z Gustlem. Twierdził on później, że czasem nawet były to wielogodzinne monologi. Miał trochę racji. Zazwyczaj to ja mówiłem, a on słuchał.

– Gdzie pan poznał Gustla?

– To było chyba w 1905 roku, w operze w Linzu. Na pewno jesienią. Połączyła nas wspólna miłość do Wagnera. Kiedy rozpływałem się nad jego twórczością, on chętnie mi przytakiwał. Gustl był synem tapicera, miał nawet iść w ślady ojca, ale podjął studia w wiedeńskim konserwatorium i nic nie wyszło z przejęcia rodzinnego interesu. Chciał zostać znanym muzykiem. Potrafił nawet grać na trąbce, puzonie, altówce i na skrzypcach. Spędzaliśmy ze sobą mnóstwo czasu. Spacerowaliśmy nocami: on, ja i moja laska, to znaczy czarna laseczka z gałką z kości słoniowej.

– Kubizek wiedział, że nie dostał się pan na studia?

– Dlaczego pan o to pyta, kiedy opowiadam o mojej lasce? I do tego tak znienacka?

– Pytam, by poznać odpowiedź.

Z KART HISTORII – 1908 ROK

W 1908 roku naliczono w Wiedniu 657 625 żarówek, co oznaczało, że jedna żarówka przypadała na trzech wiedeńczyków! W tamtym okresie zelektryzowanych było dziesięć dzielnic centralnych, na których na próżno było szukać latarni gazowych. Dla porównania w rodzinnym mieście Hitlera – w Linzu – od 1905 roku było sześć elektrycznych lamp łukowych – resztę stanowiło oświetlenie naftowe i gazowe.

Źródło: B. Hamann, *Wiedeń Hitlera*, op. cit.

Gmach opery wiedeńskiej narysowany przez Hitlera w 1912 roku

– To bardzo ciekawe pytanie.

– A odpowiedź byłaby jeszcze ciekawsza. To jak było, panie Adolfie?

– Nie jestem w stanie sobie tego przypomnieć.

– Ach, ta niezawodna pamięć. Dotychczas funkcjonowała u pana fantastycznie, a akurat teraz musiała zawieść. Zachowam się jak żołnierz na froncie, zapytam krótko: dlaczego pan mu tego nie powiedział?

– Nie było odpowiednich okoliczności… To znaczy, nie mogłem znaleźć… Sam pan wie... Nie miałem chyba w sobie odwagi, by mu to powiedzieć. Jak taki artysta jak ja mógł się nie dostać na Akademię Sztuk Pięknych? Tym bardziej że on, syn prostego tapicera, za pierwszym razem został przyjęty do wiedeńskiego konserwatorium. Zresztą ta informacja nie była nikomu do niczego potrzebna.

– Co w takim razie tak pana zajmowało?

– Miałem bardzo dużo zajęć. Mnóstwo czasu spędzałem na czytaniu. Już chyba mówiłem, że moim ulubionym pisarzem jest Karol May? (*Po moim skinieniu głową przywódca kontynuuje swój wywód*). To naturalnie

nie wszystko. Nie miałem jeszcze dwudziestu lat, gdy pierwszy raz udałem się do wspaniałego budynku przy Franzensringu.

– Czyli do parlamentu?

– Tak, a gwoli ścisłości chodziło mi o Izbę Posłów. Były tam dwie galerie dla widzów. Na pierwszej zasiadała lokalna elita. Druga była przeznaczona dla wszystkich, tylko trzeba było wczesnym rankiem odebrać bezpłatną kartę wstępu. W *Mein Kampf* świadomie napisałem, że wówczas „jako człowiek o poczuciu wolności, zupełnie nie byłem wrogiem parlamentaryzmu, a wręcz przeciwnie – podziwiałem parlament angielski i nie umiałem sobie wyobrazić innej formy rządów".

– Później zdecydowanie zmienił pan poglądy na tę sprawę, ale o tym proponuję porozmawiać za moment. Już nie przerywam pańskiego wywodu.

– Gdy tylko miałem czas, biegałem do parlamentu i obserwowałem w skupieniu to, co działo się na sali plenarnej. Słuchałem przemówień i przyglądałem się mniej lub bardziej inteligentnym twarzom członków parlamentu. Czasem zabierałem tam ze sobą Kubizka, by razem ze mną przysłuchiwał się obradom.

– Czy Kubizek chętnie tam z panem chodził?

– Niekoniecznie. Gdyby go pan o to zapytał, to pewnie powiedziałby, że czasem niemalże go do tego zmuszałem. Pamiętam, jak kiedyś trafiliśmy na wielogodzinną przemowę jakiegoś czeskiego deputowanego. Gustl zapytał mnie o sens takich długich wywodów. Musiałem mu tłumaczyć, że ten Czech przemawiał tak długo tylko po to, by zabrakło czasu dla innego posła. Kubizek zbytnio tego chyba nie rozumiał.

Z KART HISTORII – 1910 ROK – ROZDROBNIONE AUSTRO-WĘGRY

W 1910 roku Austro-Węgry były państwem wielonarodowym. Statystyki z tego roku pokazują, że zachodnia część cesarstwa ze stolicą w Wiedniu liczyła około 28,5 mln mieszkańców, z czego blisko 10 mln stanowili Niemcy, 6,5 mln Czesi, Morawianie i Słowacy, 5 mln Polacy, ponad 3,5 mln Ukraińcy/Rusini, 1,25 mln Słoweńcy, blisko 800 tys. Serbochorwaci, 770 tys. Włosi, 275 tys. Rumuni, 11 tys. Węgrzy i 500 tys. osoby określane jako cudzoziemcy. Jednocześnie funkcjonowały dwa niezależne od siebie parlamenty – w Budapeszcie i Wiedniu.

Źródło: B. Hamann, *Wiedeń Hitlera*, op. cit.

– Takie sytuacje w parlamencie nie były odosobnione.

– O nie. Czasem obrady przeradzały się w wielki spektakl. Po sali fruwały niemieckie, czeskie, włoskie i polskie wyzwiska. Posłowie uderzali w pulpity, gwizdali. To całe przedstawienie było bardzo emocjonalne.

– Te emocje udzielały się również panu?

– Bez wątpienia. Emocjonowałem się czasem do tego stopnia, że będąc na widowni, zaciskałem pięści i wymachiwałem rękami. Jednak rok, może dwa spokojnej obserwacji wystarczył, by mój pogląd na istotę parlamentu stał się nieaktualny. Nie mogłem nadal być zwolennikiem tej instytucji. Przestałem już tam chodzić, choć oczywiście śledziłem sytuację w dostępnej prasie.

– Pańska zła opinia na temat parlamentaryzmu nigdy się już nie zmieniła?

– Nie. Parlament tylko na pierwszy rzut oka wydaje się pociągający. W rzeczywistości trzeba go zaliczyć do symptomów upadku ludzkości. W demokracji parlamentarnej zdolności męża stanu sprowadzają się do tego, że musi on być na tyle genialny, by uzyskać zrozumienie pośród baraniego stada pustogłowych, a następnie wyżebrać ich łaskawą zgodę. Powiem coś panu. Nie ma innego ustroju, który, patrząc obiektywnie, byłby tak zakłamany i dwulicowy jak parlamentarny.

– Nie powie pan ani jednego dobrego słowa o parlamentarzystach?

– W żadnym wypadku! Przecież to gromada uzależnionych zer. Pan, panie doktorze, nawet nie ma pojęcia, jak bardzo są ograniczeni w swoim myśleniu. Toż to nadęci dyletanci, jedyny w swoim rodzaju najgorszy duchowy półświatek. Jak oni się zachowują? W parlamencie podejmuje się decyzje o największym znaczeniu dla przyszłości całego państwa, ba! narodu! A oni robią to w taki sposób, jakby na stole czekała na rozegranie partia durnia albo taroka!

– Naprawdę nie dostrzega pan żadnych pozytywów parlamentaryzmu?

– Nie! To znaczy dostrzegam, ale tylko jeden! Dzięki demokracji – a co za tym idzie – parlamentaryzmowi – nadszedł koniec państwa Habsburgów! Każda cegiełka dokładana do bałaganu językowego w parlamencie przybliżała rozpad tego babilońskiego państwa, a więc coraz bliżej była godzina wolności dla mego niemiecko-austriackiego narodu.

– To jest ciekawe, co pan mówi, zwłaszcza w zestawieniu z historią. Przecież do władzy doszedł pan przez parlamentaryzm.

– Ależ oczywiście! A już w 1928 roku powiedziałem, że wysyłam swoich posłów do Reichstagu nie po to, by tam działali, ale po to, by jak najszybciej pomogli umrzeć parlamentaryzmowi! Pan nawet nie ma pojęcia, co w praktyce znaczy parlament. Oznacza on kabaret w czystej postaci. Te poczwary poselskie zamiast w parlamencie powinny występować w cyrku. Proszę sobie wyobrazić, że w czasach, gdy mieszkałem w Wiedniu, dochodziło do iście kabaretowych scen. Wychodzili na mównicę posłowie, którzy ze względu na brak ograniczeń czasowych mogli pleść bzdury godzinami, a nikt nie mógł tego przerwać. Jakby tego było mało, przemawiali często w obcym języku, niezrozumiałym dla dużej części posłów, przez co nie można było kontrolować, czy w ogóle mówią na temat. Niektórzy chwalili się, że nasz parlament z mówiącymi w dziesięciu językach to ewenement na skalę międzynarodową. Tak, to był ewenement, ale raczej cyrk lub tragikomedia! Proszę...

(Hitler przestał mówić i gwałtownie złapał się za serce. Niewątpliwie mimo upływu lat nadal w jego umyśle był to temat zapalny. Opuścił głowę, wziął kilka głębokich oddechów i znów się odezwał).

– Proszę o zmianę tematu. Już wystarczająco dużo zmarnowaliśmy czasu na tych parlamentarnych baranów!

– Taki też miałem zamiar. Wróćmy do pańskich zajęć w Wiedniu w 1908 roku. Z tego, co wiem, oprócz parlamentu chodził pan zapewne również do teatru.

– Wreszcie jakiś miły temat do rozmowy! Dla mnie słuchanie Wagnera nie jest jakimś tam pierwszym lepszym wyjściem do teatru, tylko wprawieniem się w euforyczny stan, pozwalający zapomnieć o problemach, przenieść się do krainy marzeń i pozbyć złych emocji. Miłość do teatru odkryłem już zresztą w Linzu. O tym panu chyba jeszcze nie opowiadałem?

– Nie, nie.

– W takim razie zacznę od początku. Już jako młodzieniec uwielbiałem teatr. Bardzo często chodziłem do Landestheater Linz, który wystawiał operetki, opery i sztuki teatralne. W repertuarze były sztuki salonowe, ale też edukacyjne, jak *Czarodziejski flet* Mozarta i operetki Straussa. Dramaty Schillera i opery Wagnera są miodem na moje serce. Zdarzało mi się nawet chodzić po pokoju i coś tam sobie podśpiewywać.

– A czy dotarła do pana informacja, że kiedy w 1938 roku przybył do Linzu wysłannik archiwum NSDAP i zbierał materiały biograficzne na pana temat, okazało się, że prawie wszyscy pańscy ulubieni aktorzy grający bohaterów Wagnera i Schillera byli Żydami?

– A to ciekawe! No widzi pan, panie doktorze. Zdarzają się wyjątki. Poza panem można widocznie znaleźć jeszcze innych szlachetnych Żydów! Co do samej sztuki wyższej, to bardzo ją szanowałem i nadal tak jest. Często po przedstawieniach operetkowych byłem w stanie kompletnej ekstazy i chodziłem z Kubizkiem aż do rana po linckim wzgórzu Freinberg, z którego rozpościerał się widok na całe miasto.

– O czym wtedy rozmawialiście?

– Z powodu mojego charakteru zazwyczaj było tak, że ja mówiłem, a Kubizek słuchał. Opowiadałem o swoich wizjach, które tyczyły się przyszłości niemieckiego narodu. Wygłaszałem monolog, a on mi nie przerywał ani się nie sprzeciwiał, bo wiedział, że tego nie lubię. Często powtarzaliśmy fragment genialnej opery Richarda Wagnera *Rienzi, ostatni z trybunów*.

– Nadal go pan pamięta?

– „Więc wybierzcie mnie na obrońcę praw, które przyznano ludowi. Popatrzcie na swoich przodków i mianujcie mnie waszym trybunem ludowym". W tym momencie masy odpowiadają: „Rienzi, heil! Chwała tobie, trybunie ludu!". Świetna opera! Polecam obejrzeć, panie doktorze. Poza tym nawet w operze pojawiał się problem tych cholernych Żydów! O, pardon, panie doktorze.

– Co tym razem pan dostrzegł?

– W czasie wiedeńskich lat z przykrością stwierdziłem, że w operze zawsze była młodzież żydowska – zarówno męska, jak i żeńska.

Młodzieży aryjskiej natomiast prawie zawsze brakowało. To niedopuszczalne, że wiedeńczycy znali przybytki kultury swojego miasta tylko z zewnątrz, a szczęście znajdowali w gospodzie przy młodym winie. Jak można akceptować stan, w którym student czystej rasy aryjskiej nie ma pojęcia o dziełach swojej rasy, a najwyższe zadowolenie dają mu knajpy?

– A gdzie dokładnie należy w tej sprawie upatrywać winy Żydów?

– Ten stan rzeczy to wina rasy żydowskiej. Pan, panie doktorze, jako przedstawiciel niniejszej rasy nie jest w stanie tego dostrzec. Jest pan szlachetnym Żydem, ale jednak Żydem, co w tym przypadku stanowi nieobojętne obciążenie.

– Wielokrotnie mówił pan, że nie lubi sprzeciwu, dlatego zamilczę... Czyli powiada pan, że znał pan na pamięć fragmenty oper Wagnera.

– Wreszcie jakiś przyjemny temat na pogawędkę.

– Bardzo proszę, a wracając do Wagnera?

– Znałem na pamięć Wagnera, ale nie tylko. Choć rzeczywiście o Richardzie Wagnerze przeczytałem wszystko, co było możliwe. Już jako dwunastolatek poszedłem w Linzu na jego operę zatytułowaną *Lohengrin*. Znałem jego biografię i dzieła jak wierzący zna pacierz. To dla mnie wzorzec polityczny i światopoglądowy. Przeczytałem i wciąż pamiętam jego zapiski, listy i rozprawy. Niestety, często bywało tak, że mój odbiór sztuki zakłócała grupa bywalców, do której nie docierało, że przedstawienie wymaga głębokiej koncentracji. Przychodzili tacy do opery, żeby pochwalić się drogą biżuterią, flirtować z piękną damą, a przy okazji załatwić interesy. Dla takich upadłych elit nie może być miejsca w instytucjach artystycznych. Jak chcą, niech się zabawiają w domach publicznych, a nie w domach artystycznych!

– Richard Wagner podobnie jak pan był Niemcem.

– Mieliśmy zdecydowanie więcej wspólnego! Jego ojciec, podobnie jak mój, był urzędnikiem, choć jego miał być urzędnikiem policyjnym. Swoją drogą krążyły też pogłoski, że jego ojciec był aktorem, Żydem z pochodzenia, ale ja w to akurat nie wierzę. To jednak nie koniec podobieństw. Poza poglądami i duszą artysty, tak jak i ja zrezygnował

Fragment opery Richarda Wagnera *Lohengrin*, pierwszej, na którą jako dwunastolatek poszedł Adolf Hitler:

> *Niechaj wróg Rzeszy do walki stanie.*
> *Mężnie czekamy na to spotkanie.*
> *Ze swych pustynnych równin na wschodzie*
> *Już nie wyruszy w krwawym pochodzie,*
> *Bo miecz niemiecki strzeże tej ziemi!*
> *Rzesza się dzielnie rozprawi z nimi!*

J. Toland, *Hitler. Reportaż biograficzny*, op. cit., s. 33.

z jedzenia mięsa. Proszę zobaczyć, jakich wielkich mistrzów wydała niemiecka ziemia. Jestem dumny z przynależności do tego narodu.

– Może tak jak pański mistrz powinien pan spróbować komponować muzykę.

– Ależ ja to zrobiłem! Miałem chyba wtedy dziewiętnaście lat. Sporządziłem szkic widowiska Richarda Wagnera *Kowal Wieland*, który opowiada o uwięzionym Wielandzie wykuwającym dla siebie skrzydła, by uciec na wolność. Spróbowałem zaprojektować scenografię, napisać tekst, ale i skomponować muzykę. Miałem genialny pomysł, w którego realizacji pomagał mi Kubizek, wówczas student muzyki. Później jednak wszystkiego zaniechałem. Nie miałem już do tego sił.

– A wracając do pańskiego przyjaciela Augusta Kubizka, czy na pewno była to tylko przyjaźń?

– Czy widział pan trupy przed bunkrem?! (*Hitler zaczął krzyczeć*).

– Rozumiem, zapomnijmy o tym. A jak długo mieszkaliście razem?

– Muszę chwilę pomyśleć. Hmm... Jakoś na początku lipca 1908 roku, czyli po zakończeniu semestru letniego, Gustl wyjechał na wakacje do Linzu. Wówczas rozeszły się nasze drogi.

– Ale jak to? Tak nagle? Był jakiś powód?

– W czasie wakacji napisałem do niego kilka listów, wysłałem też ze trzy pocztówki. Później nasz kontakt się urwał. W listopadzie tego samego roku wyprowadziłem się od pani Zakreys i zameldowałem u pani Helene Riedl przy Felberstrasse dwadzieścia dwa, mieszkanie szesnaste. Tam mieszkałem następny rok.

MÓJ PRZYJACIEL KUBIZEK

August Kubizek, po tym jak urwał się jego kontakt z Adolfem Hitlerem, kontynuował studia muzyczne w Wiedniu, które ukończył w 1912 roku. W tym czasie otrzymał angaż na drugiego kapelmistrza w Stadttheater w Marburgu nad Drawą. Wybuch wojny przeszkodził mu w podjęciu następnej pracy w Teatrze Miejskim w Klagenfurcie. Latem 1914 roku August Kubizek ożenił się ze skrzypaczką z Wiednia i wstąpił do wojska. Później, w trakcie tzw. karpackiej zimy w Galicji, zachorował na chorobę zakaźną i cudem uniknął śmierci. Podobno powiedział wówczas: „Załamałem się na zawsze". Po zakończeniu wojny udzielał prywatnych lekcji, ucząc gry na instrumentach, a w 1920 roku w Eferdingu koło Linzu został sekretarzem gminy i zajmował się animowaniem życia muzycznego.

Kubizek powiedział, że przypadkowo w gazecie ilustrowanej w latach dwudziestych rozpoznał swojego przyjaciela z czasów młodości w roli mówcy politycznego. Skomentował to w ten sposób: „Żałowałem bardzo, że jemu, podobnie jak i mnie, nie udało się zrobić kariery artystycznej [...]. Teraz musi zarabiać na życie jako mówca na zgromadzeniach. Gorzki to chleb".

Źródło: B. Hamann, *Wiedeń Hitlera*, op. cit.

– Nadal nie rozumiem, co to ma wspólnego z rozstaniem z Augustem Kubizkiem.

– Musi pan zrozumieć, że latem 1908 roku inne ważne sprawy zaprzątały mi głowę.

– Co ma pan na myśli?

– Było wiele różnych kwestii. Skupiłem się też wtedy na zupełnie innych priorytetach.

– Dostał się pan za drugim razem do Akademii Sztuk Pięknych w Wiedniu?

– Nie!

– A próbował pan?

– No tak... We wrześniu dziewiętnastoletni Adolf Hitler, którego widzi pan we własnej osobie, ponownie próbował dostać się do akademii. Nic z tego jednak nie wyszło.

– Nie zdał pan znowu drugiego etapu?

– Nie zostałem przyjęty do pierwszego, wstępnego etapu. Większość moich prac, które przekazałem do oceny, zawierała rysunki budowli, bo interesowałem się architekturą. Rektor nawet chyba mnie zapytał, do jakiej szkoły budowlanej uczęszczałem, i powiedział, że mam do tego talent, to znaczy do architektury.

– To dlaczego nie spróbował pan swoich sił w szkole budowlanej?

– Nie mogłem. Tam potrzebna była matura, której nie miałem. Tym sposobem podjąłem decyzję, że dalej będę pracował jako samouk.

– Widział się pan jeszcze z Augustem Kubizkiem?

– Kilkadziesiąt lat później[5]. Dostałem od niego list z gratulacjami po tym, jak w 1933 roku zostałem kanclerzem. Odpisałem mu, że mam nadzieję na spotkanie. Odpowiedzi, niestety, nie otrzymałem. Może nie miał czasu, może ochoty, może pieniędzy? Nie wiem.

– To proszę, mam ten list.

> *4 sierpnia 1933 r.*
>
> *Kochany Kubizku!*
>
> *Bardzo chętnie, kiedy minie czas najtrudniejszej walki, ożywiłbym osobiste wspomnienie tych najpiękniejszych lat mojego życia. Może byłoby możliwe, żebyś mnie odwiedził.*

– Do spotkania jednak doszło.

– Pięć lat później, w 1938 roku, czyli trzydzieści lat od ostatniego kontaktu, doszło do spotkania w hotelu Weinzinger w naszym Linzu. (*W tym momencie głos Hitlera wyraźnie łagodnieje*). Data była o tyle wyjątkowa, że wydarzyło się to dziewiątego kwietnia, to jest dzień przed referendum w sprawie dokonanego już Anschlussu Austrii. To

---

[5] August Kubizek twierdził, że Hitler po wyprowadzce z domu pani Zakreys nie powiadomił go o nowym miejscu zamieszkania i przepadł bez wieści. Kiedy w listopadzie 1908 roku po powrocie do Wiednia nie zastał go w domu, przy najbliższej wizycie w rodzinnej miejscowości Hitlera – Linzu – starał się czegoś dowiedzieć od przyrodniej siostry Adolfa, Angeli Hitler. W odpowiedzi usłyszał, że jest współwinny tego zniknięcia i tego, że jako dwudziestolatek Hitler nie ma jeszcze żadnego zawodu ani pieniędzy na utrzymanie.

Hitler gorąco witany w Wiedniu po przyłączeniu Austrii do Trzeciej Rzeszy, marzec 1938 roku

było bardzo wzruszające spotkanie. Na jego widok krzyknąłem: „Gustl!". Choć za moment przeszliśmy na oficjalną formę per pan.

– Jak przebiegała rozmowa?

– Gustl koniecznie musiał mi wytłumaczyć, dlaczego nie został wielkim i sławnym muzykiem. Rozmawialiśmy też o jego rodzinie. Kiedy okazało się, że nie ma wystarczająco dużo pieniędzy, by posłać na studia muzyczne trzech swoich synów, postanowiłem to sfinansować. I słowa dotrzymałem. Do dzisiaj w mojej pamięci zachowała się jedna ze scen tamtego spotkania. Podeszliśmy razem do hotelowego okna. Przed nami rozpościerał się widok na Dunaj i zobaczyłem ten cholerny most! Powiedziałem wtedy: „Ta ohydna kładka wciąż tu jest! Ale już niedługo zniknie, obiecuję panu, Kubizek!".

– To było panów ostatnie spotkanie?

– Nie, skądże! Rok później zaprosiłem Kubizka do Bayreuth, czyli miasta, w którym ostatnie lata życia spędził uwielbiany przez nas Richard Wagner. Kubizek obejrzał cztery przedstawienia, odbyliśmy też rozmowę w cztery oczy na różne tematy i odwiedziliśmy grób Wagnera. Przy tej okazji dzięki mnie poznał także wnuka Richarda Wagnera, Wielanda. To w jego towarzystwie zwiedziliśmy willę Wahnfried, w której znajdował się fortepian ubóstwianego przez nas mistrza.

– Czy później jeszcze się panowie widzieli?

– Tak, ale tylko raz. W 1940 roku spotkaliśmy się ponownie w Bayreuth. Byłem w teatrze na operze *Zmierzch bogów*. Po tym przedstawieniu ja i towarzysząca mi kolumna samochodów opuściliśmy operę. Tłumy wiwatowały na mój widok. Wtedy wśród ciżby dostrzegłem poczciwego Kubizka. Podjechaliśmy do niego, uścisnąłem mu dłoń i pomachałem na pożegnanie. To było nasze ostatnie spotkanie. Słyszałem, że po tych wydarzeniach Kubizek stał się sławny.

CIĄG DALSZY HISTORII POCZCIWEGO KUBIZKA

Po ostatnim spotkaniu z Adolfem Hitlerem August Kubizek pozostał sekretarzem gminy. Ponadto kierował Urzędem Stanu Cywilnego. Dwa lata później, w 1942 roku, wstąpił do NSDAP i został szefem lokalnej propagandy, kierował organizacją „Siła przez Radość", a do tego pełnił funkcję kierownika Głównego Urzędu Kultury. W tamtym czasie Martin Bormann, pełniący wówczas funkcję sekretarza Hitlera, zlecił mu spisanie na potrzeby prywatnego archiwum NSDAP wspomnień z lat wspólnie spędzonych z kanclerzem Rzeszy.

Pisanie szło mu opornie. Miał w trakcie tej czynności powiedzieć: „Krzyż pański z tym pisarstwem, nie odpowiada mi to!". Ostatecznie udało mu się zapełnić około 150 stron, a jego trud został doceniony już w czasie pisania. W 1943 roku otrzymał podwyżkę w swojej pracy ze względu na to, że „Pan Kubizek jest przyjacielem Kanclerza z czasów młodości, a obecnie zajmuje się opracowaniem wspomnień z lat przeżytych wspólnie z Führerem".

Kubizek po zakończeniu wojny został aresztowany z powodu prywatnej znajomości z Hitlerem. Amerykanie szesnaście miesięcy przetrzymywali go w Glasenbach. Podczas tego uwięzienia był przesłuchiwany. Po wyjściu na wolność w kwietniu 1947 roku odnalazł ukryte w ścianie domu w Eferdingu swoje wspomnienia i listy od Hitlera. Kilka lat później napisał, że Adolf Hitler był jego jedynym przyjacielem. Podziw dla niego nigdy w nim nie osłabł. We wspomnieniach napisał: „Siła twórcza tego człowieka jest nieprzebranie wielka, a także wielostronna. W rzeczywistości nie potrafiłbym powiedzieć, z jaką dziedziną mój przyjaciel nie był już wówczas obeznany".

August Kubizek zmarł 23 października 1956 roku.

Źródło: B. Hamann, *Wiedeń Hitlera*, op. cit., s. 74.

– Porozmawialiśmy na temat pańskiego przyjaciela! Wróćmy teraz do pana.

– Najwyższy czas!

– Z Wiedniem nieodłącznie kojarzy się słowo „zdegenerowany". Zauważyłem, że często pojawiało się ono również w pańskich przemówieniach.

– Owszem, zgadza się. W czasie mojego pobytu w Wiedniu słowo „zdegenerowany" było bardzo modne. Mieszkańcy tego miasta wplatali je w rozmowy tyczące się wszystkich dziedzin życia. Rzeczywiście padało ono również z moich ust. Podobnie zresztą postępował Richard Wagner, który używał go w tekstach swoich oper i genialnych rozprawach. Wówczas „zdegenerowane" było wszystko, co stało w opozycji do prawa Darwina o ciągłym postępie.

– Co ono znaczyło?

– Już panu wyjaśniłem, proszę słuchać mnie uważniej!

– To może rozwinąłby pan tę definicję.

– Panie doktorze, to nie są prywatne lekcje z języka niemieckiego! Nie jestem tutaj po to, by pana nauczać! Proszę przygotować się na następne spotkanie i nie zadawać takich głupich pytań. To koniec na dzisiaj.

– Ale...

– Nie ma żadnego ale. Już podjąłem decyzję. Moi żołnierze odprowadzą pana do wyjścia! Żegnam!

Ewidentnie dzisiejszy kanclerz Rzeszy nie przypomina tego kilkuletniego Adolfa, którego poznałem dawno temu. Ten człowiek jest nieobliczalny. Ze spotkania na spotkanie czuję, że coraz mniej go znam, a strach paraliżuje mnie do tego stopnia, że poza bólem brzucha zaczynają mi się rano trząść ręce. Kompletna tragedia.

Dzień później.

– Miło pana widzieć. Dzień dobry, panie doktorze. Proszę usiąść.

– Dzień dobry.

– Dzisiaj to ja zadam pierwsze pytanie. Muszę sprawdzić, czy poważnie podchodzi pan do naszej wspólnej sprawy, jaką są te rozmowy. Proszę mi wyjaśnić, w jakich sytuacjach było używane słowo „zdegenerowany".

– Panie kanclerzu, czytałem dzisiaj o tym całą noc...

– Proszę się nie wykręcać, zadałem proste pytanie!

– Tak jak wspomniał pan wczoraj, było to bardzo modne słowo...

– To wiem, bo sam o tym panu mówiłem. Ale czego pan się dowiedział? Proszę mówić, to nie przelewki! Pan marnuje mój cenny czas!

– Jeśli ktoś mówił, że coś jest zdegenerowane, to miał na myśli coś odmiennego, niezgodnego z gatunkiem...

– Bardzo dobrze. Proszę kontynuować.

– Lekkie obyczaje wiedeńskie były nazywane jako „degeneracja moralna", sztukę ekspresjonistyczną określano „zdegenerowaną", a kobiety, które żądały praw wyborczych, były przedstawicielkami „emancypacyjnego szału zdegenerowanych kobiet".

– Tak mówiło się również o tych żądających dostępu do lepszego wykształcenia. Dokładność, panie doktorze, dokładność. Mimo to uznaję, że jest pan dzisiaj przygotowany do rozmowy. Widzisz, Blondi, warto było go postraszyć! (*Führer mówi do swojej suki*). Proszę pytać.

– Dziękuję. Proponuję pomówić o wiedeńskiej architekturze, która była w kręgu pańskich zainteresowań od wielu lat.

– Z przyjemnością. A od czego zaczniemy? Już wiem! Pan zresztą też powinien.

– Od Ringu?

– Otóż to!

– Wielokrotnie pan o nim wspominał, rzeczywiście mogłem się tego domyślić.

– Wystarczy krótka musztra i nawet szlachetny Żyd zostaje przywołany do porządku (*he, he*). Bez urazy, oczywiście, panie doktorze.

– Bez urazy.

– Tak więc, jak wielokrotnie zresztą wspominałem, już w czasie pierwszej wizyty Wiedeń objawił mi się niczym z baśni tysiąca i jednej nocy. Architektura tego miasta zawsze mnie zachwycała. Ringstrasse, albo jak niektórzy mówią Ring wiedeński, to najpiękniejszy szlak, jaki kiedykolwiek powstał na starych fortyfikacjach. Te budowle, mimo eklektycznego stylu, miały kształty, za które byli odpowiedzialni samodzielnie myślący architekci.

– „Taka jest moja wola...". Tymi słowami cesarz Franciszek Józef w 1857 roku zarządził wyburzenie starych murów miejskich i budowę Ringstrasse.

– Cesarz już kilka lat później, w 1865 roku, mógł dokonać uroczystego otwarcia tego cudu architektonicznego, choć tak naprawdę prace były na ukończeniu dopiero około 1900 roku. Ten wspaniały bulwar liczy cztery kilometry i okrąża przepiękne wiedeńskie śródmieście. Należy pamiętać, że u podłoża budowy Ringu leżała myśl polityczna: wyposażenia rozgrywanej już wówczas przez siły destrukcyjne monarchii w wielki, dominujący, wspaniały ośrodek władzy centralnej, który stanowiłby siłę przyciągającą. Dzięki temu mały człowiek przybywający do wielkiego miasta, do siedziby królewskiej, ma poczucie, że żyje tu król, że żyje tutaj władca. Na tej ulicy można zobaczyć wiele stylów architektonicznych. Od hellenistycznego parlamentu przez neogotycki ratusz po renesansową giełdę i uniwersytet. Istne dzieło sztuki! Ratusz w neogotyckim stylu jest wspaniałą budowlą, która może być śmiało nazywana hellenistycznym cudem na niemieckiej ziemi.

– Czy pan sam również projektował?

– Ależ oczywiście. (*Uderza zaciśniętą pięścią w serce*). To było zajęcie, które dawało mi ogromną radość. Studiowałem wszystkie szczegóły różnych budynków. Rozrysowywałem rozkład schodów, boczne portale z uwzględnieniem wszystkich rzutów, analizowałem plany urbanistyczne Paryża. Poza tym, mając niecałe dwadzieścia lat, chętnie sięgałem po fachową literaturę na ten temat. Historia architektury zawsze wydawała mi się pasjonująca. W tamtych latach uwielbiałem brać do rąk książkę dotyczącą architektury, otwierać na losowo wybranej stronie, zakrywać podpis pod fotografią i zgadywać, co to jest. Zwykle odgadywałem za pierwszym razem.

– Zachowały się te pana wczesne szkice?

– Z ubolewaniem muszę stwierdzić, że nie. To wielka szkoda, bo gdyby się zachowały, to byłby mój najcenniejszy skarb, co by nie mówić, to wartość mojego umysłu, której nie oddałbym nigdy, tak jak wydałem obrazy. Dzisiaj potrafię bez żadnego przygotowania przenieść na papier plan budynku. Myśli pan, że byłoby to możliwe, gdyby nie moje wcześniejsze studia? Sam sobie odpowiem. Naturalnie, że nie! Ale za to odnalazła się moja irlandzka rodzina. Pewnie słyszał pan o amerykańskim żołnierzu o nazwisku Hitler?[6].

– O Williamie Patricku Hitlerze?

– Otóż to! To mój kuzyn, który wielokrotnie uprzykrzał mi życie. Dopuścił się nawet wobec mnie szantażu! To łachudra!

– William Patrick Hitler był synem Aloisa Juniora, czyli pańskiego przyrodniego brata. A irlandzkie korzenie wzięły się stąd, że brat ożenił się z Irlandką. Są też tacy, którzy twierdzą, że to Niemka. Czym zasłużył na tak nieprzychylną opinię u pana?

– On i jego ojciec Alois to idioci! Swoim zachowaniem mogli mnie wykończyć! Zawsze bardzo się starałem ukrywać swoje prywatne sprawy, a ci idioci, gdy tylko stałem się znany, poszli do angielskich mediów i zaczęli udzielać wywiadów! Nie mogłem tego tolerować i w 1930 roku wezwałem ich do siebie. Wyobrażali sobie, że po moich plecach wdrapią się na szczyty sławy?!

– Może robili to w dobrej wierze, chcieli uchylić rąbka tajemnicy na pana temat?

– Toż to idioci! Nawet w mojej książce nie pozwoliłem sobie choćby na jedno zdanie na temat tego, skąd pochodzi moja rodzina i od kogo się wywodzi! A tu nagle odnaleziono bratanka, który na lewo i prawo chlapał jęzorem bez głębszego zastanowienia, byle tylko wywołać zainteresowanie swoją osobą. Nie po to unikałem tych tematów z ogromną konsekwencją, by jakiś bratanek wszystko wyśpiewał w kilku brytyjskich gazetach! Czy pan to rozumie, panie Bloch?

(Czuję, jak moje ciało przeszywa jego diabelski wzrok).

– Może zamiast krzyczeć na nich trzeba było im pomóc?

---

[6] Adolfowi Hitlerowi zdarzało się czasem przeskakiwać z tematu na temat w najmniej spodziewanym momencie.

Arthur Seyss-Inquart, pronazistowski austriacki kanclerz, który zgodził się na Anschluss, wita Hitlera i jego świtę w Wiedniu

– Mam tak dobre serce, że nawet tych beznadziejnych krewnych nie zostawiłem na lodzie. Patrick przyjechał do mnie do Berlina w 1933 roku. Okazało się, że jest bezrobotny i prosi o pomoc. Nie odmówiłem. Ale jemu ciągle coś nie pasowało. Byłby pewnie dopiero wtedy rad, gdyby zajął moje stanowisko kanclerza Rzeszy. W związku z tym po sześciu latach wrócił do Wielkiej Brytanii.

– A stamtąd zaciągnął się do amerykańskiej armii.

– Spokojnie, ustalmy wszystko po kolei! Pojechał do Anglii, a dopiero później do Ameryki. W międzyczasie sprzedawał prasie przeróżne paszkwile na mój temat. Pisał obrzydlistwa typu „Dlaczego nienawidzę mojego stryja". Nie miał gówniarz żadnych skrupułów! A wie pan, jak zarabiał w Ameryce? Wygłaszał wykłady na mój temat! Nie dość, że mnie zajadle krytykował, to jeszcze na tym zarabiał. Zresztą razem ze swoją matką Bridget Hitler, która równie chętnie mnie krytykowała.

– A co z tą armią?

– Właśnie do tego zmierzam. Podobno William Patrick prośbę o wstąpienie do amerykańskiej armii wystosował już w 1942 roku. Wcześniej starał się o przyjęcie do brytyjskiego wojska, ale chyba mu się nie powiodło. W Ameryce listownie prosił o to samego prezydenta Roosevelta, który wyraził zgodę. William Patrick służył w Korpusie Medycznym Marynarki Wojennej, gdzie prawdopodobnie zajmował się rozdzielaniem leków. Aż trudno uwierzyć, że ktoś mógł zdradzić

CIĄG DALSZY HISTORII BRATANKA ADOLFA HITLERA – WILLIAMA PATRICKA HITLERA

Niewiele wiadomo na temat wyczynów wojennych Williama Patricka Hitlera. Wiadomo natomiast, że po 1947 roku, gdy opuścił armię, usunął się z życia publicznego i założył firmę – laboratorium, w którym badano krew na zlecenie szpitali. Aby ukryć się przed mediami, zmienił nazwisko na Stuart-Houston.

W 1947 roku w życiu bratanka Hitlera nastąpiło ważne wydarzenie. Stanął na ślubnym kobiercu z Phyllis Jean-Jacques, którą poznał jeszcze w przedwojennych Niemczech. Ich dziesięcioletnia znajomość podtrzymywana listami zakończyła się małżeństwem.

William Patrick Hitler, jako obywatel Stanów Zjednoczonych o nazwisku Stuart-Houston, zmarł w 1987 roku.

nie tylko swoją rodzinę, ale – może nawet przede wszystkim – Trzecią Rzeszę. Ten młodzieniec napsuł mi dużo krwi! (*Ze zdenerwowania głos zaczyna mu wibrować*). Serce mi się kraje, gdy muszę o tym opowiadać. Zmieńmy lepiej temat.

– Może na coś przyjemnego, na przykład na pocztówki.

– W moim życiu miałem epizod malarza i sprzedawcy pocztówek. Zimą na przełomie 1909/1910 roku zajrzał mi w oczy głód. Spałem w przytułkach, żywiłem się w kuchni dla bezdomnych. Wówczas na mej drodze pojawił się niejaki Hanisch, który zaproponował mi współpracę. Malowałem akwarele, wykorzystując motywy z wiedeńskich pocztówek, a on je sprzedawał. Zyskiem dzieliliśmy się pół na pół.

– Często się sprzeczaliście?

– Do dużej kłótni doszło siedem miesięcy później. Hanisch naurągał mi, twierdząc, że maluję za mało, wygłaszam niekończące się monologi w noclegowni, w której mieszkaliśmy, i czytam książki. Co za leń! Niech lepiej na sobie się skupi! Ostatecznie sprawa skończyła się na policji, Hanisch poszedł na siedem dni do aresztu, a ja zacząłem sam handlować moimi akwarelami.

– Byli chętni?

– Było ich mnóstwo! Najczęściej odbiorcami byli żydowscy kupcy.

– Żydowscy?! Czy ja dobrze usłyszałem?!

– Tak. Z Żydami można robić interesy, bo tylko oni są skłonni podejmować ryzyko. Poza tym chrześcijańscy kupcy wcale lepiej od żydowskich nie płacą. I za to szanowałem Żydów!

MÓJ PRZYJACIEL ADOLF HITLER

Adolf bez przerwy przebudowywał miasto. I nie chodziło tylko o budynki. Stojący przed kościołem i proszący o jałmużnę żebrak dawał powód, by wszcząć rozmowę o potrzebie stworzenia państwowego systemu opieki nad ludźmi starymi, bo dzięki temu żebracy mogą zniknąć z ulic miasta. Chłopka przechodząca obok ze swym wózkiem, na którym stała bańka z mlekiem, ciągniętym przez bernardyna, była z kolei przyczyną przemówienia o braku odpowiednich inicjatyw ze strony towarzystwa opieki nad zwierzętami. [...] Adolf był wiecznie niezadowolony ze wszystkiego, chciał wszystko zmieniać, poprawiać.

Źródło: A. Kubizek, *Adolf Hitler. Mój przyjaciel z młodości*, tłum. W. Sawicki, Wydawnictwo Vesper, Poznań 2014.

(W tym momencie mój rozmówca na chwilę zawiesza głos. Delikatnie pochyla się do przodu i sięga po coś do kieszeni. Czuję, jak po plecach zaczyna mi płynąć wąska strużka potu. W myślach zaczynam naprędce robić rachunek sumienia. Czy powiedziałem coś, co mogło urazić Adolfa Hitlera? Czy za chwilę z kieszeni wyciągnie pistolet? Choć wszystko odbywa się bardzo szybko, mnie się wydaje, że trwa wieczność. Świadomość, że ten człowiek jest nieobliczalny, wzmaga mój strach. Wreszcie wszystko się wyjaśnia. Przywódca Trzeciej Rzeszy sięga do bocznej kieszeni marynarki i wyciąga z niej złoty zegarek, spogląda na niego, ja zresztą ukradkiem również. Staram się wyłapać każdy szczegół w ciągu kilku sekund, po których Führer odkłada zegarek do kieszeni).

– Przepraszam, że panu przerwę, ale jeśli dobrze zauważyłem, pański zegarek się spieszy?

– Wy, Żydzi, tak macie, że zauważycie wszystko, co złote i się świeci (*śmiech*). Tak, zgadza się. Złoty zegarek noszę w kieszeni marynarki. I rzeczywiście zazwyczaj spieszy się on kilka minut, bym się nie spóźniał na spotkania. Gdybym tego nie chciał, to z pewnością ktoś musiałby ponieść surową karę, a może nawet zginąć. Wie pan, jak to jest, *Ordnung muss sein**.

* *Ordnung muss sein* (niem.) – Porządek musi być.

I wojna światowa. Niewidomy Führer

• wezwanie do wojska • prostytutki, alkohol i Adolf • poglądy • przypowieść o cudzie na froncie • największy przyjaciel • polowania z von Tubeufem • niezwykłe Boże Narodzenie

„Oto zaczął się dla mnie [...] najbardziej pamiętny i wzniosły czas mojego ziemskiego życia. Wszystko, co było przedtem, w obliczu tych gigantycznych zmagań opadło w mdłą nicość”.

Adolf Hitler, *Mein Kampf*[7]

Chyba podczas ostatniej rozmowy poważnie zdenerwowałem kanclerza. Dzisiaj na mój widok jest wyraźnie poirytowany. Gorączkowo zastanawiam się, czym go ostatnio mogłem urazić. Spróbuję go dzisiaj nieco udobruchać. Zacznę rozmowę od czegoś górnolotnego i go skomplementuję.

– Kiedy zaczęły się w panu kształtować pierwsze ideały?

– Panie doktorze, pan znowu jest nieprzygotowany! (*Führer z dez-*

[7] Tłumaczenie pochodzi z: V. Ullrich, *Hitler. Narodziny zła 1889–1939*, Prószyński i S-ka, Warszawa 2015.

aprobatą kręci głową). Zadaje pan pytanie, na które już udzieliłem odpowiedzi w *Mein Kampf*.

– Przepraszam, czytałem o tym, ale musiałem zapomnieć. Niestety, nie każdy ma tak dobrą pamięć jak pan.

– To prawda! Pamięć mam świetną. A wracając do pańskiego pytania... Hmm. Pierwsze ideały zaczęły się kształtować w moim umyśle w czasach, gdy uczęszczałem do szkoły podstawowej. Mieszkałem wtedy w domu na niewielkim wzgórzu. W sąsiedztwie był ogród pełen drzew owocowych i orzechów, a w pobliżu płynął strumień. To właśnie w tych okolicznościach przyrody rodziły się moje pierwsze idee.

– Kiedy pan mówił, zdążyłem odnaleźć w *Mein Kampf* ten fragment. Pozwoli pan, że go przytoczę.

– Nie, panie doktorze, zrobimy inaczej. Chociaż nie muszę nikomu nic udowadniać, to to zrobię. Zacytuję ten fragment z pamięci, by miał pan namacalny dowód i potwierdzenie krążących na temat mojej genialnej pamięci plotek.

– Bardzo dobra propozycja.

(Hitler poprawia się na krześle i delikatnie podsuwa je bliżej biurka. Głaszcze spocony wąsik i pochyla się w moją stronę. Zaczyna mówić z pamięci).

– „Zabawy na dworze, długie spacery do szkoły, a przede wszystkim związki z silnymi chłopcami, które czasem przyprawiały moją matkę o silne katusze, uczyniły mnie przeciwieństwem…

– Domatora!”. (*Kończymy jednocześnie).*

– Proszę przyjąć szczere wyrazy uznania. Pańska pamięć rzeczywiście jest w świetnej formie.

– Dużo czytam, a przy tym zapamiętuję szczegóły. Cyfry, fakty, kształty i naturalnie muzykę. Wagnera nigdy nie było mi dość. Z powodu mojej pamięci dochodziło do zabawnych sytuacji. Kiedy zaczynałem monolog na temat strategii wojskowej, przytaczałem konkretne liczby i opisywałem mapy, wojskowi byli zszokowani do tego stopnia, że przynosili te mapy z magazynów, by upewnić się co do mojego intelektu. Nigdy się nie pomyliłem!

– A do wojska sam się pan zgłosił?

– Chciałem zostać wojskowym. Zwróciłem się nawet z prośbą o odbycie służby wojskowej w Wiedniu, ale nie otrzymałem żadnej odpowiedzi. Dopiero trzy czy też cztery lata później osiemnastego stycznia 1914 roku, w sobotę około piętnastej trzydzieści usłyszałem głośne pukanie do drzwi mego mieszkania w Monachium. Kiedy je otworzyłem, ukazała mi się postać funkcjonariusza policji kryminalnej.

– Czego chciał?

– Kazał mi pokwitować wezwanie, w którym było napisane, że dwudziestego stycznia 1914 roku mam się stawić w Linzu przy nabrzeżu Kaiserin Elizabeth trzydzieści w celu odbycia służby wojskowej. Kilka linijek niżej przeczytałem, że jeśli się nie stawię, zostanie wobec mnie wszczęte postępowanie, które może zakończyć się nałożeniem wysokiej grzywny, a nawet rokiem więzienia, jeśli władze dojdą do wniosku, że wyjechałem z Austrii, by uniknąć służby wojskowej.

– Istny paradoks. Został pan zaskoczony jak setki tysięcy Żydów w trakcie pana rządów.

– Proszę nie mieszać tych dwóch rzeczy. To zupełnie coś innego. Naturalnie podpisałem to wezwanie, po czym funkcjonariusz kazał mi iść na komendę. Dzień później w towarzystwie strażników zostałem doprowadzony do generalnego konsulatu Austrii. Czy pan to sobie wyobraża, panie Bloch?! W towarzystwie strażników!

– Co działo się dalej?

– Tam poprosiłem konsula o wysłanie telegramu z prośbą o przesunięcie terminu. Odpowiedź nie była dobra: HITLER MA SIĘ STAWIĆ DWUDZIESTEGO STYCZNIA.

– Musiał być pan wtedy szalenie zestresowany.

– Mniej więcej byłem…

– Mniej czy więcej?

(Cisza. Mój rozmówca tępo spogląda w nieco pożółkły sufit. Drapie się po swoim czarnym wąsie, poprawia grzywkę i wraca do rozmowy).

– Byłem wtedy bardzo zestresowany. Do tego stopnia, że błagałem konsula o zgodę na napisanie listu wyjaśniającego. Dostałem ją. W korespondencji przekonywałem, że w tak krótkim czasie nie dotrę do Linzu.

– To kiepska wymówka.

– Niejedyna. Przyznałem się, że próbowałem kiedyś zaciągnąć się do armii, a przez dwa lata moimi jedynymi przyjaciółkami były Nędza i Smutek. Nigdy nie mogłem poczuć smaku słowa „młodość". Jednak mimo wielu problemów zachowałem się przyzwoicie. Na końcu zasugerowałem, że za takie uchybienia mogłaby wystarczyć niewielka grzywna, którą naturalnie bym zapłacił.

– Te argumenty okazały się skuteczne?

– Wystarczająco. Dzięki decyzji konsula dostałem zgodę, by stawić się w pobliskim Salzburgu. Tak też się stało piątego lutego.

– Co stwierdziła komisja wojskowa?

– Już wtedy musiała wokół mnie rozpościerać się aura wybrańca narodów. Komisja stwierdziła, że nie będę służył w wojsku.

– Dlaczego?

– Widocznie przeczuwali, że rozmawiają z przyszłym kanclerzem Rzeszy i bali się zmuszać mnie do służby wojskowej.

– Rozumiem... A jaki był powód oficjalny?

– Wpisali mi jakieś bzdury, że jestem zbyt słaby i nie nadaję się ani do służby wojskowej, ani do służby w jednostkach pomocniczych. I dopisali, że nie nadaję się do noszenia broni. Banda idiotów!

– Kilka miesięcy później wybuchła wojna. Gdzie zastała pana wiadomość o konflikcie?

– Dwudziestego ósmego czerwca siedziałem w Monachium w swoim pokoju przy Schleissheimerstrasse, gdy usłyszałem krzyki. Zerwałem się na równe nogi i zacząłem zbiegać schodami na podwórko. Po drodze spotkałem właścicielkę mieszkania Frau Popp, która zaczęła do mnie krzyczeć: „Następca tronu Austrii, arcyksiążę Franciszek Ferdynand nie żyje!". Na ulicy okazało się, że wszyscy zebrali się wokół świeżo przyklejonego plakatu. Widniała na nim informacja, że zabójcą arcyksięcia i jego żony Zofii był serbski młodzieniec Gawriło Princip. Wiedziałem już, co to znaczy.

– Proszę mówić jaśniej.

– Wówczas mało kto spodziewał się, że te zabójstwa będą punktem zapalnym o zasięgu globalnym. Kilka tygodni później, pierwszego sierpnia, cesarz wydał rozkaz powszechnej mobilizacji przeciwko Rosji. Stałem wtedy przed Feldherrnhallen przy Odeonsplatz i cieszyłem się jak dziecko. Entuzjazm był tak wielki, że nawet padłem na kolana i dziękowałem niebiosom za to, że dały mi szansę żyć w takich czasach.

– Nie rozumiem, jak można było się cieszyć, że wybuchła wojna.

– Niektóre narody nigdy tego nie zrozumieją, bo nigdy nie dbały o swoje państwo. Prawdziwi patrioci płakali wtedy ze szczęścia, wierząc, że ich germańskie państwo zaprezentuje swoją potęgę i w proch rozgromi wroga. Wreszcie rozpoczęła się realizacja idei Wielkich Niemiec. Marzyłem o tym od najmłodszych lat!

– Kilka miesięcy wcześniej nie przyjęto pana do armii…

– …bo ja tego nie chciałem! Teraz zmieniła się sytuacja. Trzeciego sierpnia wypowiedzieliśmy wojnę Francji, która była sojusznikiem Rosji, i postanowiłem wstąpić w wojskowe szeregi. Napisałem do króla Bawarii Ludwika III prośbę o pozwolenie na wstąpienie do jego armii. Jeszcze tego samego popołudnia król przemawiał do tłumu przed pałacem Wittelsbachów, a ja zastanawiałem się, czy przychyli się do mojej prośby.

– Tym razem otrzymał pan pozytywną decyzję?

– Tak, i to już następnego dnia! Drżącymi rękami otwierałem kopertę z odpowiedzią w formie królewskiego rozporządzenia. Kiedy je przeczytałem, spadł mi kamień z serca. Zostałem przyjęty jako ochotnik do bawarskiego pułku mimo austriackiego pochodzenia! Szesnastego sierpnia zostałem jednym z członków Pierwszego Bawarskiego Pułku Piechoty, skąd przeniesiono mnie do Drugiego Pułku, gdzie rozpocząłem podstawowe szkolenie ze sztuki wojskowej.

– Jak panu szło?

– Co za pytanie?! Wyśmienicie. Walczyliśmy na bagnety, były marszobiegi i intensywny kurs musztry. Dla mnie była to przygoda życia!

PRZEGLĄD PRASY

Na głowy wielu naszych chłopskich rodzin spadło ciężkie zmartwienie, bo ich ojcowie idą na wojnę, zostawiając często spore gromadki dzieci. Armia wyciąga ręce po ich synów, po ich konie i wozy, a na polach czekają żniwa.

Źródło: „Münchner Neueste Nachrichten", 4 sierpnia 1914, w: V. Ullrich, *Hitler. Narodziny zła 1889–1939*, op. cit.

Hitler wypatrzony na Odeonsplatz w Monachium podczas manifestacji poparcia dla wypowiedzenia wojny Rosji przez kajzerowskie Niemcy, 2 sierpnia 1914 roku

Jeszcze w tym samym miesiącu wylądowałem w Szesnastym Rezerwowym Bawarskim Pułku Piechoty, gdzie zostałem już na stałe.

– Nadszedł czas na wyprowadzkę z mieszkania, które pan dotychczas wynajmował.

– Pamiętam jak dziś. Początek października. To była wyjątkowo wzruszająca chwila. Frau Popp była dla mnie jak matka. Do dziś, gdy o tym myślę, się wzruszam. Pożegnałem się z panią Popp, uścisnąłem dłoń jej mężowi i wyruszyłem na wojnę. Następnego dnia złożyłem przysięgę wierności cesarzowi Wilhelmowi i królowi Ludwikowi III, obecnemu na uroczystości. Razem z innymi rodakami musiałem jeszcze przysięgać swojemu monarsze, cesarzowi Franciszkowi Józefowi.

– Kolejny wzruszający moment.

– Jednak nie na tyle, by stracić zdrowy rozsądek. Z tamtego dnia najbardziej zapamiętałem coś innego. Dostaliśmy pyszną sałatkę z ziemniaków, a jako danie główne podano nam pieczeń wołową. Do tego otrzymaliśmy podwójne racje żywnościowe. Gdyby nie wojna, na pewno nie moglibyśmy liczyć na takie specjały.

– Gdyby nie wojna…

– …gdyby nie wojna, nie mielibyście okazji zarabiać na nielegalnym handlu i wyciąganiu ostatniego grosza od zdesperowanych ludzi!

– Gdyby nie...

– ...dość! Wróćmy do rozmowy.

– Racja. Jestem tutaj po to, by pan mi opowiadał o sobie, a nie ze mną polemizował. Zatem wyruszył pan z resztą wojska. Na tym skończyliśmy.

– Z Monachium szliśmy jakieś sto kilometrów na zachód do obozu w Lechfeld. Zabrało nam to ponad jedenaście godzin. Deszcz lał niemiłosiernie. Na miejscu okazało się, że zostanę zakwaterowany w stajni.

– Co robić, takie są uroki wojny. Na podwójnej porcji pieczeni wołowej nie kończy się wojna.

– Tę ironię może pan sobie darować. Padało wtedy tak, że byłem przemoknięty na wylot.

– Gdyby nie wojna, mógłby pan odpocząć.

– Proszę sobie darować te złośliwości. Więcej już nie będę tego powtarzał! Następny dzień był jeszcze gorszy. Nasz marsz trwał blisko trzynaście godzin. Co więcej, zamiast w stajni mieliśmy nocować pod gołym niebem. Było tak zimno, że nawet na chwilę nie zmrużyłem oka. Mimo to byłem bardzo szczęśliwy.

– Czuł pan wtedy strach?

– Strasznie się bałem. Ale nie walki. Obawiałem się, że dotrę na front, gdy wojna zostanie już rozstrzygnięta. Ta myśl nie dawała mi spokoju.

– W tym nieustannym marszu był czas na kąpiele, jakąś podstawową higienę?

– Bardzo dbałem o swój wygląd. Kiedy tylko nadarzała się okazja, brałem kąpiel, choć czyszczenie butów sobie darowałem. Nie cierpiałem kolegów, chodzących kup gnoju, którzy unikali kąpieli jak diabeł wody święconej.

– Dni płynęły, a pan obawiał się, że wojna będzie trwała krótko, że będzie epizodem.

– Wszyscy się tego spodziewali. Wsiadając do pociągu dwudziestego października, liczyłem, że szybko dotrzemy nim do Anglii, pokonamy wroga i wrócimy jako zwycięska armia. Mało kto zwracał uwagę, że zamiast hełmów mamy czapki z ceraty, karabinów maszynowych było bardzo mało, nie mówiąc już o aparatach telefonicznych.

– Bardzo optymistyczne myślenie.

– Pamiętam tamtą atmosferę. Entuzjazm sięgał zenitu. Śpiewaliśmy pieśni patriotyczne, wierząc, że do kraju wrócimy w okolicach Nowego Roku, a jak dobrze pójdzie, to już Boże Narodzenie spędzimy w rodzinnym gronie.

– Był pan w błędzie.

– To tylko dowód na to, że nawet najlepszym zdarza się pomylić. Wszyscy popełniają błędy. Dzieje się tak od początku ludzkości. Już pierwsza kobieta na świecie popełniła błąd, który zgubił całą chrześcijańską wspólnotę.

– Nie mieszajmy do tej rozmowy Adama i Ewy... Kto był wówczas pana największym przyjacielem?

– Fuchsl!

– Kto?!

– Mój pies, biały foksterier. Fuchsl znaczy lisiątko. Miałem na jego punkcie bzika. Gniewał się podobnie jak człowiek. A jak marszczył pysk, widząc bzyczącą muchę! Szkoliłem go w wielu umiejętnościach, a on okazywał mi posłuszeństwo. Nawet nauczyłem go wchodzić po szczeblach drabiny i z niej zbiegać. Kiedy jadłem, obserwował każdy mój ruch. To było zabawne. Gdy nic mu nie dawałem, podchodził, siadał i robił minę, do której można by dopisać słowa: „Adolfie, chyba o kimś zapomniałeś!?". (*Na twarzy Hitlera gości szczery uśmiech*).

– Dlaczego akurat pies był najbliższy pańskiemu sercu?

– Ceniłem w nim posłuszeństwo i lojalność. Wykonywał moje rozkazy bez dyskusji, a właściwie to bez zbędnego szczekania, i spędzał każdą noc u mego boku.

– Wreszcie pokazał pan ludzką twarz. Miłość do zwierząt.

– Mama powtarzała mi, że po stosunku do zwierząt można poznać, jakim kto jest człowiekiem. Fuchsl był psem brytyjskich żołnierzy. W lutym 1915 roku, goniąc szczura, zapędził się w nasze rejony i wskoczył do mojego okopu. Dezerter brytyjski (*ha, ha, ha!*).

– Jak długo trwała wasza przyjaźń?

– Zdecydowanie za krótko. Pewien urzędnik kolejowy chciał go

ADOLF HITLER LISTY PISZE...

Fragment listu do znajomego, monachijskiego asesora sądowego Ernsta Heppa, datowany na 5 lutego 1915 roku:

O godzinie 6 rano spotkaliśmy się pod gospodą z innymi kompaniami, a o 7 zaczął się taniec. Plutonami przemierzyliśmy las po prawej i w nienaruszonym porządku dotarliśmy na wyniesioną śródleśną łąkę. Przed nami wkopane cztery działa. Zajmujemy pozycję za nimi, w wielkich jamach, i czekamy [...]. Aż wreszcie przychodzi rozkaz naprzód. Wybiegamy i pędzimy przez pola [...] kierując się na małą zagrodę. Z lewej i z prawej wybuchają szrapnele, a między nimi gwiżdżą angielskie kule, ale nie zważamy na to. Leżymy przez dziesięć minut, a potem znowu rozkaz naprzód [...]. Teraz padają pierwsi spośród nas. Anglicy skierowali na nas karabiny maszynowe. Rzucamy się więc na ziemię i powoli czołgamy się bruzdą w terenie. Co jakiś czas zatrzymujemy się, gdy okazuje się, że ktoś z naszych został postrzelony, nie może ruszyć się o własnych siłach i trzeba go wyciągnąć z ziemi.

Źródło: V. Ullrich, *Hitler. Narodziny zła 1889–1939*, op. cit.

ode mnie odkupić. Proponował mi dwieście marek. Oczywiście się nie zgodziłem. Odpowiedziałem, że nawet za dwieście tysięcy marek go nie oddam. Co zrobiła wtedy ta świnia? Gdy wysiadaliśmy z pociągu, wykorzystała chwilę nieuwagi i ukradła mi go! To było w sierpniu 1917 roku. Była to dla mnie ogromna strata. Wiele nocy przepłakałem z tego powodu.

– A przyjaciele wśród ludzi?

– Też się zdarzali. Hans Mend, Ernst Schmidt, Ignaz Westenkirchner. Ale daleko im było do psa, którego mogłem sobie całkowicie podporządkować[8].

– Jaką funkcję pełnił pan na froncie?

– Jestem człowiekiem gotowym podjąć się najtrudniejszych zadań. Nie stroniłem od niebezpieczeństwa. W trakcie bitwy pod Ypres spadł na nas grad brytyjskich i belgijskich pocisków. Atakowali nas z każdej strony. Pamiętam, jak nade mną przeleciał pocisk. Do dzisiaj mam w głowie to niebezpieczne syczenie, ale się nie bałem. Moi towarzysze również.

– Jak zakończyła się ta akcja?

---

[8] Hitler zapomniał dodać, że na froncie był nazywany „Etappenschwein" („Tyłowa świnia") i „Etappenhengst" („Tyłowy ogier").

Hitler (pierwszy z prawej) z kolegami z pułku podczas pierwszej wojny światowej

– Nad nami świstały pociski, ale doczołgaliśmy się do skraju lasu. Drzewa łamały się jak zapałki. Czekaliśmy na odpowiedni moment do ataku. Ten jednak nie nadchodził. Nie mogliśmy tak tkwić w nieskończoność. Podjęliśmy cztery próby ataku. Wszystkie bez oczekiwanego efektu.

– Cztery próby ataku i żadnych ofiar?

– Raczej cztery próby ataku i prawie żadnych żywych. Z całej grupy przeżyłem tylko ja i jeden żołnierz, który i tak w końcu poległ. Na polu bitwy zostałem sam.

– Trudno mi sobie wyobrazić cały brytyjski oddział przeciw jednemu Adolfowi Hitlerowi.

– Widocznie ma pan kiepską wyobraźnię. (*Parska z ironicznym chichotem*). Owszem, rozerwało mi rękaw, ale nic poza tym. Oprócz mnie był jeszcze cały pułk. Bitwa trwała trzy dni, zginął w niej dowódca pułku. Z życiem uszedł jego zastępca, ale niestety, był poważnie ranny. Pełniąc wówczas funkcję łącznika pułkowego, odnalazłem sanitariusza i razem z nim, mimo nieustającego ostrzału, przenieśliśmy rannego zastępcę pułku do namiotu medycznego.

– Wróćmy do jednego z poprzednich pytań. Jaką funkcję pełnił pan w czasie wojny?

– Byłem kurierem, na którym mogli polegać moi zwierzchnicy. Uważałem, że dostarczenie wiadomości jest ważniejsze od zaspokojenia ciekawości i ambicji. Wielokrotnie dostarczałem wiadomości za innych kurierów. Robiłem to wszystko, by pomóc państwu germańskiemu pokonać nieobliczalnych Brytyjczyków.

– Jak wyglądało to w praktyce?

– Gdy przestawały działać połączenia telefoniczne z dowódcami batalionów i kompanii, musiałem na linię frontu osobiście doręczać rozkazy od dowództwa pułku. Każdego dnia ryzykowałem życie i zaglądałem śmierci w oczy.

– Najgorsze zadanie?

– Chyba w trakcie bitwy nad Sommą. Lipiec 1916 roku, jednego dnia ginie lub zostaje rannych dwadzieścia tysięcy aliantów*. Hulał nad nami grad kul, tworzyły się błotniste leje, a mój towarzysz w pewnej chwili padł z wyczerpania. Nie było wyjścia, musiałem go zanieść do ziemianki. Szliśmy wtedy na niemal pewną śmierć.

– Ale udało się panu przeżyć.

– Tak, choć skończyło się nie całkiem szczęśliwie. Dokładnie siódmego października, gdy maszerowałem z innymi kurierami tunelem prowadzącym do kwatery głównej, eksplodował pocisk. Zostałem wtedy ranny w lewe udo. Pytałem porucznika, czy będę mógł zostać w pułku. Z powodu olbrzymich emocji w ogóle nic czułem bólu. Przewieziono mnie jednak do szpitala polowego, skąd wyruszyłem pociągiem szpitalnym w stronę Berlina.

– Kiedy został pan wypisany?

– Rana była na tyle poważna, że dopiero po dwóch miesiącach. Byłem tam od dziewiątego października do pierwszego grudnia 1916 roku. Potem przeniesiono mnie do zapasowego batalionu w Monachium.

---

* Inne źródła mówiły o sześćdziesięciu tysiącach.

– Zaraz, zaraz. Czy to nie o tym pisał pan w *Mein Kampf*? O knuciu Żydów na froncie?

– Brawo! Wreszcie mnie pan pozytywnie zaskoczył. Żydzi spiskowali na tyłach frontu, chcąc jak najszybciej doprowadzić do upadku niemieckiej potęgi. Zauważyłem, że każdy urzędnik był Żydem. Podobnie w sektorze finansowym – żydowska finansjera sterowała germańską gospodarką. Nawet prawie każdy pisarz był Żydem! Co tu dużo mówić, pająk rozpoczął powolne wysysanie krwi z ludzkich porów.

– Mówił pan to wszystko swoim kompanom na froncie?

– Czyniłem czasem złośliwe uwagi typu: „Gdyby nasz telefonista był tak inteligentny jak Żydzi, to nie byłoby problemów na froncie". Ale nic poza tym. Nie przypominam sobie, bym nazbyt eksponował te swoje żydowskie przemyślenia. Dopiero wszystko we mnie kiełkowało.

– W tym – nazwijmy to – okresie kiełkowania wrócił pan do swojego pułku?

– Miałem dość chamskiej atmosfery rozlewającej się po Monachium. Frontowych żołnierzy traktowano tam gorzej niż szmaty do podłogi. Siedząc sobie w ciepłych koszarach, nie mieli pojęcia, ile tacy jak my wycierpieli na froncie.

– Co w związku z tym?

– W styczniu 1917 roku napisałem do mojego porucznika Wiedemanna list, w którym poinformowałem go, że jestem już zdolny do służby i pragnę wrócić na front i do dawnych towarzyszy broni. Na moje szczęście otrzymałem pozytywną odpowiedź.

– I pierwszego marca zameldował się pan w swoim pułku.

– Zgadza się! Skąd pan to wie?

– Opowiadał mi pan o tym kiedyś przy obiedzie…

– A rzeczywiście, teraz sobie przypominam. Pierwszy rzucił się na mnie Fuchsl. Zaraz za nim dawni kompani. Nawet kucharz do tego stopnia ucieszył się z mojego powrotu, że na moją cześć wyprawił specjalną kolację, na której podano placki ziemniaczane, chleb, dżem i ciasto.

– Coś jeszcze o szczurach pan opowiadał…

– O szczurach? Ach, tak! Po powrocie do pułku nie mogłem

zasnąć. Przez cały wieczór chodziłem po namiocie i bagnetem zabijałem szczury. Ktoś w końcu tego nie wytrzymał. Oberwałem butem i położyłem się spać, by nie drażnić towarzyszy broni.

– Mogę zapytać pana o coś osobliwego?

– Proszę próbować, zobaczymy, co z tego wyjdzie. Najwyżej usłyszy pan *Halt die Fresse!* albo *Schnauze!**

– Ech... Wróćmy do rozmowy. Wierzy pan w cuda?

– Podczas pierwszej wojny światowej doznałem kilku cudów. Siedzieliśmy w okopach, jedząc w spokoju obiad. Nagle jakiś głos zaczął mi szeptać do ucha: „Wstań i usiądź gdzie indziej". Był on tak wyraźny i zdecydowany, że natychmiast wykonałem polecenie niczym rozkaz. Odszedłem z moją miską jakieś dwadzieścia metrów. Przysiadłem i kończyłem obiad. Nie minęło pięć minut, a nad miejscem, w którym przed chwilą siedziałem, rozległ się wielki huk i błysk. Okazało się, że do okopu wpadł pocisk. Wszyscy zginęli. Istny cud. Skwitowałem to słowami: „To znak, że jeszcze o mnie usłyszycie, kiedy tylko nadejdzie odpowiedni czas!".

– Pierwszy już znamy, a kolejne?

– Brytyjczyk, który z czystym sumieniem mógł mnie zabić, ale w przypływie ludzkiego odruchu tego nie zrobił. Dwudziestodziewięcioletni Henry Tandey w trakcie jednego z kontrataków dopadł w krzakach niemieckiego kaprala. Tym kapralem byłem ja. Wycelował we mnie karabin, ale kiedy zauważył, że jestem ranny, pozwolił mi odejść. Jak się później dowiedziałem, Tandey kierował się zasadą, aby nie strzelać do rannych i poddających się. Wówczas od śmierci uchroniła mnie opatrzność.

– Czy Brytyjczyk dowiedział się później, kogo mógł zabić?

– Dopiero w 1938 roku o wszystkim powiedział mu osobiście brytyjski premier Neville Chamberlain.

– Co pan by zrobił na jego miejscu?

– To oczywiste! Zabiłbym. To była wojna, nie czas na miłosierdzie i ratowanie wrogów.

– Najbardziej dramatyczne wspomnienie z pierwszej wojny światowej?

---

* *Halt die Fresse! Schnauze!* (niem.) – zamknij się.

ADOLF HITLER LISTY PISZE...

Dzień w dzień, od dwóch miesięcy, powietrzem i ziemią wstrząsa tu wycie i huk pocisków, eksplozje szrapneli. [...] Piekielny koncert zaczyna się już o 9 rano, cichnie o 1 w południe, a potem między 3 a 5 po południu osiąga swoje apogeum. I o 5 jest koniec. Robi się czasem strasznie, gdy w nocy przez całą linię frontu przetacza się łoskot armat. Najpierw w oddali, a później coraz bliżej i bliżej, stopniowo dołącza się ogień z karabinów, aż po półgodzinie zalega znowu cisza, i tylko świecą liczne pociski świetlne, a dalej w kierunku zachodnim widać promienie z potężnych reflektorów i słychać nieprzerwany łoskot ciężkich dział okrętowych. Ale nic nas stąd nie ruszy – ani śmierć, ani diabeł.

Źródło: V. Ullrich, *Hitler. Narodziny zła 1889–1939*, op. cit.

– Najbardziej przerażający moment przeżyłem wtedy, gdy dowódcą pułku był Engelhardt. Razem z nim i jeszcze jednym żołnierzem wyszliśmy bardzo głęboko na przedpole, aby rozpoznać pozycje brytyjskiego wroga. Ktoś musiał nas zauważyć, bo błyskawicznie w naszą stronę wystrzelono serię z karabinów maszynowych. Oszołomionego dowódcę dwóch szeregowców zabrało z pola, a my ruszyliśmy za nimi. Do dzisiaj nie wiem, jak to możliwe, że przeżyłem. To musiał być kolejny znak, że czuwa nade mną przeznaczenie, bym mógł wykonać swoją misję.

– Nikt wtedy nie zginął?

– Chyba nie. Była połowa listopada, a nasz pułk liczył już tylko trzydziestu oficerów i około siedmiuset żołnierzy, co znaczyło, że przeżyła jedynie jedna piąta rekrutów. Mimo to wciąż dzielnie walczyliśmy.

– Nie było ani chwili wytchnienia?

– A gdzie tam! Widać, że pan nigdy nie był na froncie. Gdy trwa wojna, trzeba być w ciągłej gotowości bojowej – proszę to sobie raz na zawsze zapamiętać.

– Skoro tak, to informacje, że podczas wojny znajdował pan czas na malowanie, są nieprawdziwe.

– Zapewne tak. To znaczy... No nie.

– Wszystko jasne.

– Kiedy wojna ofensywna przemieniła się w statyczną, znalazłem czas, by wyciągnąć z bagaży przybory malarskie i namalować kilka akwareli.

Ernst Moritz Hess, niemiecki oficer żydowskiego pochodzenia, dowódca kompanii walczącej na polach Flandrii, w której służył Adolf Hitler

– Co pan malował? Pewnie roznegliżowane kobiety?

– Ma pan prymitywny sposób myślenia, z którym się nie zgadzam. To, że wojsko kojarzy się z burdelmamami, dziwkami i alkoholem, nie znaczy, że każdy musi tak postrzegać armię.

– W takim razie, co pan malował?

– Namalowałem tylko kilka akwareli. Między innymi okop w pobliżu wioski Wytschaete i klasztor sąsiadujący z Messines. Na więcej nie było czasu. Później porucznik Wiedemann kazał mi zająć się ścianami w oficerskiej kantynie. Zapytano mnie, jaki kolor proponuję – różowy czy niebieski? Zaproponowałem ten drugi. Zaraz potem wziąłem pędzel i przystąpiłem do pracy.

– Jeśli nie dziwki i alkohol, to co pan robił?

– Widać, że jest pan Żydem! Nie ma pan honoru, jak można pytać o coś takiego!

– Najmocniej przepraszam. Co w takim razie pan robił?

– Kiedy tylko nadarzyła się okazja, czytałem książki. Nie rozstawałem się z pięciotomowym zbiorem prac Schopenhauera, czytałem Homera, ale i dzieła ewangelistów. Z tego powodu koledzy z pułku twierdzili, że jestem dziwnym, ale fajnym gościem. Często nie znajdowałem u nich zrozumienia. W ich dyskusje włączałem się jedynie wtedy, gdy mówili o polityce. Pamiętam, że lubili, jak na kartkach pocztowych rysowałem scenki ilustrujące nasze życie obozowe.

– Może pan przytoczyć jakiś przykład?

– Pewnego razu jeden z żołnierzy zabił królika. Swoją zdobycz zapakował do torby. Następnego dnia miał jechać na przepustkę do domu. W nocy koledzy zabrali królika i wpakowali do torby cegłę. Skomentowałem ten dowcip, wysyłając dwie kartki pocztowe: na jednej żołnierz rozpakowywał przywiezioną do domu cegłę, a na drugiej żołnierze zajadali się ukradzionym zwierzęciem. Zabawne, prawda? (*Ha, ha, ha!*)

– Większość żołnierzy wysyłała listy. Kiedy trwała wojna, pańscy rodzice już nie żyli, nie miał pan z kim korespondować.

– Jest pan w błędzie. Przecież nawet do pana pisałem, nie pamięta pan?

– Zgadza się. Ale tylko raz.

– Kiedy tylko mogłem, pisałem do Poppów, od których przed wojną wynajmowałem pokój. Tak się złożyło, że część listów udało mi się powielić. Przygotowałem je na dzisiejszą okoliczność. Proszę, oto jeden z nich.

[...] z powodu nieprzerwanie padającego deszczu (nie ma tu zimy), bliskości oceanu i niskiego położenia, łąki i pola przypominają bezdenne grzęzawisko, a drogi pokrywa warstwa oślizgłego błota. Na tych bagnach znajdują się okopy naszej piechoty, schrony i stanowiska karabinów maszynowych, rowy komunikacyjne i zasieki z drutu kolczastego, wilcze doły, miny lądowe, krótko mówiąc – prawie niezdobyty bastion.

Adolf Hitler w liście do Josepha Poppa,
koniec stycznia 1915 roku.
Źródło: J. Toland, *Hitler. Reportaż biograficzny*, op. cit.

– Jeszcze jakaś wojenna trauma?

– Traumą bym tego nie nazwał, ale niecodziennym wspomnieniem. Kiedy dowódcą mego pułku był major von Tubeuf, musiałem towarzyszyć mu w polowaniach. Razem z innymi żołnierzami chodziłem za frontem po krzakach i naganiałem swojemu dowódcy zwierzęta. Machałem kijem i krzyczałem jak szalony, a dowódca strzelał do królików. Dość dziwne wspomnienia.

– Zaliczał się pan do grona żołnierzy, którzy dostawali paczki żywnościowe od swoich bliskich?

– Nie. Nie miałem od kogo ich dostawać, Poppowie mi nic nie wysyłali. Dlatego kupowałem dodatkowe racje żywności od kucharzy. Przez to zyskałem przydomek Vielfrass*.

– Koledzy nie częstowali otrzymanymi smakołykami?

– Częstowali, ale duma nie pozwalała mi korzystać z tych żywnościowych zaproszeń. Nie miałem możliwości im się zrewanżować.

– Nie narzekał pan na zbyt małe racje żywnościowe?

– Robili to moi koledzy. Kiedy tylko słyszałem ich marudzenie, odpowiadałem, że w 1870 roku Francuzi musieli żreć szczury i jakoś dawali sobie radę!

– Pan musiał jadać podobne rzeczy?

– Jak pan może o to pytać? To bardzo niesmaczne! Powinien pan wiedzieć, że uwielbiam zwierzęta.

– Czyli rezygnował pan z tego?

– Był okres, że musiałem dokonywać wyboru pomiędzy mięsem z kota i psa. Zawsze wybierałem to pierwsze. Podobnie zresztą musieli robić cywile. Doszło nawet do tego, że koty i psy zaczęto w miastach nazywać „dachowymi królikami". Bogu dzięki, że nikt mi nie przysłał takiej paczki!

– A w ogóle dostawał pan jakieś paczki?

– Większość żołnierzy otrzymywała podarki z listami z okazji świąt Bożego Narodzenia. Oni się cieszyli, a ja – niczym samotna pochodnia – siedziałem na pryczy wpatrzony w jeden punkt. Koledzy twierdzili, że wyglądam, jakbym wpadł w trans. Próbowali mnie rozweselić, dzieląc się swoimi podarkami. Odpowiadałem szorstko

---

* *Vielfrass* (niem.) – żarłok.

W chłodne noce często chadzam
Do dębu Wotana na cichej polanie,
Gdzie się gromadzą mroczne moce,
A księżyc kreśli runiczne znaki swym zaklęciem.
Gdzie ci, którzy za dnia są bezkarni,
Stają się mali dzięki czarom!
Sięgają po lśniące żelazo, ale zamiast ruszyć do walki,
Zastygają niczym stalagmity.
W ten sposób fałszywi oddzielają się od prawdziwych.
Sięgam do gniazda słów,
A później obdarzam dobrych i prawych
Swoim przepisem na błogosławieństwo i pomyślność

Wiersz (prawdopodobnie) Adolfa Hitlera, napisany w czasie I wojny światowej. Źródło: J. Toland, *Hitler. Reportaż biograficzny*, op. cit., s. 86.

„nie, dziękuję", i dalej patrzyłem w jeden punkt. Kilka tygodni później nabrałem do tego dystansu. Wojacy żartowali, że miałem „cicho spędzone święta", a ja się z tego szczerze śmiałem.

– Dla kontrastu do dań z psów i kotów może ma pan jakieś pozytywne kulinarne wspomnienie?

– Pewnego razu natrafiłem na ogromne zapasy sucharów. Zacząłem je regularnie opróżniać. Dzieliłem się z kompanami, ale prowadziłem też handel wymienny. Udało mi się nawet zdobyć nieco cukru. Wówczas przyrządziłem im omlet biszkoptowy, czyli tzw. schmarrn, ulubiony przysmak cesarza Franciszka Józefa.

– Czy to prawda, że w czasie wojny nie przyznawał się pan, że pochodzi z Austrii?

– Nie rozumiem pańskiego zaskoczenia. Nie ma w tym nic dziwnego. Kiedy pytano mnie, skąd jestem, odpowiadałem: z Szesnastego Pułku. Przekonywałem, że jak tylko zwyciężymy, zamieszkam w Monachium. Nie chciałem nawet słyszeć o tym, że przegramy wojnę. Gdy tylko słyszałem, że tak będzie, wpadałem w szał i krzyczałem, że porażka Anglii jest tak pewna jak amen w pacierzu!

– Wielokrotnie wspominał pan o pierwszej wojnie światowej jak o bardzo szczęśliwym okresie w swoim życiu. Gdyby miał pan wybrać jeden dzień, co by to było?

ROZPRAWY O WYPRAWIE DO BURDELU

Adolf Hitler podobno nie palił tytoniu. Co więcej, był pomysłodawcą pierwszej społecznej kampanii antynikotynowej. Unikał również alkoholu. Pewnego razu doszło do dość osobliwego dialogu. Kolega Hitlera z pułku Balthasar Brandmayer zaproponował przyszłemu kanclerzowi Rzeszy, by świeżo po wypłacie zabawić się u jednej z „mamsell". Propozycję wyprawy do burdelu Hitler skwitował słowami:

– Mam iść na kochanie do Francuzki? Toż ze wstydu to ja bym chyba umarł!

W tym momencie koledzy z pułku wybuchnęli głośnym śmiechem. Ktoś dodał:

– A to znalazł się nam braciszek zakonny. Przepraszamy braciszka, że w ogóle użyliśmy słowa „dziwka".

Hitler ze złości zrobił się cały czerwony na twarzy. Jego mina mówiła wszystko. Długo nie zwlekając, odpowiedział:

– Hańba! Nie ma już w was ani krzty niemieckiego honoru! Wstydźcie się!

Po czym odszedł od swoich kompanów.

– Najszczęśliwszy dzień mojego życia był wtedy, gdy zostałem odznaczony Krzyżem Żelaznym drugiej klasy. Żałowałem jedynie, że większość moich towarzyszy, którzy też na niego zasłużyli, już nie żyła. Los ocalił tylko mnie. Do tego dostałem awans na kaprala!

– To chyba niejedyne odznaczenie…

– Później zostałem jeszcze odznaczony Żelaznym Krzyżem pierwszej klasy za odwagę i zasługi. Wręczył mi go Hugo Gutmann.

– Nazwisko brzmi wyjątkowo niemiecko.

– To akurat złudzenie. Ten człowiek był Żydem. Jednym z niewielu tych uczciwych. O czym rozmawialiśmy? Ha, już wiem. Oba krzyże otrzymałem w 1914 roku. Trzy lata później dostałem Krzyż Wojenny z Mieczami trzeciej klasy, w 1918 roku pułkowy dyplom uznania za wyjątkowe męstwo, Czarną Odznakę za Rany i Odznakę za Służbę trzeciej klasy.

– Przewidział pan skutki wojny światowej?

– „Przewidziałem" to bardzo dobre słowo w odniesieniu do tego momentu w moim życiu. Coś panu opowiem. Jako dwudziestodziewięcioletni gefrajter szczęśliwie uniknąłem tragedii. Będąc w Bawarskim Pułku Piechoty na froncie w Belgii, okopałem się na wzgórzach i dzielnie osłaniałem przed kulami alianckiego wroga.

NIEZWYKŁE BOŻE NARODZENIE

Grudzień 1914 roku. Wigilia Bożego Narodzenia. Na polach Flandrii kilka dni temu trwały tutaj regularne walki. Teraz nastał cud. Walka została wstrzymana. Z okopów zaczęli pojedynczo wychodzić niemieccy i brytyjscy żołnierze. Doszło do niezwykłej sytuacji. Na niczyjej ziemi dotychczas wrogo nastawieni wojacy zaczęli się wymieniać życzeniami, a nawet drobnymi upominkami. Co więcej, umówiono się, że zostanie zawieszona broń kolejnego dnia. Do dzisiaj trudno to sobie wyobrazić. Ludzie, którzy kilka dni temu byliby w stanie wzajemnie się wymordować na wszystkie możliwe sposoby, teraz poklepywali się po ramieniu, wznosili toasty za swoje zdrowie, żartowali i obiecywali, że jeszcze się zobaczą po wojnie. Dodatkowo pomiędzy okopami postawili choinki. Zwaśnieni żołnierze łapali się za ręce i wspólnie śpiewali kolędy, gromadząc się przy świątecznych drzewkach.

Podobno powyższe zachowanie Adolf Hitler skwitował krótko: Teraz w czasie wojny nie może być mowy o czymś takim!

Źródło: V. Ullrich, *Hitler. Narodziny zła 1889–1939*, op. cit.

– Samotnie?

– Ktoś tam jeszcze był, ale to nieważne... Wracając do historii – niestrudzony żołnierz Hitler nie zwracał uwagi na brytyjskie pociski, które rozrywały pobliską ziemię. Pamiętam, jak nagle ktoś krzyknął: „Uwaga, gaz!". W nasze okopy wdarła się dziwna woń. Okazało się, że był to gaz musztardowy.

– Jaki miał smak?

– Jedni twierdzili, że słodki, inni uważali, że gorzki, a nawet kwaśny. Szybko naciągnęliśmy maski, by nie wdychać coraz bardziej gęstniejącego powietrza. Też ją założyłem, żeby się nie wyróżniać. Dopiero nad ranem mogliśmy je zdjąć.

– Ktoś zginął z tego powodu?

– Wielu rekrutów, którzy za późno założyli maski. Reszta, włącznie ze mną, została boleśnie oślepiona. Jedynie jeden żołnierz zachował wzrok. Wydał nam rozkaz, byśmy owiązali się szynelami, i doprowadził nas do najbliższego punktu pierwszej pomocy.

– Co się działo dalej?

– Nie pamiętam... Kolejne wspomnienie to podróż pociągiem. Nic nie widziałem, oczy miałem opuchnięte, a twarz obrzmiałą. Kierunkiem podróży był wschód – meklemburski Pasewalk. Nie

Hitler (stoi drugi od prawej) wraz z grupą rekonwalescentów w szpitalu wojskowym, w którym leczył się po zranieniu w bitwie nad Sommą, 1916 rok

chcieliśmy pomocy pielęgniarek. Byliśmy w opłakanym stanie psychicznym, bliscy depresji. Nic nie jedliśmy. Pragnęliśmy jedynie nieruchomo leżeć w łóżkach, jęczeć i czekać na śmierć albo doznanie chociaż chwilowej ulgi od bólu. Lekarze powtarzali, że odzyskamy wzrok, ale w to nie wierzyliśmy.

– Czas pokazał, że trzeba było im zaufać.

– Nie byłem w stanie, tak jak do dzisiaj nie jestem w stanie, zaufać Żydom, pardon, panie doktorze. Wierzyłem, że oślepłem na zawsze. Po kilku tygodniach zacząłem odzyskiwać wzrok i widzieć niewyraźne kontury otaczających mnie przedmiotów. To kolejny cud, a zarazem znak, że byłem i jestem wybrańcem narodu[9].

– W pasewalskim szpitalu zastała pana informacja o przegranej wojnie?

– Dwa dni przed podpisaniem haniebnej kapitulacji Niemiec w lesie Compiègne naszą salę odwiedził pastor. Kiedy drżącym

[9] Według doktora Forstera ślepotę Hitlera uznano za przejaw histerii.

głosem nakreślił nam sytuację, z której wynikało, że wojna jest już przegrana, cesarz abdykował, Niemcy są teraz republiką i trzeba zdać się na łaskę aliantów, wszystko ponownie poczerniało mi przed oczami. Słabym krokiem wróciłem na moją pryczę i…

– I…?

– Rozpłakałem się. (*Hitler zaczyna lekko się trząść. A jego prawa powieka drga nerwowo*). Pierwszy raz od jedenastu lat, czyli od chwili, gdy stałem nad grobem zmarłej mamusi. Nieudolnie próbowałem powstrzymać łzy. W tym momencie stało się dla mnie jasne, że muszę zająć się polityką. Postanowiłem wtedy, że jeżeli odzyskam wzrok, tym właśnie się zajmę. Tak, postanowiłem zostać politykiem.

– Konsultował pan z kimś tę decyzję?

– Nie musiałem. Oni sami do mnie przyszli… To znaczy doznałem nadprzyrodzonego nawiedzenia… Leżąc na pryczy, słyszałem głosy wzywające, bym uchronił Germanię przed upadkiem. W tej chwili dokonało się niemożliwe. Kompletnie odzyskałem wzrok i przysiągłem sobie, że przyjmę powierzoną misję i uratuję Niemcy!

– Czym była dla pana ta wojna?

– Wydarzeniem, w którym powinien uczestniczyć każdy odpowiedzialny obywatel. Nikt mi nie może zarzucić, że wojnę znam tylko z bezpiecznych schronów, że nie brałem udziału w bezpośredniej walce na froncie. Tak jak dobry żołnierz powinien poznać smak prawdziwej walki na froncie, tak polityk nie może być oderwany od społeczeństwa i pozbawiony kontaktów z obywatelami.

– Lekcja życia?

– Ogromna, co do tego nie mam wątpliwości. Bez tej wojny nie byłbym tak wybitnym przywódcą narodu, to jest raczej pewne.

– Wróćmy do skutków wojny.

– Mój pułk od początku wykazywał się bohaterstwem. Właściwie to straciliśmy niemal wszystkich oficerów. Już czwartego dnia z pułku liczącego trzy tysiące sześciuset żołnierzy przy życiu zostało sześciuset jedenastu.

– Dlaczego Niemcy poniosły takie straty?

– Winą należy obarczyć całe rzesze spekulantów, obiboków, zdrajców i – co nie powinno dziwić – Żydów. Te szuje – bo ludźmi ich nazywać nie można – nie mieli ani grama miłości do germańskiego

PRODUKCJA UZBROJENIA, SPRZĘTU I AMUNICJI W LATACH 1914–1918

Kraj	Karabiny	Karabiny masz.	Działa	Moździerze	Samochody	Samoloty	Czołgi	Pociski artyleryjskie	Naboje karabinowe
							tys. szt.		mln szt.
Wlk. Brytania	3854	239	26	2	87	48	3	218	8600
Francja	2500	312	23	3	110	52	5	290	6300
Rosja	3300	28	12	-	20	4	-	67	13 500
Niemcy	8547	280	64	12	65	47		306	8200
Austro-Węgry	3500	40	16	-	-	5	-	80	4000
Włochy	2400	101	6	-	28	12	-	70	3600
USA	3500	75	4	1	30	14	1	20	3500
RAZEM	**27 601**	**1075**	**151**	**18**	**340**	**182**	**9**	**1051**	**47 700**

Źródło: *Tablice historyczne,* Wydawnictwo Adamantan, s. 131.

ZAKOŃCZENIE PIERWSZEJ WOJNY ŚWIATOWEJ
11 listopada 1918 roku w wagonie kolejowym w lesie Compiègne podpisano rozejm na froncie zachodnim. Reprezentujący Francję marszałek Ferdynand Foch podyktował Niemcom bardzo surowe warunku rozejmu. Zgodnie z nim Niemcy musieli wydać aliantom większość dział, taboru kolejowego, samochodów i karabinów maszynowych. A także okręty podwodne i większość jednostek nadwodnych.
W pierwszej wojnie światowej zderzyła się strategia dziewiętnastowieczna z dwudziestowieczną. Na frontach walczyli żołnierze, a w fabrykach w wyścigu zbrojeń brały udział sztaby naukowców. Należy pamiętać, że to w czasie tej wojny zastosowano po raz pierwszy broń chemiczną, samoloty, okręty podwodne i czołgi.

państwa. Byli pasożytami wykastrowanymi z oddania do państwa, w którym żyli. Poza tym dowództwo nie doceniło siły techniki. Latem 1918 roku wystarczyłoby czterysta czołgów i wygraną mielibyśmy w kieszeni.

– Pod koniec wojny Monachium i Norymbergę zalała fala strajków. Tysiące robotników żądało natychmiastowego zawarcia pokoju bez aneksji.

– Te wiadomości fatalnie wpływały na morale żołnierzy na froncie. Jaką mógł mieć wtedy motywację niemiecki żołnierz, słysząc, że banda obiboków nie chce zwycięstwa? To było największe matactwo w całej wojnie! Czy można sobie wyobrazić walczącego żołnierza, gdy ojczyzna strajkuje przeciwko wojnie? Odpowiedź jest jasna i jednoznaczna. Nie!

– Nie?

– Pewnego razu nie wytrzymałem. Słysząc, jak młody oficer stwierdził, że kontynuowanie walki jest głupotą, zaatakowałem go. Wpadłem w furię, bo przegrywaliśmy przez takich właśnie gadających obiboków. Walkę na pięści wygrałem, ale i tak pewnie nie przemówiło to do rozumu tego lenia. Tacy ludzie wbijali nóż w plecy niemieckiej ojczyźnie.

– Bez pańskiego udziału w wojnie nie byłoby kanclerza Adolfa Hitlera?

– W trakcie tego konfliktu doszedłem do wniosku, że wojna skłania człowieka do gruntownej refleksji nad ludzką naturą. Na wojnie nie sposób jednak wdrażać ewangelicznych zasad, które

SIŁY ZBROJNE. OFIARY PIERWSZEJ WOJNY ŚWIATOWEJ

Kraj	Ludność (1913)	Zmobilizowani w całym okresie wojny		Straty (zabici)
	mln	tys.	% ludności	ogółem (tys.) (% ludności)
Państwa centralne				
Niemcy	67	11 000	16	1808 (2,7%)
Austro-Węgry	52	7800	15	1200 (2,3%)
Turcja	24	2850	12	325 (1,3%)
Bułgaria	4	1200	27	87,5 (1,9%)
Ententa				
Rosja	175	15 798	9	1811 (1,1%)
Francja	40	7891	20	1327 (3,4%)
Wielka Brytania	46	5704	12	715 (1,6%)
Włochy	35	5615	16	650 (1,6%)
USA	99	4355	4	114 (0,12%)
Indie (bryt.)	322	953	93	54 (0,02%)
Japonia	52	800	2	0,3 (0,006%)
Serbia i Czarnogóra	5	760	16	278 (5,7%)
Rumunia	8	750	10	336 (3,3%)
Kanada (bryt.)	8	629	8	61 (0,95%)
Kolonie franc.	53	449	1	71 (0,13%)
Australia (bryt.)	5	413	8	60 (1,2%)
Belgia	8	267	4	14 (0,50%)
Grecja	5	230	5	26 (0,53%)
Pd. Afryka (bryt.)	6	136	2	7 (0,11%)
Nowa Zelandia (bryt.)	1	129	12	16 (1,5%)
Portugalia	6	100	2	7 (0,12%)
RAZEM	**1021**	**67 829**	**6,7 (śred.)**	**8968 (0,9 śred.)**

Źródło: *Tablice historyczne*, op. cit. s. 131.

zachęcają do nadstawiania drugiego policzka. Nawet jeśli Jezus Chrystus był prawdziwym bojownikiem…

„Przez prawie sześć lat nosiłem szary mundur. Owe sześć lat zostanie mi w mojej ziemskiej wędrówce nie tylko najbogatsze w wydarzenia, ale i najgodniejsze szacunku”[10].

---

[10] *Adolf Hitler o swoim pobycie na froncie I wojny światowej, oświadczenie 14.04.1926, Hitler. Reden Schriften Anordnungen Februar 1925 bis Januar 1933*, t. I: *Die Wiedergrundung der NSDAP Februar 1925 – Juni 1926*, red. i koment. Clemens Vollnhals, München–London–New York–Paris 1992, dok. 123, s. 383.

W drodze po władzę. Początki NSDAP

• podwójny agent • popsute zęby, brudne paznokcie • pucz monachijski • pobyt w więzieniu

„Viereinhalb Jahre des Kampfesgegen Lüge, Dummheitund Feigheit", czyli „Cztery i pół roku walki z kłamstwami, głupotą i tchórzostwem" – początkowo taki właśnie tytuł miała mieć książka, w której Adolf Hitler zapowiedział swoje polityczne plany. To autor wybrał ten tytuł – uważał, że będzie on najlepiej oddawał to, co znajdzie się w jego dziele. Do zmiany przekonywał Hitlera prawdopodobnie trzydziestopięcioletni Max Amann, zarządzający wydawnictwem Franz Eher-Verlag, odpowiedzialny za publikację książki. Jego zdaniem, tytuł „Cztery i pół roku walki z kłamstwami, głupotą i tchórzostwem" nie byłby ani chwytliwy, ani komercyjny. O dziwo, Adolf Hitler wyraził zgodę i tytuł zmieniono na *Mein Kampf*.

„Uważam dziś za szczęśliwe zrządzenie losu, że dane mi było urodzić się nie gdzie indziej, lecz w Braunau nad rzeką Inn".

Adolf Hitler, *Mein Kampf*

Czas na kolejne spotkanie z wodzem Trzeciej Rzeszy. Jak zwykle ciemnym korytarzem prowadzi mnie dwóch esesmanów. Dzisiaj wyjątkowo są ubrani inaczej. Zamiast mundurów mają na sobie skórzane uniformy. Następuje standardowa procedura. Przeszukanie, przeglądanie mojej teczki, aż wreszcie mogę wejść na korytarz i czekać przed gabinetem Hitlera. Za chwilę pojawia się kanclerz. Na ten widok esesmani stają na baczność, wyciągają prawe ręce i jednocześnie wykrzykują: *Sieg Heil!**.

Führer odpowiada anemicznym ruchem ręki, po czym wchodzę do jego gabinetu.

PODWÓJNY AGENT O HITLERZE

„W ciężkich buciorach, ciemnym garniturze i skórzanej kamizelce, półsztywnym białym kołnierzyku i z dziwnym wąsikiem nie wyglądał zbyt imponująco. Jak kelner w dworcowej restauracji".

Ernst „Putzi" Hanfstaengl (pracował najpierw dla Hitlera, później dla Roosevelta), wspomnienie dotyczy 22 listopada 1922 roku.

„Nosił tanią białą koszulę, czarny krawat, znoszony granatowy garnitur i »absurdalną« brązową, skórzaną kamizelkę oraz beżowy płaszcz mający już swoje lata, tanie buty i stary szary kapelusz. Tak naprawdę wyglądał dość żałośnie. Jednak mimo to szybko uznałam go za pociągającego".

Żona „Putziego", Helen (z którą się rozwiódł w 1936 roku)

Źródło: A. Nagorski, *Hitlerland. Jak naziści zdobywali władzę*, tłum. P. Chojnacki, K. Bażyńska-Chojnacka, Wydawnictwo Rebis, Warszawa 2012, s. 55.

– Chciałby pan być inwigilowany?

– W żadnym wypadku! Tym bardziej że Jezusa też nikt nie inwigilował (*ha, ha!*).

– To dlaczego inwigilował pan innych?

– Bo tego wymagała sytuacja. Inwigilacja nie była czymś nadzwyczajnym. Gestapo podsłuchiwało telefony, kontrolowało korespondencję, funkcjonowali też dobrzy informatorzy.

– Tak... A Goebbels żartował, że jedyną osobą w Niemczech, która ma jakieś prywatne życie, jest ta, która śpi.

---

* *Sieg Heil* (niem.) – chwała zwycięstwu.

– Owszem. Namawialiśmy obywateli, by się wzajemnie kontrolowali. Nawet dzieci donosiły na swoich rodziców. Ale pan pyta coś nie po kolei. Może zaczniemy od początku?

– Proszę bardzo. Dlaczego zdecydował się pan wejść do rzeki zwanej „polityką”?

– Proszę nie wprowadzać obywateli w błąd! Politykiem zostałem wybrany wbrew swojej woli. Nie miałem zamiaru zajmować się polityką. Byłem i wewnątrz nadal jestem artystą, któremu żydowskie struktury kulturalne zabroniły wejścia w świat artystów, nie mówiąc już o jakimkolwiek rozwoju.

– To wina Żydów, że został pan politykiem?

– To jest oczywiste! Trafiłem do polityki wbrew swojej woli. Współodpowiedzialny za to jest żydowski naród. Równie wiele znaków wskazuje na to, że już rodząc się, byłem przeznaczony do tej roli. Żydzi musieli to przewidzieć!

– Proszę tego źle nie odebrać, ale...

– Śmiało, proszę mówić. Dzisiaj jestem w dobrym humorze.

– Pańskie wejście do polityki być może wiązało się ze słabymi relacjami rodzinnymi.

– Miałem rację! Ci Żydzi są inteligentni (*he, he!*). Oczywiście, że ma pan rację, choć nie chciałbym o tym mówić przed śmiercią. Kilka razy w bardzo wąskim gronie zdarzyło mi się o tym rozmawiać. Historia oceni moje działania. Ale... Słyszałem, że rosyjscy władcy mordują tysiące ludzi, byle tylko utrzymać się przy władzy. W moim przypadku jest inaczej. Walczę o ideę. I jestem człowiekiem, właściwie to reprezentantem germańskich nadludzi. Z powodu braku mamusi wielokrotnie przeszywał mnie ból. Polityka pozwoliła mi skończyć z zamartwianiem się i zająć realizacją wizji, do której zostałem stworzony. Zrezygnowałem z prywatnego życia na rzecz narodu niemieckiego. Służba Rzeszy zawsze była dla mnie najważniejsza.

– W przeciwieństwie do rodziny...

– Proszę sobie za wiele nie pozwalać, doktorze. Nigdy nie miałem pojęcia o historii mojej rodziny. Powód jest prosty. Zamiast być stworzeniem rodzinnym, zostałem człowiekiem, który czuje, że przede wszystkim należy do swojej wspólnoty narodowej.

Hitler po demobilizacji z wojska w 1920 roku

POPSUTE ZĘBY, BRUDNE PAZNOKCIE.
ADOLF HITLER PRZED DOJŚCIEM DO WŁADZY
Przyszły kanclerz Rzeszy ubierał się zazwyczaj w tradycyjny strój tyrolskiego górala. Białe podkolanówki, szelki, skórzane szorty odsłaniające krzywe nogi. Paznokcie brudne. Nie zwracał uwagi na czystość ubrań. Zęby? Popsute i zbrązowiałe.

– Nawet najtwardsi pana krytycy muszą przyznać, że potrafi pan oczarować zarówno samych Niemców, jak i mieszkańców innych krajów.

– To tylko kolejny dowód, że zostałem stworzony do wykonania tej misji. *(Nie da się nie zauważyć błysku w oku).* Ale zapewniam pana, że najpiękniejszym dniem w moim życiu będzie ten, w którym pożegnam się z polityką i będę mógł odłożyć na bok związane z tym problemy oraz przestać się nieustannie denerwować. Wcale nie sprawia mi to przyjemności.

– Uważa się pan za inteligenta?

– Kiedy słyszę to słowo, budzi się we mnie odraza. Ci tak zwani inteligenci uważają, że wszyscy, którzy nie poddali się obligatoryjnemu studiowaniu i nie wlali w siebie hektolitrów wiedzy, są warci jedynie pogardy.

– Zatem kiedy – bez urazy – taki nieinteligent jak pan dokonał inicjacji w sztuce oratorskiej?

– W sierpniu 1919 roku nadarzyła się okazja przemówić do ogromnej rzeszy ludzi. I to możemy uznać za „mój pierwszy raz" w roli mówcy. Przed widownią stawałem dwa razy. Głosząc swoje tezy, opowiadałem o „warunkach pokoju i odbudowie" oraz o „naczelnych kwestiach socjalnych i ekonomiczno-społecznych".

– Gdzie to się działo?

– Panie doktorze, znów powinienem przywołać pana do porządku (*przewraca oczami*), ale nie mam dzisiaj na to siły. Wszyscy zainteresowani odpowiedź znajdą w *Mein Kampf*. Więcej na ten temat mówić nie będę.

– W takim razie porozmawiajmy o pana pierwszym kontakcie z Deutsche Arbeitpartei*.

* Niemiecka Partia Robotnicza.

– Pewnego razu otrzymałem od przełożonego Karla Mayra rozkaz sprawdzenia, co to za organizacja polityczna. Dwunastego września 1919 roku udałem się po raz pierwszy na zebranie Deutsche Arbeitpartei. Poszło ze mną kilku moich znajomych. Na zebraniu naliczyłem jedynie czterdzieści jeden osób.

– Jakie było pierwsze wrażenie?

– Ot, nic specjalnego. Organizacja, jakich wokół jest wiele. Po przemówieniu Gottfrieda Federa na temat, jak i jakimi środkami usunąć kapitalizm, zacząłem zbierać się do wyjścia. Po drodze usłyszałem wypowiedź jednego ze słuchaczy. Przekonywał, że należy odłączyć Bawarię od Prus i zjednoczyć ją z Niemiecko-Austriacką Republiką. Nie mogłem tego dłużej słuchać. Wszedłem na podium i powiedziałem głośno, co o tym sądzę. Tamten wyszedł z lokalu po mojej przemowie jak jakiś zmoczony pudel.

– A pan za nim!

– Cierpliwości, panie doktorze, jeszcze nie! Podszedł do mnie jakiś facet, którym był, jak się później okazało, Anton Drexler, czyli założyciel DAP-u. Dostałem od niego ulotkę „Moje przebudzenie polityczne". Następnego dnia postanowiłem się z nią zapoznać. Odnalazłem w niej wiele wartościowych myśli o połączeniu nacjonalizmu z socjalizmem i pozyskaniu klasy robotniczej dla sprawy narodowej.

– Tym sposobem postanowił się pan zapisać do partii?

– Przez wiele dni o tym myślałem, aż chciałem odłożyć to na dobre. Ku mojemu zaskoczeniu, tydzień później przyszła kartka pocztowa, w której obwieszczono mi, że zostałem przyjęty do partii! Co więcej, zaproszono mnie na posiedzenie komitetu DAP-u na następną środę.

– Mógł pan odmówić i nie iść na zebranie.

– Chciałem sam założyć partię i nie myślałem o wstąpieniu do jakiejkolwiek istniejącej organizacji. Ostatecznie jednak ciekawość zwyciężyła. Postanowiłem udać się na zebranie, by ogłosić, że nie wstąpię do partii. Na zebraniu okazało się, że osobiście ma się pojawić przewodniczący partii. W związku z tym postanowiłem odroczyć moją deklarację i obserwować rozwój wydarzeń.

– Co działo się dalej?

Hitler z generałem Erichem Ludendorffem (w środku), jednym z ważniejszych dowódców niemieckich w czasie pierwszej wojny światowej, oraz innymi oficerami sympatyzującymi z nazistami

– Po przeczytaniu protokołu ostatniego zebrania podziękowano lektorowi. Kolejnym krokiem było przyjmowanie nowych członków. Zacząłem im zadawać pytania. Z ich odpowiedzi wynikało, że nic nie mają poza dobrymi intencjami. Ani ulotek, ani programu, ani nawet mizernego stempelka. Nie było mi do śmiechu.

– Co w takim razie przekonało pana, by jednak zapisać się do partii?

– Ci ludzie mieli dobre intencje. Chcieli tworzyć ruch, który miał przynieść wiele dobrego. Stanąłem przed najtrudniejszym w życiu pytaniem: przystąpić do nich, czy się wstrzymać? Los mnie wyraźnie zapraszał. Nie chciałem wstępować do jakiejś wielkiej partii. A ta mała grupka oferowała walkę o prawdziwe ideały. Wiedziałem, że jeżeli się zgodzę, czeka mnie wielka praca, by nadać ruchowi właściwy kształt.

– Decydujący argument?

– Im dłużej się nad tym zastanawiałem, tym bardziej dochodziłem do wniosku, że we współpracy z takimi małymi organizacjami można łatwiej utorować drogę do narodowego odrodzenia. Z pomocą parlamentarnych partii politycznych nie byłoby to możliwe, zbyt kurczowo trzymały się przestarzałych koncepcji, nie mówiąc już o swoich partyjnych interesach.

– Kiedy podjął pan ostateczną decyzję?

– Po dwóch dniach intensywnych rozmyślań nadszedł czas na definitywną decyzję. Odpowiedź brzmiała: tak, wstępuję. To był decydujący moment w moim życiu. W tej chwili nie było już odwrotu. Tym sposobem stałem się członkiem Niemieckiej Partii Robotniczej, otrzymując tymczasową legitymację członkowską numer siedem[11].

(Hitler zamilkł. Zapatrzył się w sufit na kilkanaście sekund. Następnie pogładził mundur i oznajmił, że jest gotowy do dalszej rozmowy).

– Żałuje pan, że wstąpił do partii?

– W żadnym wypadku! To była najbardziej wartościowa decyzja, jaką podjąłem w życiu. Od razu chciałem ożywić działania tej partii. Początkowo nasze biuro mieściło się w bocznej sali piwiarni Sterneckerbräu. To był 1919 rok. Niemiecka Partia Robotników liczyła siedmiu członków. Mieliśmy maszynę do pisania, na której wypisywaliśmy zaproszenia, które osobiście roznosiłem. Na zebraniach mówiłem szczerze to, co myślę.

– Czyli?

– Krytykowałem pokojowy traktat wersalski podpisany dwudziestego ósmego czerwca 1919 roku przez Niemcy, mocarstwa ententy, państwa stowarzyszone i sprzymierzone. To był haniebny traktat, do którego podpisania zostaliśmy zmuszeni. Ktoś nawet czasem krzyczał „żydowska sprawka". Moje przemówienia przerywały fale owacyjnych braw. Podczas wystąpień musiałem ocierać z twarzy pot, który lał się strumieniami, wymachiwałem zaciśniętymi pięściami. Rok później, w 1920, zacząłem współtworzyć program partii. Planowaliśmy ogłosić go w lutym.

– Co się w nim znalazło?

– Punkt pierwszy pamiętam do dzisiaj: „Zjednoczenie wszystkich Niemców w Wielkie Niemcy". Do tego dochodziło unieważnienie traktatu wersalskiego, zwrot niemieckich kolonii, obwarowanie, by

[11] Wielu historyków uważa, że Adolf Hitler wcale nie był siódmym członkiem DAP-u. Mógł być jedynie siódmym członkiem komitetu partyjnego.

PROGRAM NSDAP

Dopóki nie zostaną osiągnięte cele ogłoszone w statucie naszej Partii, przywódcy nie ustanowią nowych. Mogłyby one wywołać sztuczne niezadowolenie mas i dać pretekst do podtrzymania sensu dalszego istnienia Partii.

1. Żądamy zjednoczenia wszystkich Niemców i powstania Wielkich Niemiec, zgodnie z prawem narodów do samostanowienia.
2. Żądamy równości praw dla Niemców w ich stosunkach handlowych z innymi narodami i unieważnienia pokojowych traktatów z Wersalu i St. Germain.
3. Żądamy ziemi i terytoriów (kolonii) w celu wyżywienia naszego narodu i osiedlenia ciągle wzrastającej liczby ludności.
4. Tylko członkowie narodu mogą być obywatelami państwa. A tylko ci, w których żyłach płynie niemiecka krew, bez względu na wyznanie, mogą być członkami narodu. Dlatego żaden Żyd nie może być członkiem narodu.
5. Ten, kto nie jest obywatelem państwa, może mieszkać w Niemczech jedynie w charakterze gościa i musi być traktowany jak podmiot prawa obcego państwa.
6. Prawo wyborcze oraz całe prawodawstwo ma przysługiwać wyłącznie obywatelom państwa. Dlatego żądamy, aby wszystkie urzędowe nominacje – obojętnie jakiego szczebla – w Rzeszy, w państwie czy małych miejscowościach przyznawano tylko obywatelom państwa. Sprzeciwiamy się korupcyjnym obyczajom obowiązującym w parlamencie przy obsadzaniu stanowisk. Decyzje te powinno się pozostawić Partii i podejmować bez powoływania się na osobowość czy zdolności danej osoby.
7. Żądamy, aby państwo uznało za swój podstawowy obowiązek ożywienie przemysłu i poprawę warunków życia obywateli państwa. Jeżeli wyżywienie całej ludności państwa okaże się niemożliwe, obcokrajowcy będą zmuszeni do opuszczenia Rzeszy.
8. Należy uniemożliwić migrację wszystkim, którzy nie są niemieckiego pochodzenia. Żądamy, aby nie-Aryjczycy, którzy przybyli do Niemiec po 2 sierpnia 1914 roku, natychmiast opuścili Rzeszę.
9. Wszyscy obywatele państwa będą posiadali równe prawa i obowiązki.
10. Najważniejszą powinnością każdego obywatela państwa powinna być praca umysłowa albo fizyczna. Zakres działania jednostki nie może kolidować z interesami większości, ale powinien się mieścić w ramach społecznych i służyć ogółowi.

Dlatego żądamy:

11. Niehonorowania dochodów nieosiągniętych przez pracę.
12. Z uwagi na ogromne ofiary życia i mienia, które pochłania wojna,

osobiste wzbogacenie wskutek wojny będzie uważane za przestępstwo przeciwko narodowi. Dlatego żądamy bezwzględnej konfiskaty wszelkich korzyści uzyskanych w takich okolicznościach.

13. Żądamy nacjonalizacji wszelkich przedsięwzięć, które dotychczas ukształtowały się w formie kompanii (trustów).
14. Żądamy rozdzielenia korzyści osiągniętych w drodze handlu hurtowego.
15. Żądamy wszechstronnego zabezpieczenia socjalnego dla ludzi w wieku emerytalnym.
16. Żądamy stworzenia i utrzymania zdrowej średniej klasy, natychmiastowego uspołecznienia nieruchomości służących działalności hurtowej i oddania ich w dzierżawę drobnym kupcom za niewielką opłatą. Szczególną uwagę należy zwrócić na drobnych dostawców dla państwa, władz okręgowych i mniejszych miejscowości.
17. Żądamy reformy własności ziemskiej zgodnej z naszymi narodowymi potrzebami, uchwalenia prawa konfiskaty ziemi na cele społeczne bez odszkodowania, zniesienia odsetek od pożyczek przeznaczonych na rolnictwo oraz zapobiegania wszelkim spekulacjom ziemią.
18. Żądamy stosowania bezwzględnych środków prawnych wobec tych, których działalność jest sprzeczna z interesem społecznym. Nikczemni kryminaliści występujący przeciwko narodowi, lichwiarze, spekulanci etc. muszą być karani śmiercią, bez względu na ich wyznanie czy rasę.
19. Żądamy, aby prawo rzymskie, które służy materialistycznemu porządkowi świata, zastąpić nowym systemem prawnym w całych Niemczech.
20. W celu stworzenia każdemu zdolnemu i przedsiębiorczemu Niemcowi możliwości dalszego kształcenia się i osiągania dzięki temu postępu – państwo musi dokonać gruntownej przebudowy narodowego systemu edukacyjnego. Program nauki wszystkich instytucji oświatowych musi odpowiadać praktycznym potrzebom życia codziennego. Rozumienie idei państwa (państwowa socjologia) musi być przedmiotem nauczania i to od najmłodszych lat. Żądamy, aby państwo dbało o utalentowane dzieci ubogich rodziców, bez względu na ich kategorię społeczną czy zawód. Państwo jest zobowiązane kształcić je na swój koszt.
21. Państwo musi troszczyć się o podniesienie poziomu zdrowia narodu przez objęcie opieką matki i dziecka, zakazanie pracy dzieci, wzrost sprawności fizycznej, ustanawiając w szkołach z mocy prawa obowiązek ćwiczeń gimnastycznych i uprawiania sportu, a także przez udzielanie szerokiego poparcia klubom zajmującym się rozwojem fizycznym młodzieży.
22. Żądamy zniesienia płatnej armii i sformowania armii narodowej.
23. Żądamy podjęcia środków prawnych przeciwko świadomym kłamstwom i oszczerstwom politycznym i propagowaniu ich przez prasę. W celu ułatwienia procesu tworzenia narodowej prasy niemieckiej domagamy się:

a) aby wszyscy wydawcy gazet posługujący się językiem niemieckim i ich zastępcy byli członkami narodu;
b) aby wprowadzić obowiązek uzyskania specjalnej zgody państwa na wydawanie gazet nieniemieckich;
c) aby wszystkim, poza Niemcami, prawo zakazywało udziału finansowego lub wywierania wpływów w gazetach niemieckich, a sankcją prawną za naruszenie tego przepisu prawa było zlikwidowanie gazety i natychmiastowa deportacja osób zaangażowanych w takim przedsięwzięciu, a niebędących Niemcami.

Należy zakazać wydawania prasy, która nie przyczynia się do pomyślności narodu. Domagamy się stosowania środków prawnych umożliwiających zwalczanie wszelkich tendencji w sztuce i literaturze oraz zlikwidowanie instytucji, które występują przeciwko wymienionym zadaniom.

24. Żądamy wolności dla wszystkich wyznań religijnych; jej granice stanowić będą bezpieczeństwo państwa oraz wystąpienia naruszające poczucie moralności narodu niemieckiego. Partia, jako taka, popiera chrześcijaństwo, ale nie wiąże się w kwestii wiary z żadną religią. Zwalcza w nas i poza nami żydowskiego materialistycznego ducha i jest przekonana, że nasz naród może czerpać siłę tylko z zasady: ***Interes ogółu ponad własnym.***
25. W celu realizacji powyższych zadań żądamy utworzenia silnego centralnego ośrodka władzy w państwie. Dlatego potrzebna jest niekwestionowana władza politycznie scentralizowanego parlamentu ponad całą Rzeszą i jej organizacjami oraz utworzenie izb parlamentarnych dla poszczególnych warstw społecznych i zawodów w celu stosowania praw wprowadzonych przez Rzeszę w różnych państwach konfederacji.

Przywódcy Partii przysięgają uczynić wszystko – nawet poświęcić życie, jeżeli będzie to konieczne – aby niezawodnie wywiązać się z powyższych zobowiązań.

Adolf Hitler, *Mein Kampf*, Monachium, 24 lutego 1920.

„Najpierw należy zająć się winowajcami. Musimy pozbyć się Żydów. Dopiero później zaczniemy sprzątać u siebie [...]. Na pokątnych lichwiarzy i handlarzy kary pieniężne nie skutkują! Co innego chłosta! Na szubienicę z nimi! Jak mamy chronić się przed tą bandą pijawek? Proste, wieszać je!".

Adolf Hitler, zebranie partyjne. Na sali około dwóch tysięcy osób.
Z raportu policyjnego. 24 lutego 1920 r.

żaden Żyd nie mógł być członkiem niemieckiego narodu. Nie zabrakło także postulatów wzmocnienia władzy centralnej i krytyki korumpującego się systemu parlamentarnego.

– To był ważny dzień dla (NS)DAP, czytałem o tym w *Mein Kampf*.

– Widzę, że powoli ktoś się tutaj uczy! Brawo, doktorku! Owszem. Dwudziestego czwartego lutego 1920 roku został zapalony ogień, z którego żaru musiał powstać miecz. Taki, który germańskiemu Zygfrydowi przywróci wolność, a narodowi niemieckiemu życie. Właśnie wtedy zaczął się nasz ruch. Czułem, że oto narodził się wilk, który wgryzie się w stado uwodzicieli i okłamywaczy narodu!

– Dwudziestego czwartego lutego 1920 roku w sali bankietowej przemawiał pan do blisko dwóch tysięcy osób. Pańskie przemówienie wywołało wśród słuchaczy entuzjazm.

– To jeszcze nic! Kilkanaście lat później przemawiałem przez radioodbiorniki do dwudziestu milionów. Po tych słowach tylu chętnych chciało się zapisać do NSDAP, że musieliśmy wstrzymać rekrutację! Za chwilę wrócę, panie doktorze, muszę zmienić koszulę. Robię to dwa razy dziennie. Nienawidzę brudasów!

(Co za hipokryta, myślę. Poprzednim razem miał okropnie brudne paznokcie, a dziś próbuje się kreować na kanclerza czystości Trzeciej Rzeszy. Ale ten chłopak się zmienił!)

– Ostatnio mijałem się z pańskim lekarzem, doktorem Morellem. Z daleka od niego cuchnęło! Jak pan może z nim wytrzymać?

– Łatwiej jest wytrzymać z nim niż z tuzinem zdrajców. Poza tym niech to pana, panie doktorze, nie interesuje.

– Wróćmy do dwudziestego czwartego lutego.

– Gut! Słowa, które tam padły, pamiętam do dzisiaj. Z podestu mówiłem: „Najpierw trzeba się zająć winowajcami – wywalić Żydów, a później zaczniemy sprzątać u siebie. Pamiętajcie, na pokątnych lichwiarzy i handlarzy kary pieniężne nie skutkują. Jak mamy się chronić przed tą bandą?". Tłum razem ze mną krzyczał: „Chłosta! Wieszać ich!".

Hitler jako przywódca NSDAP w latach 20. ubrany w brunatną koszulę i bawarskie krótkie spodnie

– Kolejnym punktem w historii pańskiej partii jest trzeci lutego 1921 roku.

– Tego dnia w hali cyrku Krone przy Marsstrasse odbył się pierwszy wiec mojego ugrupowania. Wtedy w Monachium nie było większego zadaszonego miejsca, do którego moglibyśmy zaprosić naszych sympatyków. Na nasz wiec przybyło ich wówczas ponad sześć tysięcy.

– I wszyscy wysłuchali przemówienia przyszłego kanclerza Rzeszy.

– Pamiętam rozpościerającą się przede mną halę. Skojarzyła mi się nawet z ogromną muszlą. Po pierwszej godzinie rozbrzmiały spontaniczne brawa. Dopiero po dwóch godzinach oklaski ucichły, wszyscy rozeszli się do domu, a ja zdałem sobie sprawę, że już nie jesteśmy jednodniową partyjką.

– Jaką wówczas mieliście strategię przejęcia władzy?

– Byłem zdania, że nieistotne będzie, czy będą się z nas nabijać, czy wyzywać po wsze czasy. Ba, czy będziemy określani mianem zbrodniarzy, czy może wesołków. Strategia była prosta. Najważniejsze, byśmy potrafili absorbować uwagę społeczeństwa.

– Założenia okazały się skuteczne?

– Co za głupie pytanie. Gdyby tak nie było, nie rozmawiałby pan dzisiaj z Adolfem Hitlerem, który został jedynym przywódcą państwa niemieckiego. Proszę poczekać. Heinz!

(Po kilku sekundach do pokoju wbiega dokładnie ogolony mężczyzna. Ubrany w dopasowaną białą koszulę, krawat i mundur wojskowy. To Obersturmbannführer, który jest kamerdynerem Hitlera. Na mieście mówi się, że przed przystąpieniem do SS w 1933 roku imał się murarstwa. Dopiero później został ochroniarzem wodza i jego lokajem).

– Tak jest, Mein Führer!

– Przynieś mi teczkę opatrzoną napisem „NSDAP – statystyki". Znajdziesz ją w dolnym magazynie na pierwszym regale od lewej. Wykonać natychmiast!

– Tak jest!

– Chyba często pan sięga po ten dokument, skoro tak dobrze pan wie, gdzie się znajduje.

– Bzdura. Dobrze poinformowani ludzie – do których, jak widać, pan nie należy – wiedzą, że zawsze mogę polegać na swojej pamięci. Zrobimy test, niech tylko wróci Linge. Jak go znam, nie zajmie mu to więcej niż minutę (*pukanie do drzwi*). A nie mówiłem? Otóż i on. Linge, podaj doktorowi teczkę. W środku są statystyki partii.

– Tak, widzę.

– Proszę sprawdzać. Styczeń 1920 rok – stu dziewięćdziesięciu członków. Zgadza się?

– Owszem...

Hitler i członkowie kierownictwa NSDAP przyjmują defiladę bojówek SA podczas zjazdu partii w Norymberdze, 1927 rok

– Maj – sześciuset siedemdziesięciu pięciu, styczeń 1921 – dwa tysiące pięciuset, sierpień – trzy tysiące trzysta…

– Niesamowite. Co do joty, wszystko się zgadza.

– Nic takiego. To tylko kolejny dowód wyższości rasy niemieckiej nad innymi.

– Gdyby nie pan, DAP nie odniosłaby sukcesu?

– Jeszcze pan w to wątpi?! Bez mojego udziału socjalizm nie urósłby do takiej rangi. Sprawiłem, że w ciągu czterech lat z małej sekty powstała licząca się na bawarskiej scenie partia polityczna.

– Czy do pańskiego sukcesu po trosze nie przyczyniła się ówczesna sytuacja? Ekonomiczny zastój, nastroje społeczne…

– Gdybanie nie należy do cech wybitnych przywódców. Zdolny polityk będzie w stanie w każdej sytuacji odczytać nastroje społeczne i nawiązać skuteczny kontakt z wyborcami. Co z tego, że napotkałem korzystne okoliczności? W przeciwieństwie do moich konkurentów umiałem je zręcznie wykorzystać.

– Nie akceptował pan Republiki Weimarskiej.

– Ta cała republika z wszystkimi jej członkami stanowiła zbiór złodzici.

Oni chcieli tworzyć lumpenrepublikę, czyli żydowski reżim w Berlinie, pełen szemranych handlarzy. Nie mogłem do tego dopuścić.

– Co z tym wszystkim miał wspólnego mercedes, do którego często się pan odnosił?

– Mercedes?! Chyba coś się panu pomyliło, panie doktorze. Może chodzi panu o stary materac?

– Tak, tak, oczywiście.

– W tamtym czasie Niemcy były bardzo podobne do starego materaca – nie mercedesa. Republika była powycierana, rozdarta, z wystającymi sprężynami, dziurawa na wylot. Wymagała natychmiastowej naprawy. Na domiar złego, przez wiadomo który naród ten republikański materac był zawszony!

– Bardzo mocne słowa…

– Mocne, ale prawdziwe!

– Co w takim razie pan proponował?

– Obiecywałem, że zaraz po dojściu do władzy porwiemy ten świstek, górnolotnie nazywany traktatem wersalskim. Musieliśmy

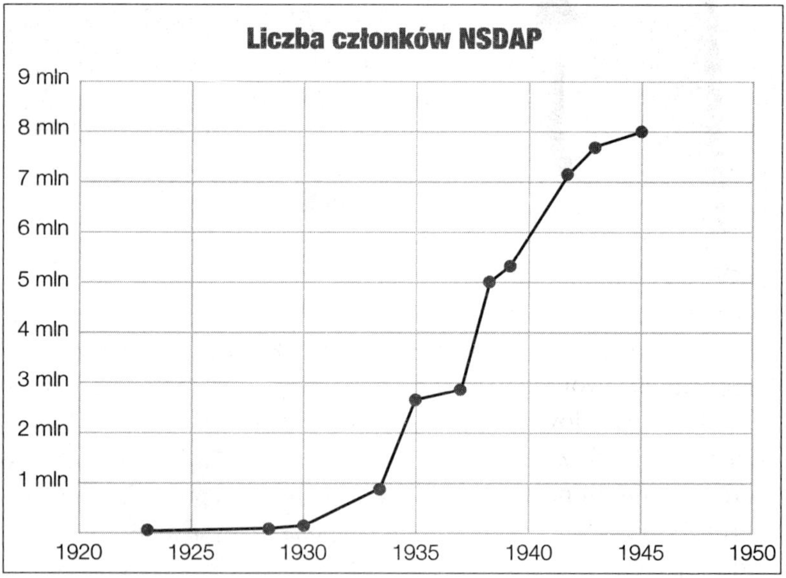

Źródło: *World War II Data Books: Third Reich 1933–1945. The Essential Facts And Figures For Hitler's Germany*, Amber Books Ltd, 2009.

Plakat wyborczy Hitlera z 1932 roku

dokonać odrodzenia narodowego. A to trzeba było zacząć od zewnętrznego stworzenia Wielkich Niemiec, a w środku wykreowania wspólnoty narodowej, która miała zasypać przepaść między proletariatem a mieszczaństwem. Chciałem przekonywać, że jesteśmy wszyscy jednym narodem, niezależnie od przynależności do jakichś chorych klas. Zarówno pracownicy fizyczni, jak umysłowi tworzą jeden narodowy organizm. Właśnie tak miała wyglądać ścieżka do prawdziwego niemieckiego socjalizmu, nie jakaś tam walka klasowa proponowana przez żydowskich przywódców.

– Jakie zatem powinno być rozwiązanie?

– Od początku powtarzałem, że zamiast tej parlamentarnej bandy Wielkim Niemcom potrzebny jest rząd władzy i autorytetu. Taki, który zrobi bezwzględny porządek z całym tym chlewem. Trzeba było genialnego dyktatora. Takiego, który żelazną ręką tchnie w naród germańskiego ducha. I oto on ukazał się przed Germanami.

– Jakby pan to streścił w jednym zdaniu?

– W maju 1921 roku to ogłosiłem. Mówiłem wówczas, że Niemcy przetrwają tylko pod warunkiem, że z pomocą żelaznej miotły wyplewię chlew przepełniony żydowską korupcją, demokratycznym krętactwem i socjalistycznym oszustwem.

– Kilka miesięcy później przejął pan kierowanie partią.

– Nie upraszczałbym tak tego. Opowiem z taką dokładnością, na jaką pozwoli mi pamięć. Dwudziestego pierwszego lipca 1921 roku napisałem list do władz NSDAP. Nic w nim nie owijałem w bawełnę, tylko wyłożyłem karty na stół. Dałem im wybór: albo zostanę przewodniczącym partii z nieograniczoną władzą, albo z partii odchodzę.

– Postawił pan na swoim.

– Nie mieli wyboru. Za mną stało poparcie bogatych Bawarczyków, kontakty w sferach militarnych i znajomości w stuttgarckich zakładach samochodowych Daimlera. Tym sposobem kilka dni później, dwudziestego dziewiątego lipca, moje żądania zostały spełnione. Od teraz NSDAP miała działać jako partia wodzowska.

– Przejdźmy do 1923 roku.

– Do czego pan dokładnie zmierza?! Do wydarzeń w Monachium, do mojego pobytu w więzieniu czy do *Mein Kampf*? Proszę się jasno wyrażać, jeśli pan chce, bym kontynuował rozmowę!

– No dobrze. To zacznijmy od puczu monachijskiego.

– Może być i tak. W monachijskiej piwiarni ogłosiłem narodową rewolucję, żądałem obalenia rządu, a później marszu na Berlin i naturalnie utworzenia nowego rządu ze mną na czele.

– Wszystko rozegrało się w nocy z ósmego na dziewiątego listopada 1923 roku. Dlaczego akurat wtedy?

– Tego dnia w wielkiej monachijskiej piwiarni Bürgerbräukeller zaplanowane było przemówienie komisarza generalnego Bawarii Gustava von Kahra, który postulował, aby obalić ówczesny rząd.

PUCZ MONACHIJSKI – WSPOMNIENIA ŚWIADKA

„Pamiętam, że drzwi otwarto na oścież. Zaraz potem do środka wbiegli mężczyźni, którzy ustawili w holu ogromne karabiny maszynowe. Prawdę powiedziawszy, to w każdym oknie pojawiły się hełmy. Błyskawicznie Adolf Hitler wyciągnął pistolet i z pomocą swoich ochroniarzy przedarł się przez tłum. Następnie wszedł na krzesło (lub stół) i dwukrotnie strzelił w górę. Natychmiast zapadło milczenie do tego stopnia, że słychać było, jak ciężko oddycha przyszły wódz. Nie minęło pięć minut, a zaczął przemawiać: Rozpoczęła się narodowa rewolucja. W holu czeka sześciuset uzbrojonych ludzi. Nie mieliśmy pojęcia, że to był blef. Dopiero później wydało się, że pomylił się o jedno zero. Tak, czekało tylko sześćdziesiąt osób".

Wybiła godzina dwudziesta. Gdy w piwiarni zebrał się tłum, w towarzystwie ochroniarzy wszedłem do środka uzbrojony w pistolet, wskoczyłem na krzesło i wystrzeliłem w górę, by zwrócić na siebie uwagę. Zacząłem przemawiać i rozpocząłem marsz na Berlin. Za mną ulicami Monachium ruszył tłum. Szybko zostaliśmy spacyfikowani przez policję. Nasza idea została opłacona poświęceniem szesnastu z nas i czterech policjantów.

– Panu nic się nie stało?

– Po raz kolejny cudem uniknąłem śmierci. Jeden z moich ludzi obronił mnie przed strzałem, po czym padł martwy na ziemię, pociągając mnie ze sobą. Zaraz potem ochroniarze wyprowadzili mnie w bezpieczne miejsce. Zostałem aresztowany dwa dni później. Również Hermann Göring[12] nie uszedł cało – trafiony został w pachwinę.

– Z perspektywy czasu uważa pan, że pucz był dobrym ruchem?

– Na pewno, o ile wyciągnęło się z niego odpowiednie wnioski. Przeciwnicy myśleli, że to mój koniec. Nie była to prawda. Proces wykorzystałem do zdobycia sławy i zaprezentowania swoich poglądów. Przez prasę wreszcie trafiłem do szerokiej opinii publicznej. Przekonywałem ją, że chciałem ocalić naród będący w tragicznej sytuacji, a siebie przedstawiałem jako narzędzie opatrzności.

---

[12] As lotnictwa. Pierwszy znany w całych Niemczech człowiek, który dobrowolnie przyłączył się do Adolfa Hitlera.

„My, robotnicy, budzimy się" – nazistowski plakat wyborczy z 1932 roku

– Jakie wnioski wyciągnął pan z tego wydarzenia?

– Po pierwsze, doszedłem do wniosku, że zamieszki uliczne nie są skuteczne i należy do zdobycia władzy wykorzystać system demokratyczny, aby go następnie zniszczyć. Po drugie, zauważyłem, że są mi potrzebni lojalni ludzie, którzy w czasie niebezpiecznych sytuacji będą gotowi oddać za mnie życie. To dwie bardzo ważne lekcje.

– Mimo wszystko pucz nie zakończył się sukcesem.

– Efekt był taki, że zdelegalizowano Narodowosocjalistyczną Niemiecką Partię Robotników, a ja otrzymałem łagodny wyrok – pięć lat z możliwością warunkowego zwolnienia. W landsbergskim więzieniu znalazłem się jedenastego listopada 1923 roku. Przebywałem w jednoosobowym pomieszczeniu. Jeśli mnie pamięć nie myli, na pierwszym piętrze. Cela była jak na więzienne warunki schludna. Miałem widok na ładny wiejski krajobraz. Nawet było kilka mebli i dywan.

– Odwiedzano tam pana?

– Więcej razy niż mógłby pan sobie wyobrazić! Spotykałem się z moimi współpracownikami, między innymi z Rudolfem Hessem[13] i Emilem Mauricem. Przyjmowałem dziesiątki wizyt. Kiedyś ktoś zaufany doniósł mi, że istniał rejestr odwiedzających mnie osób. Podobno naliczono czterysta osiemdziesiąt dziewięć wizyt.

– W celi spędził pan niewiele ponad rok. Daje to średnio dwie wizyty dziennie. Zresztą pomińmy to, liczby w tym przypadku nie są zbyt ważne.

– W tym miejscu muszę przedstawić bardzo ważną informację, póki o niej pamiętam. Jestem wdzięczny Emilowi Georgowi, dyrektorowi Deustche Banku, który ofiarował mi maszynę do pisania marki Remington. Również jestem wdzięczny pani Winifred Wagner, która w okolicach Bożego Narodzenia pozytywnie odpowiedziała na moją prośbę i wysłała mi kalki, gumki, ołówki i oczywiście papeterię. Do tego ktoś kupił mi papier, stolik i mogłem przystąpić do pisania mojego dzieła.

– Kto w tym czasie kierował partią?

– Z moim namaszczeniem przywództwo przejął Alfred Rosenberg. Wiedziałem, że nie ma on odpowiednich kompetencji, by rządzić. Miał charyzmę wielkości ziarnka piasku, do tego nie był ambitny. Idealna osoba. Po co miałem wyznaczać kogoś dobrego? Nie chciałem, by podczas mojego pobytu w więzieniu ktoś przejął po mnie schedę i nie byłbym w stanie odzyskać swojego stanowiska. Formalnie nastąpiło to siódmego lipca 1924 roku. Koniec na dzisiaj!

---

[13] Urodził się w Egipcie. Jego pasjami były magia i astrologia. Przebywał z Hitlerem w więzieniu. Był jego osobistym sekretarzem i adiutantem. Praktycznie go nie odstępował, z tego powodu plotkowano o ich homoseksualnych stosunkach.

Wyklęte rasy. Żydzi, Cyganie i inni

• *masowe morderstwa* • *obozy koncentracyjne*
• *komory gazowe* • *pseudomedyczne eksperymenty*
• *system kar w Dachau*

Na początku lutego w sąsiedztwie bunkra Hitlera spadło pięćdziesiąt osiem bomb burzących. Podobno po każdym wybuchu trząsł się cały bunkier. Kołysało jak statkiem na środku morza. Oby dzisiaj się to nie powtórzyło.

„Moim pierwszym i największym celem będzie zniszczenie Żydów [...] aż do chwili, kiedy Niemcy zostaną całkowicie oczyszczone".

Adolf Hitler, 1922 rok[14].

Führer nie wygląda dziś zbyt dobrze. Wyblakła cera i niechlujnie zrobiony przedziałek nie wróżą nic dobrego. Już teraz wiem, że czeka mnie trudna rozmowa. Oby ten dzień jak najszybciej się skończył. Mam tego dość, ale nie mam wyjścia – muszę robić dobrą

[14] G. Fleming, *Hitler and the Final Solution*, University of California Press, Berkeley 1984.

Hitler i Alfred Rosenberg (po lewej), ideolog NSDAP, propagator rasistowskich teorii o wyższości rasy aryjskiej nad innymi i konieczności zdobycia przez Niemców „przestrzeni życiowej na wschodzie"

minę do złej gry. Poproszę o kawę, zadam mu kilka pytań, on wyładuje na mnie swą skumulowaną złość i w nieprzyjemnej atmosferze się rozejdziemy.

– Co pan sądzi o Polakach?

– Polacy są najbardziej inteligentnym narodem ze wszystkich, z którymi spotkali się Germanie podczas tej wojny w Europie. Niewątpliwie Józef Piłsudski był patriotą, wielkim wodzem i mężem stanu. Przecież w Polsce nie panowała demokracja, lecz jeden człowiek. I bardzo dobrze, bo demokracja nie jest zdolna rozwiązać

ŚMIERĆ MARSZAŁKA PIŁSUDSKIEGO

12 maja 1935 roku zmarł Józef Piłsudski. Z tego powodu – zgodnie z rozporządzeniem żałobnym obowiązującym przy zgonach przywódców państw – Adolf Hitler ogłosił w Niemczech żałobę narodową. Następnie do ówczesnych władz polskich wysłał depeszę z kondolencjami. Co więcej, to był jedyny raz, kiedy oficjalnie uczestniczył we mszy świętej za duszę zmarłego, zamówionej w kościele Świętej Jadwigi w Berlinie przez polską ambasadę w Niemczech. Kolejnym krokiem było uczestnictwo marszałka Trzeciej Rzeszy Hermanna Göringa w uroczystościach pogrzebowych w Polsce. Sympatia do Piłsudskiego nie zgasła również po wybuchu wojny. Zaraz po wkroczeniu niemieckich wojsk do Polski w 1939 roku Wehrmacht wystawił wartę honorową przy grobie Józefa Piłsudskiego.

najmniejszego problemu na tym kontynencie. O czym to ja mówiłem? A, już wiem. O Piłsudskim! Udało mi się osiągnąć z nim porozumienie na dziesięć lat. Dzięki niemu odnieśliśmy wspólny sukces. Szkoda, że marszałek odszedł.

– Skąd zatem pomysł zaatakowania Polski?

– Tutaj nie chodziło o Gdańsk, ale o rozszerzenie przestrzeni życiowej na wschód. Wobec takiej konieczności odpadła kwestia oszczędzania Polski. Trzeba było się z nią rozprawić przy pierwszej nadarzającej się okazji. Do dzisiaj bawi mnie optymizm Polaków, którzy przed rozpoczęciem walk uważali, że będą w stanie się bronić przez trzy lata. Mniejsza grupa polskich pesymistów mówiła o roku, a francuscy tchórze wyceniali Polskę na pół roku skutecznej obrony.

„Polacy na dodatek są jeszcze szczególnie niechlujni, zawszeni i leniwi, podczas gdy Czesi są przeciętni, pracowici i nie tak brudni. […] Jest rzeczą właściwą, aby Polaków pozostawić samych sobie, wspierając przy tym ich słabość i korupcję. W ten sposób najlepiej rządzi się podbitymi narodami. […] Polska ma być dla nas, jak określił to Führer, wielkim rezerwuarem pracy, skąd możemy brać brakujących ludzi do podrzędnych zajęć".

Źródło: J. Goebbels, *Dzienniki 1924–1945*, tom II: 1939–1943, Świat Książki, Warszawa 2013.

„Pająk" – antysemicki rysunek z nazistowskiego tygodnika „Der Stürmer"

– Dlaczego kazał pan zabijać swoich rodaków?

– To proste. Führer zawsze ma rację! To pan o tym nie wie? Poza tym coraz liczniejszy naród wymaga coraz większej przestrzeni życiowej. Moim celem zawsze było doprowadzenie do rozsądnych proporcji między liczebnością narodu a jego przestrzenią do życia. Tak naprawę to od tego musi zacząć się walka.

– Czy społeczeństwo niemieckie wiedziało o obozach koncentracyjnych istniejących od 1942 roku?

– Oczywiście! Poza esesmanami o ich istnieniu wiedziała lokalna ludność. Podobno już w 1935 roku biskup Lichtenberg mówił o eksterminacji chorych umysłowo.

– Dlaczego nikt nie interweniował?

– A po co? Obywatele w pełni akceptowali moje działania. Do tego ignorancja gwarantowała im względny spokój.

– Ma pan żydowskie korzenie?

– Udam, że tego pytania nie słyszałem. W przeciwnym razie musiałbym pana zabić.

– A dlaczego tak nie lubi pan Żydów? (*Pytam z takim zdziwieniem w głosie, aż sam jestem tym zaskoczony*).

– Nie potrafię mówić dłużej niż dziesięć minut, nie dotykając tematu żydostwa. To pytanie jest tak banalne, jak to, czym różni się mężczyzna od kobiety. Oczywiście, pan jako Żyd nie może być w tym względzie obiektywny. Przede wszystkim żydostwo nie jest żadną wspólnotą religijną, tylko bez wątpienia rasą. Co was wyróżnia? Przede wszystkim niepohamowana żądza zysku. Co was różni od innych cudzoziemców? Żyd twierdzi, że ma prawa jak członek społeczeństwa, pozostając jednocześnie Żydem. Twierdzi, że należy mu się prawo do równoczesnej gry na dwóch planszach i jako jedyny na świecie oczekuje takiego przywileju.

– Coś jeszcze?

– Właśnie tacy jesteście: bezczelni, bez krzty skrupułów. Oczywiście, że powiem więcej! Jesteście winowajcami wszystkiego, co jest złe na tym świecie. Robicie interesy, podburzając i wzajemne napuszczając się na siebie. Mówicie „braterska wojna", a w myślach przeliczacie zyski. Dlatego już dawno głosiłem hasło „Niemcy dla Niemców". Jakie prawo ma obca rasa do kierowania losami Niemców? Tylko zakaz imigracji dla pańskich rodaków mógł temu zapobiec. Zresztą od początku uważałem, że trzeba wymordować około jedenastu milionów Żydów. Pozostawała jeszcze kwestia trzydziestu milionów Słowian.

– Skupmy się na Żydach.

Już w *Mein Kampf* pisałem, że na świecie cokolwiek wart jest tylko ten, kto należy do dobrej rasy. Mieszanie krwi jest tragedią prowadzącą do upadku kultur. Musi pan wiedzieć, doktorze, że ludzie marnieją nie na skutek przegranych wojen, ale z powodu zatracenia odporności, którą ma wyłącznie czysta krew. Dlatego, jeżeli mogłem wysłać kwiat germańskiego narodu w otchłań piekielnej wojny, bez najmniejszego żalu przelewając jego wartościową krew, to tym bardziej mogę usunąć miliony przedstawicieli niższych ras, mnożących się jak robactwo.

– Czy Żydzi mają jakieś zalety?

– Są najlepszymi kłamcami na świecie. Tak wielkiego talentu jak oni nie ma żadna nacja. Mam pewne doświadczenie w tej materii, ale nawet moje największe kłamstwa są niczym w obliczu żydowskiej fikcji.

– Największa wada?

– Jest ich mnóstwo! Żydzi nigdy nie stworzyli żadnej cywilizacji. Za to zniszczyli ich setki. Unikali uczciwej pracy. Moim zdaniem, są skłonni do przestępstw i pełni popędu seksualnego, chcą zanieczyszczać aryjskie kobiety swoją krwią.

– Przy okazji – pańska największa wada?

– Słucham?! Nie uznaję żadnego sprzeciwu. Współpracownikom zdradzam tylko tyle informacji, ile jest im niezbędne do wykonywania swoich funkcji. Do tego mogę mówić bez końca. Ale akurat to są zarówno wady, jak i zalety. Co do wad Żydów, mógłbym tak wymieniać jeszcze długo.

– Nie wątpię... dwudziestego sierpnia 1920 roku do ponaddwutysięcznego tłumu wygłosił pan przemówienie „Dlaczego jesteśmy antysemitami?". A więc dlaczego jesteście?

– Składa się na to wiele czynników. Żydzi, w przeciwieństwie do Aryjczyków, nie są zdolni do efektywnej pracy. Nawet do żadnej działalności kulturalnej! Przecież Żydzi zawsze wiedli spokojne życie. Woleli korzystać z dorobku innych nacji. Czy widział pan żydowskie działania państwowotwórcze? Proszę nie odpowiadać, odpowiedź jest nazbyt oczywista!

– Idąc tym tropem, fortuny do moich rodaków przyszły same, tak?

– Pańscy rodacy nagromadzili je, omijając branie na siebie trudu związanego z pracą, omamieni materializmem i mamonizmem. Proszę to sobie zapamiętać raz na zawsze! A kiedy już doszli do bogactw, mieli w garści cały świat. Międzynarodowy kapitał pożyczkowo-giełdowy to jest temat nie na jedno, na dwa, lecz na wiele spotkań. Trzymacie w rękach ogromne pieniądze, możecie zmieniać porządek prawny, szerząc w niesamowicie szybkim tempie korupcję.

– Nikt Niemcom nie bronił działać podobnie.

– To kolejny dowód na to, że Żydzi są spokrewnieni z pasożytami. Niemcy w przeciwieństwie do nich nie skorzystali z dostępnej szansy i nie zachowywali się jak zwierzęta. Nam, wyższej rasie, nie zależało na destrukcji ładu społecznego. My, to znaczy narodowi socjaliści, musieliśmy się obudzić i ruszyć do zrywu przeciwko niszczącemu naród niemiecki żydostwu.

– Dlaczego w takim razie w Wiedniu przyjaźnił się pan z Żydami?

– Zawsze zdarzają się wyjątki.

– Mam rozumieć, że jestem jednym z nich?

– Bez wątpienia dość rozumnym Żydem.

– Zatem proszę wytłumaczyć nie do końca rozumnemu Żydowi, skąd się wzięła Zagłada i masowe morderstwa? Czy bez tych działań nie dało się walczyć z moim narodem?

– Ustalmy jedno. Wszystkie te działania były naturalną konsekwencją mojej polityki. Kiedy ktoś wdarł się na szczyt z hasłami obiecującymi skończenie z żydostwem, nie mógł się z tego wycofać. Naród niemiecki oczekiwał ode mnie zdecydowanych działań.

– Ograbiania, poniżania, a nawet masowych wywózek na śmierć?

– Proszę mnie nie rozśmieszać. Doktorze, pan naprawdę wierzy, że niemiecki naród nic nie wiedział o tym, co się dzieje? Fala nienawiści do Żydów utorowała mi drogę do władzy. Niemcy tego chcieli i dlatego na mnie postawili. Uwierzyli, że jesteśmy lepszym narodem, który powinien przejąć dowodzenie nad światem. A czy alianci nie przesadzili, upokarzając Niemców haniebnym traktatem wersalskim?

– Kronikarski obiektywizm nakazuje mi przytaknąć.

– Moi najwięksi wrogowie nawet za sto lat przyznają, że traktat wersalski był przesadzoną karą dla Niemiec. Następstwem tego była chęć odegrania się, a co za tym idzie, przejęcia dowodzenia nad światem. Dlatego do władzy doszedłem legalnie, przy pełnym poparciu moich rodaków.

– Bez protekcji innych znaczących polityków?

– Pan raczy żartować. Oczywiście, że nie obeszło się bez zakulisowych zagrań. Jak widać, na tyle skutecznych, by przy poparciu demokratycznego niemieckiego ludu w 1933 roku objąć stanowisko kanclerza Rzeszy. Należy pamiętać, że wojna połączona z ekspansją nie jest żadną nadzwyczajną metodą realizowania narodowych celów. Nie kryłem zresztą swoich planów. W każdym przemówieniu powtarzałem, co sądzę o Żydach i jakie mam wobec nich zamiary. Marzyłem o jednorodnej rasowo wspólnocie narodowej, usuwając Żydów z Niemiec dowolnymi środkami.

– Po dojściu do władzy mógł pan wycofać się ze swoich planów.

– Gdybym to zrobił, Niemcy uznaliby mnie za polityka niespełna rozumu. Miałem w swoim pierwszym przemówieniu po objęciu władzy ogłosić, że wszystko, co mówiłem o Żydach, to były żarty? Przecież to pewne, że lud niemiecki za takie słowa jeszcze tego samego dnia straciłby mnie na średniowiecznej szubienicy. Nastroje antysemickie były zbyt rozbuchane, bym mógł się wycofać.

– Próbuje pan przerzucić winę na cały naród.

– Ja byłem tylko wykonawcą jego woli. Każdego dnia czułem na plecach oddech antysemickiej nienawiści rodaków. I wiedziałem, że wybrali mnie, bym wbił nóż w ogólnoświatowy spisek bolszewicko-żydowski i dokonał *Endlösung der Judenfrage**. Za kilkanaście lat, po mojej śmierci, wszystko wyjdzie na jaw. Nie sposób wyobrazić sobie, jak bardzo trzeba być naiwnym, by wierzyć, że poza mną nie było żadnych antysemitów. Czy pan naprawdę wierzy, że do pracy w obozach koncentracyjnych Niemcy byli zmuszani? Wszyscy biedni święci Niemcy i tylko jeden zły Hitler? Toż to jakaś kpina!

– Oni spełniali tylko wolę swojego Führera.

– Ale mnie pan dzisiaj rozbawia. Co chwila! (*Mój rozmówca wybucha śmiechem*). Wszyscy spełniali moją wolę, przy okazji konfiskując ogromne majątki? Tak, na pewno moją wolą była likwidacja żydostwa przez potajemne okradanie tego narodu. Kwestię żydowską trzeba było rozwiązać – wiedział to każdy trzeźwo myślący Niemiec. A przy tym żaden z nich nie zawracał sobie głowy, jakimi środkami należy to zrobić.

– Czyli chciał pan rozwiązania „kwestii żydowskiej", bo

* *Endlösung der Judenfrage* (niem.) – ostateczne rozwiązanie kwestii żydowskiej.

taka była wola narodu. To oznacza, że dlatego musiał pan zabijać Żydów. Czyż nie tak?

– Owszem, między innymi dlatego w trakcie tzw. nocy kryształowej z dziewiątego na dziesiątego listopada 1938 oczyściłem kraj z żydostwa.

– Idąc tym tropem, dochodzimy do konkluzji, że tak bardzo pragnął pan władzy, że dla jej utrzymania był pan w stanie poświęcić niezliczone ludzkie istnienia.

– Nieprawda! Mój życiorys wyraźnie pokazuje, że byłem predysponowany do stworzenia jednolitego frontu, który zrealizuje potrzeby Niemców.

– Nie mogę tego dłużej słuchać. Może zbyt emocjonalnie podchodzę do sprawy. Za pana sprawą zginęły miliony ludzi, a pan mówi mi o jakichś wizjach.

– Zamieńmy się na chwilę rolami. Zadam panu proste pytanie. Czy wierzy pan, że gdyby naród niemiecki nie chciał usunięcia Żydów i rozwiązania tej kwestii, to nie byłby w stanie poradzić sobie z jednym człowiekiem, na dodatek Austriakiem, Adolfem Hitlerem?

– Nie wiem...

– Pan nie chce tego wiedzieć!

– Są jeszcze manipulacje, szantaże, tuszowanie pewnych faktów.

– Od kilkudziesięciu lat głosiłem, co sądzę o Żydach i co trzeba według mnie z nimi zrobić. Niech nikt, nawet po mojej śmierci, nie próbuje twierdzić, że Niemcy, dokonując wyboru kanclerza, wybrali kota w worku.

– Ale jak pan może tak bez emocji mówić o śmierci milionów ludzi? Na Boga!

– Z tym Bogiem to bym się tak nie rozpędzał. Gdyby wierzyć w świat stworzony przez katolików, to Bóg już dawno uratowałby wszystkich uciemiężonych Żydów. Jeśli zaś chodzi o emocje, zadam panu pytanie. Co dla pana osobiście miałoby większy ładunek emocjonalny – śmierć matki czy miliona Żydów?

– Bardzo trudne pytanie...

– Nieprawda. Oczywiście, że matki. Człowiek jest istotą samolubną i gwarantuję, że gdyby miał pan dokonać takiego wyboru, zostałoby straconych miliony Żydów. Piję do tego, że nie widziałem – a czasem nie chciałem widzieć – ludzkich istnień, które szły na stracenie. Ich śmierć była jednym z postulatów, bez których nie byłaby możliwa realizacja mojego planu. Nie znałem ich twarzy, nie wiedziałem, jak mieli na imię. W takim przypadku łatwiej jest na chłodno podchodzić do sprawy.

– Pan tworzył fabryki, w których z ludzkich ciał produkowało się mydło.

– Niech pan nie będzie naiwny, panie doktorze. Za kilkadziesiąt lat wspomną moje słowa. Wszyscy przedsiębiorcy będą przede wszystkim brali pod uwagę zyski, a dopiero później takie aspekty, jak emocje i problemy moralne. Do dziś istnieją kolonie, w których inne rasy niż biała nie są równo traktowane. Czarnoskórzy przy urnach wyborczych? Wolne żarty.

– Nie uciekajmy od tematu obozów koncentracyjnych.

– Ale ja nie uciekam! (*Kanclerz uderza prawą ręką w stół z taką siłą, że podskakuje mój kubek z herbatą*). Chcę tylko, abyśmy spojrzeli na temat szerzej. Jestem w stanie przytoczyć liczby. Według moich statystyk, w obozach więziono około osiemnastu milionów ludzi. Spośród nich jedenaście milionów musiało ponieść śmierć. Proszę to porównać do sześćdziesięciu pięciu milionów naszych obywateli, przy czym dziesięć milionów stanowili młodzi mężczyźni. Te liczby wcale nie są ogromne.

– W czasie pierwszej wojny światowej zginęła podobna liczba – około ośmiu milionów.

– Owszem, ale wojna trwała od 1914 do 1918 roku! My natomiast prowadzimy nasze działania od 1933 roku, czyli ponad dziesięć lat!

„[...] dalej byli fryzjerzy, jedni golili głowy, drudzy genitalia [...]. Dalej podeszliśmy pod prysznic. Dostaliśmy szczotkę ryżową i szare mydło. Po umyciu wypędzono nas na dwór – a tu śnieg leży na ziemi, a my boso i bez bielizny. Przez okno ktoś rzucał buty, bieliznę i mundur pasiasty. Łapało się co bądź, byle się ubrać i nie stać na śniegu".

Ks. Marian Główka o swoim pierwszym dniu w obozie w Dachau.

Źródło: http://041940.pl/gehenna-obozowa/dachau-moj-pierwszy-oboz/przyjazd-do-dachau/przyjazd-do-dachau

ENDLÖSUNG. OSTATECZNE ROZWIĄZANIE

Jedno z przesłuchań Augusta Kubizka, przyjaciela Adolfa Hitlera:

– A więc był pan przyjacielem Adolfa Hitlera. Co pan za to dostawał?

– Nic.

– Ale przecież przyznaje pan, że był pańskim przyjacielem. Dawał panu pieniądze?

– Nie.

– Żywność?

– Też nie.

– Samochód? Dom?

– Też nie.

– Załatwiał panu znajomości z pięknymi kobietami?

– Też nie.

– Przyjmował pana później?

– Tak.

– Często bywał pan u niego?

– Od czasu do czasu.

– Jak pan mógł się do niego dostać?

– Po prostu szedłem do niego.

– I potem pana przyjmował? Był pan u niego? Naprawdę? Bardzo blisko?

– Tak jest, bardzo blisko.

– Sam na sam?

– Sam na sam.

– Bez strażników?

– Bez strażników.

– Mógł go pan wtedy zamordować.

– Mogłem.

– To dlaczego go pan nie zamordował?

– Bo był moim przyjacielem…

Źródło: fragment książki A. Kubizek, *Adolf Hitler…*, op. cit.

Co zaś się tyczy doktora Eduarda Blocha, to zmarł on 1 czerwca 1945 roku w swoim amerykańskim mieszkaniu w Bronksie. Wdowa po nim jeszcze tego samego dnia napisała w swoim dzienniku: „Mój Edo! treści mojego życia, moja podporo, mój przyjacielu, moje szczęście".

Źródło: B. Hamann, *Szlachetny Żyd Hitlera. Życie lekarza biedoty Edwarda Blocha*, Universitas, s. 438.

Bojkot żydowskich sklepów zorganizowany przez nazistów w Niemczech, 1 kwietnia 1933 roku

– Słucham?! Jak to możliwe? Myślałem, że obozy powstały później.

– Nasze działania od początku były mocno utajnione. Zgodnie z rozkazem Heinricha Himmlera z dwudziestego pierwszego marca

1933 roku, w Dachau, w opuszczonej fabryce amunicji utworzony został obóz koncentracyjny. Dzień później nastąpiło otwarcie tego ośrodka. To właśnie w nim mieli być izolowani polityczni przeciwnicy mojej wizji, duchowni i naturalnie Żydzi. Trafiali tam na czas nieokreślony, bez żadnych sądowych wyroków.

– Proszę opowiedzieć o budowie obozu.

– Część przeznaczona dla więźniów była otoczona drutami kolczastymi. Na początku zbudowano w niej osiemnaście baraków, mających pomieścić około czterech tysięcy więźniów. Wkrótce obóz został rozbudowany o drugie tyle. Prawdą jest, że w czasie wojny te limity były znacznie przekraczane. Udawało nam się tutaj pomieścić nawet szesnaście tysięcy więźniów.

– Odnoszę wrażenie, że mówi pan to z dumą.

– Panie Bloch, wojna to nie zabawa. Wróg w każdej chwili mógł nam zagrozić. Nie ma tutaj miejsca na miłosierdzie.

– Niestety, trudno się z panem nie zgodzić... Gdy rozmawiałem z różnymi osobami o obozie w Dachau, często wspominali o tzw. bunkrze. Bali się jednak więcej mówić na ten temat. Może pan uzupełnić tę wiedzę?

– Zapewne pańscy rozmówcy mieli na myśli bunkier, w którym dokonywano przesłuchań. Owszem, były one krwawe. Nie brakowało również surowych i bolesnych kar. Ponadto była tzw. krwawa ściana, pod którą rozstrzeliwano więźniów.

– Wielką tajemnicą wydaje się być barak szpitalny numer pięć.

– W tym miejscu znajdowały się kostnica i prosektorium. Tutaj także przeprowadzaliśmy różnego rodzaju eksperymenty medyczne.

– Medyczne czy pseudomedyczne?

– Punkt widzenia zależy od sytuacji, którą zastaliśmy. Mieliśmy tam trupiarnię, w której były dokonywane sekcje zwłok. Próbowaliśmy znaleźć skuteczne sposoby walki z gruźlicą, chcieliśmy leczyć raka metodami roślinnymi, badaliśmy zachowania wątroby.

– „Badaliśmy"? Jak to wyglądało w praktyce?

– Eksperymenty były przeprowadzane pod okiem wybitnych specjalistów... Braliśmy na przykład stu dwudziestu Żydów, odzieraliśmy ich z ciała, żeby zobaczyć kompletny szkielet kostny.

– Nadal nie odpowiedział pan na moje pytanie...

– Jeszcze przed wybuchem wojny całe środowisko medyczne interesowało się badaniami nad wątrobą. Podobnie moi specjaliści. Różnica była taka, że moi doktorzy w obozie mieli nieograniczony dostęp do „materiału ludzkiego". Nakłuwali wątroby grubą igłą, tzw. trójgrańcem. Wszystko dla dobra nauki. Takie doświadczenia zostały przeprowadzone na około stu osiemdziesięciu więźniach.

– Ilu spośród nich umarło?

– Nie zagłębiałem się tak szczegółowo w tę tematykę. Zapewne ktoś musiał umrzeć, by inni mogli później przeżyć. Zwykle do tego typu badań braliśmy osoby chore między innymi na żółtaczkę. Naszym materiałem do eksperymentów byli głównie polscy księża. Dlaczego akurat oni? Nie mam pojęcia. Pewnie czysty przypadek.

– Domyślam się, że to niejedyny rodzaj eksperymentów przeprowadzanych na więźniach.

– Gdybym zaprzeczył, tobym skłamał...

– Zatem?

– Dość popularne były eksperymenty lotnicze, robione na potrzeby naszej armii. W ciśnieniowej kabinie zamykaliśmy od pięciu do piętnastu więźniów. Następnie rozrzedzaliśmy lub zagęszczaliśmy powietrze. Dzięki temu mogliśmy obserwować zachowanie ludzi przy obniżaniu ciśnienia.

– Jak reagowali na spadające ciśnienie?

– Bardzo różnie. Tłukli głową o ściany, rwali sobie włosy z głowy. Mówiąc krótko – wpadali w szał. Dostawali wewnątrzczaszkowych krwotoków ewentualnie doznawali wstrząsów psychicznych. Większość nie przeżywała tego eksperymentu.

– Co dalej działo się z tymi ciałami?

– Przeprowadzaliśmy sekcję zwłok. Narządy zamykaliśmy w naczyniach, by móc je wykorzystać przy późniejszych eksperymentach, takich jak badania nad ropowicą. Na przykład doktor Wolter wstrzykiwał więźniom ciekłą ropę wyciąganą z ran innych zwłok albo od chorych.

– Czym to skutkowało?

– Zazwyczaj różnymi chorobami. Ewentualnie utratą kończyn. W najgorszym wypadku śmiercią.

– Często?

– Niestety, nie jestem w stanie odpowiedzieć na to pytanie. Natomiast dochodziły do mnie informacje, że z martwych więźniów ściągano skórę. Słyszałem, że najbardziej poszukiwana była skóra wytatuowana. Następnie, po dalszej obróbce, robiono z niej torebki damskie dla SS, siodła, pantofle, rękawiczki. Kobietom, szczególnie Polkom, wycinaliśmy również części kości nóg. Naturalnie do celów badawczych.

– Czy istniało coś takiego, jak eksperymenty z zamrażaniem?

– Oficjalnie nie, w praktyce tak...

– To znaczy...?

– Robiliśmy to w Dachau od sierpnia 1942 roku do maja 1943. Chodziło o to, by sprawdzić, jak przywrócić życie tym, którzy byli poważnie wychłodzeni albo, co gorsza, zamarznięci. Testowaliśmy zamrażanie zimną wodą i zamrażanie na sucho. Co się pan tak dziwi?! To są ludzkie sprawy.

– Bez żartów, bardzo proszę...

– Mieliśmy basen doświadczalny zbudowany z drewna. Miał dwa metry szerokości i tyle samo długości. Basen był wypełniony wodą, do której stopniowo dodawano lód, aż woda osiągała trzy stopnie Celsjusza. Nasze obiekty doświadczalne były w wodzie nago lub w kombinezonach lotników, to z myślą o nich były robione te badania. Większość badań kończyła się niepowodzeniem.

– Nie chce mi się w to wierzyć, ale muszę zapytać. Słyszałem o kobietach używanych do rozgrzewania.

– A co w tym nadzwyczajnego?! Po eksperymentach z zamrażaniem przydawały się nam kobiety. Kiedy badany w zimnej wodzie tracił przytomność, wyjmowaliśmy go i kładliśmy w łóżku między dwoma nagimi kobietami, by go rozgrzewały. Miały one leżeć tak blisko jego ciała, jak tylko możliwe. Te trzy nagie ciała przykrywaliśmy kocami. Nic nadzwyczajnego.

– Tak samo jak świadome zarażanie więźniów?

– Bez przesady, wszystko w ramach naukowych badań. Zarażaliśmy malarią dla dobra nauki. Podobnie nacinaliśmy mięsień na długości dziesięciu centymetrów, by zarazić bakteriami, wkładaliśmy w ranę wióry drewna, oczekując zakażenia gangreną. Robiliśmy to, myśląc o nauce.

– Naprawdę jest pan z tego dumny?!

– Nawet jeśli bym nie chciał, to muszę. W końcu przeprowadzaliśmy te eksperymenty w ramach doświadczeń medycznych.

– O systemie kar stosowanym w Dachau krąży wiele legend.

– To oczywiste, że kara musiała być adekwatna do wielkości przewinienia! Obozy nie dysponowały zwierzętami pociągowymi, wszystko musieli robić więźniowie, którzy trafiali do nas. Rozstrzelania, powieszenia – wiadomo – nie były rzadkością.

– Dotarła do mnie informacja, że kara czekała za tak drobne przewinienie, jak źle pościelone łóżko.

– Każdy dobry Niemiec zna powiedzenie *Ordnung muss sein*. Szczególnie w sytuacji, gdy za każdym rogiem może czaić się wróg. Co do metod zaś, to głównie stosowane były tortury. Polewanie zimną wodą na kilkunastostopniowym mrozie było karą dość częstą. Zazwyczaj prowadziło to do wychłodzenia, a w konsekwencji do zgonu.

– Często stosowano karę chłosty?

– Zdecydowanie najczęściej. Przywiązywaliśmy karanych do specjalnego „kozła" i uderzaliśmy go tyle razy, na ile zasłużył. Minimum dwadzieścia pięć uderzeń pejczem. Jak trzeba było, to zamykaliśmy ich w bunkrach albo zarządzaliśmy głodówkę. Inną metodą była tak zwana kara słupka.

– Nigdy o niej nie słyszałem.

– Nic dziwnego. Po doświadczeniu takiej kary raczej mało kto chciałby wracać wspomnieniami do tych wydarzeń. Metoda ta polegała na wiązaniu rąk z tyłu tak, by powieszony na haku nie sięgał stopami do ziemi. Zwykle po takich działaniach karany nie odzyskiwał sprawności w kończynach.

– Gorszych metod nie jestem już sobie w stanie wyobrazić.

– Gdybym pana nie chronił przed wysłaniem do któregoś z tych ośrodków, na pewno byłby pan w stanie wyobrazić sobie wiele więcej. Na przykład wkładanie węża ze sprężonym powietrzem do przełyku i maksymalne odkręcenie kurka. Przy takim systemie areszt

NIEUDANE EKSPERYMENTY PSEUDOMEDYCZNE HEINRICHA HIMMLERA

Heinrich Himmler był wielkim entuzjastą medycyny naturalnej. Na jego polecenie prowadzono m.in. badania dotyczące leczenia ropowic metodami homeopatycznymi. Jak się później okazało, badania nie przyniosły spodziewanych rezultatów. SS-Obergruppenführer Ernst Robert von Grawitz w 1942 roku przekazał Heinrichowi Himmlerowi następujący komunikat: „Spośród 40 przypadków 1 wynik był pozytywny, 4 dalsze pozytywne z zastrzeżeniem, a w 35 negatywny, z których 10 skończyło się śmiertelnie". Ta informacja rozwścieczyła Himmlera. Ostatecznie leczenie ropowic metodami homeopatycznymi zakończyło się klęską. Ceną, jaką trzeba było zapłacić za badania, była śmierć około sześciuset osób w latach 1942–1943. Większość ich stanowili podobno polscy duchowni, którym wstrzykiwano ropę. Efektem tego były ostre stany zapalne – jak pokazały przytoczone statystyki – kończące się zazwyczaj śmiercią.

w bunkrze trwający osiem, czternaście, dwadzieścia jeden oraz czterdzieści dwa dni o chlebie i wodzie to były po prostu wakacje. Komu nie odpowiadały te warunki, zawsze mógł popełnić samobójstwo. Jak widać, każdemu dawaliśmy wolną rękę, a właściwie to szyję…

– Ile osób spotkała śmierć w obozie w Dachau?

– Nie sposób wszystkich policzyć. Według dokumentacji, która do mnie trafiła, od 1939 roku do dzisiaj w obozie było ponad dwieście tysięcy więźniów. Szacuję, że ponad trzydzieści tysięcy zginęło.

– Te liczby jednak w pełni nie odwzorowują rzeczywistości, prawda?

– Nie. Należałoby jeszcze uwzględnić egzekucje Gestapo i śmierć jeńców radzieckich. Gdybym miał obstawiać, powiedziałbym, że było dwieście pięćdziesiąt tysięcy więźniów, spośród których sto pięćdziesiąt tysięcy zginęło.

– Obóz koncentracyjny Dachau stał się wzorem dla kolejnych obozów?

– Bez wątpienia. W późniejszych latach lokowaliśmy tutaj także świadków Jehowy, homoseksualistów i Cyganów. Obozy istniały nie tylko na terenie Trzeciej Rzeszy, ale również na terytorium państw okupowanych. Łącznie było ich kilka tysięcy.

– Kilka? Trzy, cztery czy raczej dziesięć, jedenaście?

– Myślę, że ponad dwanaście tysięcy.

– Wszystkie były obozami pracy?

– Nie. Obozy były dzielone na kilka rodzajów. Pierwszym z nich były obozy koncentracyjne. Inne to obozy jenieckie, gdzie trafiali jeńcy wojenni. Należy również wymienić więzienia policyjne, przesiedleńcze, przejściowe i obozy pracy przymusowej.

– Gdzie byli zabijani Żydzi?

– Cały proceder odbywał się w Vernichtungslagerach*.

– Słyszałem na ten temat różne, często sprzeczne informacje. Czym były dokładnie obozy zagłady?

– W tych miejscach likwidowaliśmy głównie Żydów.

– Likwidowaliśmy, czyli bez żadnych skrupułów ZABIJALIŚCIE!

– Dopiero dzisiaj pan to odkrył (*he, he*). Myślałem, że jest pan trochę bardziej rozgarnięty. (*Gdy mówił te słowa, na jego twarzy pojawił się złośliwy uśmiech*). Tak, dokonywaliśmy ludobójstwa. Działo się to od 1941 roku, jeżeli mnie pamięć nie myli, od drugiej połowy roku. W obozach zagłady zginęło ponad dwa i pół miliona ludzi.

– Matko Przenajświętsza, czego ja się dowiaduję! Jak wyglądały te masowe morderstwa?

– Mieliśmy komory gazowe… W ciągu tylko dwóch lat straciliśmy w nich zbędnych siedemdziesiąt tysięcy chorych.

– Kolejny pański pomysł?

– Nie. Komory gazowe wymyślił amerykański lekarz wojskowy. Dwadzieścia lat później przystosowaliśmy je do naszych potrzeb. Do dużych komór po wprowadzeniu skazańców wpuszczaliśmy preparat cyjanowodorowy Cyklon B.

– Wiedzieli, że idą na śmierć?

– Nie. Często komory przypominały wielkie łaźnie. Poza Cyklonem B wcześniej wykorzystywaliśmy spaliny samochodowe…

– Wcześniej, czyli kiedy?

– Takich incydentów było wiele. Realizowaliśmy nasz program rozwiązania „kwestii żydowskiej" przez wiele lat. Jednocześnie czyściliśmy naszą rasę z niepełnosprawnych jednostek.

---

* *Vernichtungslager* (niem.) – obóz zagłady.

„Żydzi, którzy bez upoważnienia opuszczają wyznaczoną im dzielnicę, podlegają karze śmierci. Tej samej karze podlegają osoby, które takim Żydom świadomie dają kryjówkę. Podżegacze i pomocnicy podlegają takiej samej karze jak sprawca, czyn usiłowany karany będzie jak czyn dokonany".

Hans Frank, październik 1941 r. W latach 1939–1945 generalny gubernator okupowanych ziem polskich (Generalne Gubernatorstwo).

Źródło: Dr.Sebastian Piątkowski, Strona Instytutu Pamięci Narodowej, http://www.truthaboutcamps.eu/represje-wobec-polakow

– Jakie to są liczby?

– Pamiętam, jak odwiedziłem szpital psychiatryczny w Łodzi. Doszedłem do wniosku, że trzeba rozwiązać ten problem. Została wydana dyspozycja, by pięciuset pięćdziesięciu chorych psychicznie i upośledzonych zostało zlikwidowanych.

– Zabitych! Niech pan się nie kryguje.

– Tak. Większość stanowiły małe dzieci.

– Patrząc z perspektywy na niemieckie obozy koncentracyjne, co ma pan sobie do zarzucenia?

– Każdy, kto choć trochę zagłębi się w historię, będzie wiedział, że obozy w Trzeciej Rzeszy nie były czymś nowym w skali światowej. Już dużo wcześniej przed nami ktoś wpadł na taki pomysł. *Campos de concentración* hiszpańskie władze prowadziły pod koniec XIX wieku! Brytyjczycy do świętych też nie należeli. W czasie wojen burskich w ich *concentration camps* przebywały kobiety i dzieci. Jedna czwarta więźniów zmarła z głodu i chorób. Historycy mówią nawet o dwudziestu siedmiu tysiącach.

– Dwadzieścia siedem tysięcy w zestawieniu z kilkoma milionami robi znaczną różnicę.

– Wszystko zależy od skali, na której się działa. Każde poważne państwo miało swój obóz koncentracyjny, przypuszczam, że Amerykanie również.

– Krążą plotki, że również Rosjanie mają swoje obozy.

– Takie oczywistości sobie darujmy. Istnienie rosyjskich łagrów słynących z ogromnego okrucieństwa jest dla mnie niezaprzeczalne.

To tylko pokazuje, że jeżeli podjęliśmy decyzję o przejęciu przywództwa nad światem, to nie możemy się cofać przed wykorzystaniem środków, które w swoich zasobach ma nasz największy wróg. Patrzmy z szerszej perspektywy. Hiszpania, Włochy, Chorwacja – tam również istniały obozy.

– Czy to pan jako pierwszy wprowadził w Niemczech obozy?

– W żadnym wypadku. Nim rozpoczęła się pierwsza wojna światowa, około 1904 roku na niemieckich terenach stały już obozy koncentracyjne. Dokładniej – chodzi o kolonie Niemieckiej Afryki Południowo-Zachodniej. Jednym z organizatorów tych obozów był podobno ojciec mojego zaufanego współpracownika, ministra lotnictwa Rzeszy Hermanna Göringa, doktor Heinrich Ernst Göring.

– Działały one na podobnych zasadach?

– W takich obozach nie da się uciec od ciężkiej pracy fizycznej. Braki żywności nie powinny nikogo zaskakiwać. Skutkowało to częstymi zgonami. Hermann wspominał mi kiedyś, że z osiemdziesięciu tysięcy członków plemienia zginęło sześćdziesiąt pięć tysięcy. To były podobno słowa jego ojca.

– Dlaczego poza Żydami „rozwiązywał" pan również inne kwestie rasowe?

– Murzyni, katolicy, świadkowie Jehowy, Słowianie, socjaldemokraci, homoseksualiści, komuniści, wszystkich trzeba było zlikwidować. Cyganów należało sterylizować – najlepiej za pomocą intensywnego naświetlania jajników i jąder promieniami rentgenowskimi, by nie plamili honoru niemieckich kobiet. Moi ludzie zgładzili około ćwierć miliona przedstawicieli tej rasy. Piętnaście tysięcy homoseksualistów wysłałem do obozów koncentracyjnych. Kolejne pięćdziesiąt tysięcy z powodu swojej orientacji usłyszało wyrok śmierci. Obiecaliśmy sprawne czyszczenie naszego społeczeństwa i konsekwentnie do tego dążyliśmy.

– **Ma pan dzisiaj wyrzuty sumienia?**

– Zacytuję samego siebie. Słowa z 1931 roku: Sumienie jest żydowskim wynalazkiem. Tak jak obrzezanie, jest jedną wielką skazą. Co więcej, uważam, że skoro jestem w stanie wysłać kwiat narodu niemieckiego w otchłań wojny, to bez wątpienia mam również prawo

DOSTĘP ŻYDÓW DO WOLNYCH ZAWODÓW

Przez długi czas Żydom zabraniano zajmować się wolnymi zawodami. Pierwszym wolnym zawodem była medycyna. Kiedy tylko zezwolono Żydom ją praktykować, przedstawiciele niniejszej rasy masowo zaczęli uprawiać tę profesję.

Nierzadko niemiecka wrogość wobec Żydów brała się z powtarzanej informacji o tym, że nadreprezentują oni wszystkie specjalności, przez co blokują miejsca pracy prawdziwym Niemcom. Mowa tutaj była m.in. o wolnych zawodach, prasie, sztuce, handlu i bankowości. Jak się później okazało, był to mit.

Naziści starali się również podtrzymać fałszywe przekonanie o tym, że Żydzi zajmują najwyższe stanowiska w instytucjach państwowych. Adolf Hitler po dojściu do władzy oświadczył, że zajmowali oni 62 procent stanowisk rządowych, choć w rzeczywistości mowa była o 2 procentach. Co ciekawe, według spisu przeprowadzonego na początku lat trzydziestych, pochodzenia żydowskiego było 16 procent prawników, 10 procent lekarzy, 5 procent dziennikarzy i pisarzy, 4 procent księgowych, 3 procent nauczycieli akademickich, artystów i osób pracujących w sektorze rozrywkowym oraz 2 procent bankierów.

Źródło: K. Schleunes, *The Twisted Road to Auschwitz*, University of Illinois Press, Urbana 1970.

zlikwidować miliony reprezentantów niższych ras, mnożących się jak robactwo. Ponadto ich ostrzegałem. Dałem im wybór – albo wyjeżdżacie, albo zostaniecie zabici i odpowiedzialność za śmierć zostanie przerzucona bezpośrednio na was. Nie wszyscy mnie posłuchali, przez co musieli ponieść tego konsekwencje.

– Co by pan dzisiaj powiedział rodzinom, których członkowie ponieśli śmierć w obozach pracy?

– Powinni mi podziękować za to, że działałem zgodnie z prawami natury. Zawsze jest tak, że słabszy osobnik zostaje pożarty przez silniejszego. Jest pewna harmonia w biologii, z którą nie można dyskutować. Albo praca w fabryce: jeżeli nie nadążasz przy taśmie, zostajesz zastąpiony przez sprawniejszą jednostkę. Dlatego taki wódz jak ja nie mógł uciec przed decyzją o utworzeniu obozów. Do wyboru były dwa rozwiązania – albo zgadzamy się na utworzenie obozów, albo akceptujemy, że zrobi to nasz przeciwnik, a w obozach będziemy pracowali my, Niemcy, naród wybrany.

– Strasznie samolubna postawa.

Żydowski sklep splądrowany podczas tzw. nocy kryształowej 9/10 listopada 1938 roku. W całych Niemczech nastąpiły wówczas pogromy ludności żydowskiej, napaści na synagogi, sklepy i domy mieszkalne

– Tłumaczyłem to panu na przykładzie wyboru pomiędzy śmiercią pańskiej matki a milionową grupą. Sam pan przyznał, że jest pan samolubny. Dobry wódz nie może się cofać przed trudnymi decyzjami. Nawet jeśli musi ponieść straty liczone w ludzkich istnieniach. Należy je ponosić błyskawicznie, uwzględniając sumę zysków i strat. W tym równaniu to nie Żydzi, ale Niemcy okazali się ważniejsi. Nie było innej możliwości, by się przeciwstawić szerzonemu przez żydowskie społeczeństwo pasożytniczemu sposobowi myślenia. Zapewniam, że każdy inny naród będący na naszym miejscu zrobiłby to samo.

– Skąd ta pewność?

– Pewność siebie jest kolejną cechą charakteryzującą każdego dobrego przywódcę. (*Po raz pierwszy widzę, jak wygląda napuszony Hitler. Z daleka bije od niego duma, a właściwie to już pycha*). Bez niej nie sposób dobrze zarządzać państwem. Te obozy nie były pierwsze i zapewne nie będą ostatnie. Jestem przekonany, że jeśli nie w takiej formie, to w innej ludzie zostaną zaprzęgnięci do ciężkiej pracy. Co więcej, bogacze zrobią to w białych rękawiczkach, tak by nie wzbudzać niczyich podejrzeń. To tylko kwestia czasu. Zresztą, jak głosił napis w Auschwitz i Dachau, *Arbeit macht frei**.

– Szalenie przygnębiająca wizja.

– Dzisiaj na koniec coś panu powiem. Czy pan naprawdę wierzy, że wy, Żydzi, byliście tacy święci? Mówi panu coś nazwisko Feix?

– Nie…

– Robert Feix jest chemikiem narodowości żydowskiej. W 1943 roku został więźniem w obozie w Dachau. I co się okazało? Poszedł na współpracę z nami. Pomógł nam rozwiązać problem, z którym zmagali się lekarze na froncie, czyli tamowania krwotoków u rannych żołnierzy. Feix, badając wytwarzanie galaretek owocowych, przygotował lek na bazie pektyn tworzących żele, który pozwolił rozwiązać ten problem. Ba, nawet sporządził wersję w zastrzykach. Bodajże nazywał się stryptoral.

– Mógł zostać zmuszony do współpracy.

– Skoro nie chciał tego robić, zawsze mógł wybrać inne rozwiązanie – śmierć. Tego nikt mu nie zabraniał. Może stchórzył? Albo jak na pasożyta przystało, było mu tak wygodniej? To się nazywa konformizm, panie Bloch. Dość tego na dzisiaj. Do zobaczenia jutro, naturalnie o tej samej porze.

– Proszę jeszcze chwilę zaczekać! Jakie przesłanie powinniśmy odczytać z pana dzisiejszego wywodu na temat niegermańskich ras?

– Prawda jest bardzo przejrzysta. Gdy międzynarodowa żydowska finansjera na całym świecie zdoła pogrążyć nasz naród w ogromnej wojnie światowej, nasza germańska rasa zostanie zniszczona. Albo my, albo oni. Jedni zniszczą drugich. Dlatego w obozach panowała zasada – człowiek jest numerem bez wartości. Koniec na dzisiaj.

– Ostatnie pytanie! Świat wiedział o Zagładzie?

– Oczywiście. Podobno brytyjskie radio już w czerwcu 1942 roku wyemitowało dwie audycje na ten temat.

---

* *Arbeit macht frei* (niem.) – praca czyni wolnym.

OBOWIĄZKOWE CIĄŻE Z SS-MANAMI

Status „tajny" miał program rozpłodowy „Lebensborn", co można tłumaczyć jako „źródło życia". Oficjalnie był to program pomocy dla samotnych matek. W praktyce natomiast chodziło o to, by SS-manom dostarczać odpowiedni „materiał", z którym mogliby płodzić dzieci. Wszystko po to, by „hodować nordycką rasę nadludzi". Do ośrodków „Lebensborn" mogły się zgłaszać również ciężarne kobiety z prośbą o pomoc. Tak robiło wiele kobiet.

– Proszę nie owijać w bawełnę, nie o tej tematyce, a konkretnie o holocauście.

– No przecież mówię... Właśnie tak to z tymi państewkami jest (*mówi wyraźnie zniecierpliwiony*). Jak z krową – dużo muczy, a mało daje mleka. Wiedzieli o naszych obozach, ale nic z tym nie robili. Wystarczyło zbombardować tory kolejowe, po których wożono ludzi do likwidacji. Ale po co, skoro nic by z tego nie mieli? I proszę na koniec zapamiętać jedno. Z Żydami nie ma paktowania. Jest twarde albo-albo!

– Dlatego pierwszego kwietnia 1933 roku wezwał pan do planowego przeprowadzenia bojkotu żydowskich sklepów, towarów, lekarzy i adwokatów.

– Nasze hasło brzmiało – a jakże! – „Żaden dobry Niemiec nie kupuje u Żyda". Zarządziłem, by komitety zajmujące się akcją organizowały bojkot nawet w najmniejszej wsi. Pogoniliśmy z kraju setki urzędników, wykładowców wyższych uczelni, naukowców i żydowskich artystów. Kilka miesięcy później uchwaliliśmy ustawę, która sprawiła, że żaden Żyd nie mógł być obywatelem niemieckim, nie mówiąc już o zawieraniu związków małżeńskich z Niemkami.

– Dlaczego Żyd nie mógł być z Aryjką?

– Wyjaśnię to na przykładzie zwierząt, które łączą się w pary tylko z osobnikami z tego samego gatunku. Bociany z bocianami, mrówki z mrówkami, a myszy domowe z myszami domowymi. Niemożliwe jest, by Aryjczyk łączył się z inną rasą, czyli z Żydem.

– Jak chciał się pan ich pozbyć?

– Myślałem o wysłaniu około trzystu tysięcy na Madagaskar. Wysoka temperatura osłabiłaby ich odporność i przyspieszyła oczekiwany efekt. Dwunastego lipca 1940 roku wydałem nawet rozkaz rozpoczęcia realizacji planu: wezwałem Francuzów do oddania wyspy. Niestety, Brytole pokrzyżowali moje plany i rok później musiałem porzucić ten pomysł. Panie doktorze, będziemy zmierzać ku końcowi. Jako podsumowanie proszę zapamiętać, że ziemia należy się temu, kto ją sobie weźmie.

– Bo…?

– To puchar przechodni. Zawsze odbiera się ją narodom, które słabną. W praktyce prawo do ziemi wiąże się jedynie z siłą.

– Dlaczego my, Żydzi, musieliśmy stać się kozłami ofiarnymi?

– Gdyby was nie było, musielibyśmy was wymyślić. Posiadanie namacalnego wroga jest niezbędne. W końcu po każdej katastrofie znajduje się kozła ofiarnego. Już w starożytnym Izraelu społeczność wybierała kozła, na którego symbolicznie przerzucano ludzkie grzechy, a następnie wypędzano na pustynię. Ten rytuał oczyszczania społeczności stworzył pojęcie kozła ofiarnego, mimo że nie zawsze chodziło o wykorzystywanie tego zwierzęcia.

– To tylko jeden przypadek.

– Bzdura! W judaizmie zabijano zwierzę albo dziecko, byle przebłagać Boga za popełnione grzechy. Ta ofiara miała oczyszczać człowieka albo całe społeczeństwo. A przykład Grecji? Tam też dokonywano ofiar, które miały zapobiec nieszczęściu.

– Żeby być obiektywnym, powinien pan dodać, że zawsze byliśmy w Europie kozłami ofiarnymi. Nawet w dziewiątym wieku po zdobyciu przez normańskich piratów Bordeaux byliśmy winowajcami. Maurowie zdobyli Barcelonę – znowu przez nas. Dlaczego w czternastym wieku panowała śmiertelna dżuma? Przez Żydów, którzy odrzucili Chrystusa! Powinien pan to dodać!

– No więc dodaję.

– Nie mam sił na dalszą rozmowę.

– I bardzo dobrze. Koniec na dziś.

– Żydowska fobia!

– Od dłuższego czasu mam problem. Uświadomiłem sobie, że zawsze, kiedy kogoś spotykam, od razu zastanawiam się, czy jest Żydem. Dziwne uczucie.

NIEMIECKIE OBOZY ZAGŁADY I OBOZY PRACY – STATYSTYKI

Nazwa	Położenie	Lata funkcjonowania	Liczba ofiar	Komentarz
Auschwitz-Birkenau	k. Oświęcimia	V 1940– I 1945	0,4–1,0 mln	Największy obóz zagłady Żydów i Cyganów z całej Europy. Mieścił się tutaj również obóz koncentracyjny. W ciągu doby potrafiono zagazować i spalić ok. 9 tys. osób.
Treblinka	k. Węgrowa	XI 1941– XI 1943	700–800 tys.	W pobliżu mieścił się niewielki obóz pracy (10 tys. więźniów). Miejsce zagłady Żydów.
Bełżec	k. Tomaszowa Lubelskiego	III 1942–VI 1943	500–600 tys.	Żydzi z Niemiec, Austrii, Polski i innych krajów.
Chełmno (Kulmhof)	Nad Nerem, k. Uniejowa	IX 1939–I 1945	150–300 tys.	Przede wszystkim Żydzi z Węgier i Polski. Był to pierwszy obóz zagłady na ziemiach polskich.
Sobibór	k. Włodawy	V 1942–XI 1943	150–250 tys.	Zlikwidowano go po buncie i ucieczce kilkuset więźniów.
Majdanek	k. Lublina	V 1942–VII 1944	50–200 tys.	Od 1941 roku więziono tutaj jeńców radzieckich. Rok później przekształcono go w obóz zgłady Żydów.
Dachau	Bawaria	III 1933–IV 1945	70 tys. (inne źródła mówią o 150 tys.)	Najstarszy obóz w Niemczech. Na początku więziono tutaj niemieckich przeciwników politycznych. Później – więźniów z całej Europy.
Sachsenhausen	k. Oranienburga	IX 1936–IV 1945	10 tys.	Był to jeden z pierwszych obozów, w których przeprowadzano „medyczne" eksperymenty na ludziach.

Źródło: *Tablice historyczne,* op. cit., s.153.

– Co dopiero mają powiedzieć o swoich uczuciach więźniowie obozów pracy.

– Dość! (*wahanie*). Zmieniłem zdanie. W ramach rekompensaty opowiem panu na koniec pewną historię. Nie powinienem tego robić. Od dawna szczyciłem się tym, że jestem w stanie precyzyjnie rozpoznać Żyda. Zdawało mi się, że mam rację. Do czasu... Raz zaliczyłem wpadkę. W gazetach publikowano moje zdjęcie z małą dziewczynką, by pokazać, że kocham dzieci. Po jakimś czasie okazało się, że ta dziewczynka miała częściowo żydowskie pochodzenie... Dopiero teraz może pan wyjść. I proszę nic nie mówić, chcę już odpocząć od naszej rozmowy.

Księga życia. Mein Kampf

• nazistowska biblia • liczebność występowania słowa „Żyd" w „Mein Kampf" • dochody z „Mein Kampf" • pobyt w więzieniu • loty samolotem a Lufthansa • kulisy przygotowywania przemówień

„Na początku lat trzydziestych w Berlinie było zarejestrowanych sto dwadzieścia klubów gejowskich. Do tego w stolicy Niemiec pracowało blisko dwadzieścia tysięcy nauczycieli wschodnich technik medytacji, mistrzów jogi, zielarzy, akupunkturzystów, wróżących z rąk i z kart tarota i parapsychologów wyjaśniających teorię chaosu"[15].

„Wierzę, że dziś działam po myśli Wszechmocnego Stwórcy. Broniąc przed Żydami, walczę o dzieło Pana".

Adolf Hitler, *Mein Kampf*, tłumaczenie Ch. M.

– Cholerny Parkinson! Znowu się odzywa! Nieważne... Mam ochotę porozmawiać dziś o moim dziele. Pamiętam wszystko dość dobrze, choć to było ponad dwadzieścia lat temu. Pucz monachijski, więzienia itd.... Prawdą jest, że wykorzystałem pobyt w więzieniu, by spisać swoje poglądy w książce.

---

[15] P. Słowiński, D. Uhl-Herkoperec, *Erik Jan Hanussen. Jasnowidz Hitlera*, Videograf, 2014, s. 235.

– Zrobiłby pan to raz jeszcze?

– Hmm... To był mój publiczny manifest. Napisałem w nim wszystko, co było zapowiedzią moich późniejszych działań. Nikogo nie oszukiwałem, czarno na białym wypisałem, co chcę zrobić, nie krygując się niepotrzebnie.

– Pytam o to, bo podobno kilka lat temu powiedział pan: „Gdybym w 1924 roku wiedział, że kiedyś będę kanclerzem, nie napisałbym *Mein Kampf*"[16].

– (*Cisza*). Poproszę następne pytanie.

– Ani słowa komentarza?

– W mojej biblii zawarłem całą strategię. Więcej na ten temat nie będę się wypowiadał.

– Czyli, jeśli dobrze rozumiem, nazwałby pan *Mein Kampf* nazistowską biblią?

– Nie muszę, bo tak właśnie ją nazywano. Nic w tym dziwnego. Zostałem wybrańcem narodu, który musiał precyzyjnie wskazać drogę obywatelom. W końcu to nie przypadek, że *Mein Kampf* stała się jedną z najlepiej sprzedających się książek politycznych na świecie. Wie pan, ile egzemplarzy się rozeszło?

– Nie mam pojęcia...

– I tu pana punktuję, kolejny już raz jest pan nieprzygotowany! Gdyby się pan postarał, to by pan wiedział, że rozprowadzono ponad dwanaście milionów egzemplarzy. Nikomu nie kazałem kupować tej książki, w księgarniach była ona dostępna bodajże od 1925 roku. Niemcy sami chcieli ją czytać, by dowiedzieć się, co ich wódz ma do powiedzenia.

– Panie kanclerzu. Chcemy poznać prawdę, dlatego musimy powiedzieć, że nie tylko była sprzedawana: ofiarowywano ją nowożeńcom, powstała nawet edycja dla niewidomych, a i dzieci miały swoją komiksową wersję.

– No i co z tego?! Pan jest nieodpowiedzialny! (*Uderza pięścią w stół*). Niech pan się zastanowi. W latach trzydziestych moje dzieło zostało przetłumaczone na dwadzieścia języków i była to najlepiej

---

[16] Bliski współpracownik Adolfa Hitlera, Hans Frank, zanotował to zdanie w swoim dzienniku. Według niego przywódca nazistowskich Niemiec wypowiedział je w 1938 roku.

Okładka pierwszego wydania „Mein Kampf" Hitlera z 1925 roku

sprzedająca się książka na całym świecie! Czy pan jest poważny?! Czy pan myśli, że nawet angażując wszystkie narzędzia władzy, mógłbym zmusić cały świat do czytania *Mein Kampf*? Nikt ludziom tego nie kazał, sami chcieli[17].

– Może ją kupowali, ale już nie zagłębiali się w jej treść?

– Naprawdę wyprowadzi mnie pan z równowagi. I skończymy nie tylko z tą rozmową, ale i z panem! O co pan pytał? A, już wiem! Nawet jeśli ktoś jej nie czytał, to znaczy, że ją kupił ze względu na szacunek do mnie!

– Porozmawiajmy o samej treści książki. Napisał pan w *Mein Kampf*: „To najbardziej niezapomniany i wzniosły czas mojego ziemskiego istnienia". Skąd te wnioski, panie kanclerzu?

---

[17] Wciąż jest na nią popyt. Obecnie, zdaniem amerykańskiego magazynu „Cabinet", angielska wersja *Mein Kampf* w każdym roku sprzedaje się w 20 tys. egzemplarzy. Co więcej, według Anotine'a Vitkine'a, biografa *Mein Kampf*, książka Adolfa Hitlera wciąż święci triumfy w Rosji, Indonezji, Egipcie, Libanie. Podobno nawet w Indiach i Turcji cieszy się zainteresowaniem do tego stopnia, że w tym ostatnim kraju przez rok sprzedano 80 tys. egzemplarzy.

NARODZINY NAZISTOWSKIEJ BIBLII

Książka ukazała się w księgarniach 18 lipca 1925 roku, siedem miesięcy po tym, jak przyszły kanclerz Rzeszy opuścił więzienie w bawarskim Landsbergu. Początkowo wydrukowano 10 tys. egzemplarzy. Książka była dużego formatu, liczyła 400 stron, na obwolucie widniał czarno-biały portret Adolfa Hitlera i tytuł wypisany na czerwonym pasku. Rok później, w grudniu 1926 roku, Hitler opublikował drugi tom swoich rozważań. W przeciwieństwie do pierwszego, w którym skupił się na autobiografii i myśli politycznej, druga część dotyczyła przede wszystkim planów politycznych. Ostatecznie w 1930 roku oba tomy połączono w jeden, który wyglądem przypominał Biblię. Tym sposobem dwutomową książkę Hitlera zaczęto nazywać „nazistowską biblią". W Mein Kampf Adolf Hitler otwarcie pisał o swoich politycznych planach i ambicjach. Przekonywał, że państwo niemieckie albo będzie potęgą światową, albo nie będzie go wcale. Twierdził, że winni wszystkich problemów są przede wszystkim Żydzi, którzy sprowadzili „Murzynów" nad Ren, by ci zniszczyli białą rasę. W Mein Kampf Hitler również otwarcie pisał na temat demokracji. Bez ogródek krytykował tę formę ustroju – był zdania, że celem demokracji jest zebranie tłumu, którym łatwo można manipulować. Co ciekawe, Hitler odkrył także karty dotyczące polityki zagranicznej. To wszystko sprawiło, że przywódca Trzeciej Rzeszy w późniejszych latach, zdaniem wielu historyków, żałował, że napisał tę książkę. Miał świadomość, że publikacją tą odkrył swoje plany, choć jak pokazała historia, wielu nie traktowało ich serio. Obawiał się on również, że Niemcy zauważą w niej nadmierne wychwalanie wojny, obietnice „strasznej walki" i „łez wojennych". W efekcie, na wyraźne życzenie Hitlera, tłumaczenia książki zostały pozbawione fragmentów dotyczących polityki zagranicznej.

Zdaniem historyków, łącznie rozprowadzono nawet 12 mln egzemplarzy książki. Według wydawcy Hitlera, mogła ona przynieść kanclerzowi nawet 15 mln marek zysku, czyli dziesiątki milionów dzisiejszych euro. To właśnie za profity ze sprzedaży *Mein Kampf* w 1927 roku kupił Berghof, który był jego główną kwaterą. Warto w tym miejscu przypomnieć, że na początku Adolf Hitler otrzymywał 10 procent od każdego egzemplarza, a w 1933 roku liczba ta wzrosła do 15 procent.

Źródło: A. Vitkine, *Mein Kampf. Historie d'un livre*, Flammarion 2009, s. 22.

– Powiem to panu raz i nie będę powtarzał. Nim udałem się na wojnę, byłem malarzem…

– …który nie wiedział, co ze sobą począć?

– Wypraszam sobie takie stwierdzenia! Chyba że nie chce pan skończyć tej książki?

(Hitler podnosi się z krzesła i gwałtownie wychodzi z pokoju. Panuje kompletna cisza. Słyszę dźwięk przesuwanych wskazówek zegara. Mijają minuty, a ja czuję, jakby upłynęła wieczność. Po kwadransie Hitler wraca. Nie zwracając na mnie uwagi, siada na krześle i jak gdyby nigdy nic wraca do rozmowy).

– Owszem, moje plany na przyszłość nie do końca były sprecyzowane, ale nie dokonywałbym aż tak radykalnych osądów mojej osoby. Wracając do pańskiego pytania. Pierwsza wojna światowa była dla mnie zupełnie nowym doświadczeniem. Poczułem wtedy, jak smakuje nacjonalizm, i byłem przekonany, że dobry obywatel to taki, który jest zażartym obrońcą swojego narodu.

– Nie każdy wie, że w grudniu 1926 roku został opublikowany drugi tom *Mein Kampf*.

– Owszem. Chciałem ujawnić swą koncepcję wymarzonego państwa narodowosocjalistycznego, opisać, jak powinna wyglądać polityka zagraniczna. Nic nie ukrywałem, pokazałem wszystko jak na dłoni. Musiałem, bo nasze półinteligentne klasy czytają prasę inteligencką: „Frankfurter Zeitung" i „Berliner Tageblatt", do której piszą Żydzi. Prasa ta wywiera wpływ na czytelników i wlewa truciznę do ich serc. Coś okropnego.

– Jak wyglądał sam proces pisania?

– Będąc w więzieniu, mogłem się skupić na procesie twórczym. Całymi dniami i nocami powstawało moje przesłanie do narodu. Czasem sam pisałem na maszynie, innym razem robili to za mnie moi współpracownicy – Emil Maurice i Rudolf Hess. Wie pan... Tak naprawdę po latach nieprzerwanej pracy nareszcie miałem okazję zrobić to, do czego namawiało mnie wielu, ale brakowało mi na to czasu,

> Wiem, że ludzi łatwiej można pozyskać słowem mówionym niż pisanym i że każdy wielki ruch na tej ziemi rośnie w siłę dzięki mówcom, a nie wielkim pisarzom.
>
> Jednakże w celu stworzenia podstaw jakiejś doktryny i jej ujednolicenia wewnętrzne zasady muszą zostać spisane. Może więc ta książka stanie się kamieniem węgielnym naszego ruchu, do którego i ja wniosę swój wkład.
>
> Adolf Hitler, *Mein Kampf*
> (polskie tłumaczenie: I. Puchalska , P. Marszałek).

> „Jest to człowiek klarownego charakteru i rzadkiej przyzwoitości, pełen głębokiej dobroci serca, religijny, dobry katolik. Ma tylko jeden cel: dobro swojego kraju".
>
> Rudolf Hess o Adolfie Hitlerze, maj 1921 roku.

mimo iż czułem, że jest to niezbędne dla narodu niemieckiego. Ale zaraz, zaraz. My tak o tym rozmawiamy, a czy pan przeczytał to dzieło?

(Mój rozmówca jest wściekły. Ociężale wstaje z krzesła i nieco skulony chodzi po pokoju, powtarzając pytanie: Czy pan przeczytał?)

– Właściwie to tylko fragmenty...

– W takim razie nasze dzisiejsze spotkanie uznaję za zakończone. Wróci pan do mnie, kiedy przeczyta moją książkę w całości. Daję panu na to aż dwadzieścia cztery godziny. Do zobaczenia jutro o tej porze!

Do pokoju wchodzi dwóch esesmanów. Bez słowa biorą mnie pod ręce i wyprowadzają z gabinetu przywódcy Trzeciej Rzeszy. Z tego wszystkiego nie potrafię wydusić żadnego słowa. Dopiero po wyjściu z bunkra biorę kilka głębokich wdechów i powoli dochodzę do siebie. W moim skromnym pokoju zabieram się za lekturę nazistowskiej biblii, by następnego dnia o wyznaczonej godzinie stawić się u kanclerza.

– **Czy możemy wrócić do rozmowy?**

– Proszę kontynuować.

– Wczoraj rozmawialiśmy o tym, jak powstała książka *Mein Kampf*. Mówił pan, że pomagali ją spisywać współpracownicy.

– Pamiętam, co mówiłem! To było tak... Każdego ranka spotykaliśmy się w jadalni. Szczegóły wyglądu samego pomieszczenia pomińmy, w końcu są ważniejsze rzeczy do opowiedzenia! No i gdy się spotykaliśmy, czytałem moim współtowarzyszom to, co napisałem poprzedniego dnia. Na ten temat toczyliśmy dyskusje, często aż do obiadu, a nawet do kolacji. A tak przy okazji... Muszę sprawdzić, czy dokładnie przeczytał pan moją książkę. Ile razy pojawia się w niej słowo „Żyd"?

– Eeee... Zdecydowanie mniej niż Niemcy, naród, wojna czy marksizm.

Okładka edycji „Mein Kampf" z lat 30.

– Konkretnie! Ile?

– 380?

– 373 razy! Ma pan szczęście. Następne pytanie proszę.

– Chciałbym porozmawiać właśnie o Żydach.

– Znowu?! Przez nich przegraliśmy wojnę! Po drugie, to oni sprowadzili czarnoskórych nad Ren tylko po to, by wymieszać białą rasę i spowodować upadek wysokiej cywilizacji. A później zostać panami. I wie pan co, do ostatniego tchu będę się temu sprzeciwiał. Najbardziej od Aryjczyka różni się Żyd. Jego intelekt jest na takim samym poziomie jak u innych ras, ale to tylko pozory! Żydzi nie mają najważniejszej cechy cywilizowanych narodów – nie są idealistami.

Kto nie jest idealistą, ten należy do niższej rasy?

– Owszem. To Żydzi stoją za międzynarodowym spiskiem, aby zawładnąć światem! Myśli pan, że skąd się wziął międzynarodowy kryzys ekonomiczny w 1929 roku, czarny czwartek czy tam czarny piątek?

– Czarny czwartek.

– No właśnie. Oni nie poprzestaną na podboju ekonomicznym, oni chcą również zdobyć władzę nad światem. I tak naprawdę dopiero wtedy, kiedy moja książka *Mein Kampf* będzie przy łóżku każdego członka narodu, będziemy mogli uznać, że żydowskie zagrożenie zostało zażegnane.

– Dotarłem do informacji, z których wynika, że w 1925 roku sprzedano dziewięć tysięcy czterysta siedemdziesiąt trzy egzemplarze *Mein Kampf*.

– Tak i zaraz był dodruk!

– Książkę kupowali wówczas członkowie partii? Właściwie to nie pytanie, ale raczej stwierdzenie, panie kanclerzu.

– Owszem, byli to przede wszystkim działacze partyjni, członkowie partii, ale także ruchu völkisch, tylko z tego nic nie wynika. Zwracam uwagę, że cztery lata później, w trakcie kryzysu ekonomicznego, sprzedano kolejne tysiące. Niech pan poczeka, zaraz sprawdzę, ile dokładnie. (*Wstaje zza biurka i podchodzi do brązowej, solidnie wykonanej szafy. Widzę, jak wyciąga z niej granatową teczkę z napisem „MK" i wraca*). Znów pamięć mnie nie zawiodła. Dobrze pamiętałem, że w 1929 roku pierwszy tom sprzedał się w nakładzie dwudziestu trzech tysięcy, a drugi w trzynastu tysiącach. Rok później sprzedaż jeszcze wzrosła. W 1930 roku sprzedano pięćdziesiąt cztery tysiące. Mogłem się założyć, jak często to czyniłem.

– Mogę zerknąć na te dane?

– A co, nie wierzy mi pan?

– Nie, nie. Nie o to chodzi. Z daleka widzę, że ma pan porządek w tych danych, dlatego chciałem rzucić na nie okiem.

– Niech będzie. (*Patrząc mi prosto w oczy, wręcza teczkę*). Niech pan tylko niczego nie zniszczy!

– Dziękuję. Z tych danych wynika, że pod koniec 1932 roku sprzedaż osiągnęła dwieście trzydzieści tysięcy egzemplarzy, rok później swój egzemplarz *Mein Kampf* miało milion trzysta tysięcy Niemców?!

– Dlaczego to pana dziwi? Napisałem wielką księgę narodu, którą chciał w swojej biblioteczce mieć każdy porządny obywatel. To nie przypadek, że książka formatem przypomina Biblię. W końcu ma podobne znaczenie dla szanującego się obywatela Niemiec.

– Pańscy przeciwnicy rozpuszczali plotki, że zrobił pan to nie tyle dla idei, ile dla pieniędzy.

PRZYSZŁY WSPÓŁPRACOWNIK O ADOLFIE HITLERZE

„Płonął nieznanym mi ogniem [...]. Byłem później dwa czy trzy razy na jego zebraniach [...]. Ten człowiek krzyczał, nigdy nie widziałem, żeby ktoś zachowywał się w taki sposób! Ale wszyscy mówili: »Szczerze gada, nie udaje!«. Pot spływał po nim strumieniami, był zupełnie mokry, to było niewiarygodne".

Max Amann, późniejszy, współpracownik Adolfa Hitlera, z którym został osadzony w twierdzy w Landsbergu.
Źródło: V. Ullrich, *Hitler. Narodziny zła 1889–1939*, op. cit.

– To banda nieudaczników, niczego nie potrafią zrobić poza nic niewartą krytyką. Żaden z tych imbecyli nie powie tego pod swoim nazwiskiem, uprawiają politykę anonimowych podjudzaczy.

– Dużo pan zarobił na *Mein Kampf*?

– Pytanie jak na prawdziwego Żyda przystało. Sporo. W końcu książka była przez długie miesiące bardzo popularna. Wszyscy chcieli wiedzieć, co myśleć, chcieli też poznać moją wizję państwa niemieckiego. Prawdą jest, że to dzieło przyniosło mi niemałą fortunę. Najpierw dostawałem dziesięć procent od każdej sprzedanej książki, później, bodajże po 1933 roku, już piętnaście procent. To dzięki tym pieniądzom w 1927 roku kupiłem Berghof, to jest moją kwaterę główną, o której chętnie opowiem innym razem.

– Może trzeba było te zyski przekazać na jakiś szczytny cel?

– A z czego bym wtedy żył? Miałem wizję, której realizacja wymagała nakładów finansowych. Nie mogłem sobie pozwolić na rezygnację z zysków. Nawet tak wybitna jednostka jak ja musiała mieć jakieś źródło utrzymania. Przecież nikomu nie ukradłem tych pieniędzy, a ludzie kupowali książkę z własnej woli, bez przymusu.

– Albo ją dostawali.

– Nie widzę w tym nic złego. I nie traktuję tego jako zarzut. Moje dzieło było zachwalane w wielu miejscach. W kinach Niemcy mogli zobaczyć film pokazujący, jak chłoną tę książkę wszystkie pokolenia i grupy zawodowe naszej rasy – robotnicy, inteligencja, chłopi, dzieci i dorośli.

– Pamiętam ten film. Kończył się on mniej więcej takimi słowami: „*Mein Kampf* jest kamieniem węgielnym niemieckiej budowli, na wieczność księgą życia narodu niemieckiego".

– Były też plakaty, a nawet dwu- i trzymetrowe tablice prezentujące moją książkę.

– W 1936 roku Ministerstwa Spraw Wewnętrznych oficjalnie oświadczyło, że każda młoda para powinna otrzymywać egzemplarz pańskiej książki. Mam tutaj nawet jeden z nich. Przeczytam panu dedykację: „Młodej parze, z życzeniami szczęścia z rąk urzędu stanu cywilnego w Berlinie". O, a tutaj jeszcze ma pan zdjęcie nowożeńców: świeżo upieczony mąż trzyma pańską książkę. Słyszałem, że takich egzemplarzy rozdano od ośmiuset tysięcy do nawet czterech milionów. Różne źródła podają różne liczby.

– Wszystko to się zgadza, ale nie powiedział pan najważniejszego. Urzędy cywilne nie musiały wcale się na to godzić. Jeżeli urzędu miejskiego nie było stać na takie prezenty, nie musiał tego robić. Podam panu konkretny przypadek, który zdarzył się w Lipsku. Nawiasem mówiąc, piękna okolica. Przez kilka lat zarządzał nim Carl Friedrich Goerdeler. Pewnie pan kojarzy to nazwisko. To ten sam, który dwudziestego lipca 1944 był współodpowiedzialny za operację „Walkiria", czyli nieudany zamach na moją osobę. I właśnie ten Lipsk, zarządzany przez Goerdelera odmówił zakupu *Mein Kampf*, tłumacząc się brakiem odpowiednich finansów.

– Które zdanie z *Mein Kampf* uważa pan za najważniejsze?

– Cała książka jest ważna. Trudno wybrać jedno.

– To gdyby pan musiał ją streścić w jednym zdaniu, jak by ono brzmiało?

– Niemiec jest bytem wyższym, który musi kiedyś zostać panem Ziemi. Poza tym *Mein Kampf* zadedykowałem szesnastu poległym

MEIN KAMPF DZISIAJ

Książka, mimo upływu lat, wciąż cieszy się zainteresowaniem w wielu krajach na świecie. Jeżeli chodzi o Polskę, nie znajdziemy jej w księgarniach, dostępna jest poza oficjalnym obiegiem. Na aukcjach internetowych pojawia się niemieckojęzyczne oryginalne wydanie, które kosztuje nawet 1500 zł. W języku polskim krąży w internecie jej skrócona wersja, licząca około 100 stron. Autorskie prawa majątkowe do *Mein Kampf* wciąż należą do rządu landu Bawaria, który walczy z rozpowszechnianiem tytułu. Jednak wkrótce może się to zmienić, ponieważ 1 stycznia 2016 roku prawa do książki wygasły. W praktyce oznacza to, że każdy będzie mógł ją wydać i rozpowszechniać. Naturalnie, z uwzględnieniem przepisów dotyczących nazizmu.

koło Feldherrnhalle w czasie puczu monachijskiego. W końcu śmierć tych szesnastu męczenników wyznacza narodziny Trzeciej Rzeszy. Była to pierwsza próba przejęcia przeze mnie władzy.

– Co jeszcze zajmowało pana w celi?

– Dużo czytałem... Tak, zdecydowanie dużo. Należę do osób, które nie potrzebują wiele snu. Czytałem w każdej wolnej chwili. Właściwie to na każdy możliwy temat. Szczególnie poświęcałem uwagę książkom o tematyce medycznej i biologicznej, gdyż te dziedziny bardzo mnie interesują. Nie unikałem również historii i sztuki, tu czułem się zawsze ekspertem. Większość informacji zachowywałem w pamięci dzięki wyśmienitej formie umysłu. (*Hitler gładzi się po wąsiku*). Tak, pamięć to miałem bardzo dobrą i wciąż taką mam.

– Skazano pana na pięcioletni pobyt w więzieniu, ale wyszedł pan o wiele wcześniej, dwudziestego grudnia 1924 roku. Dlaczego?

– Sąd wreszcie dostrzegł, że zostałem niesłusznie skazany. Dobre sprawowanie i odzyskanie wzroku przez władzę sądowniczą złożyło się na to wcześniejsze wyjście. Wreszcie zauważono moje szlachetne przesłanki i patriotycznego ducha. Przed sądem przyznałem, że sam ponoszę odpowiedzialność. Mówiłem: „Nie znaczy to jednak wcale, że jestem zbrodniarzem. Stojąc tutaj jako rewolucjonista, stoję jako rewolucjonista przeciwko rewolucji. Jest rzeczą wykluczoną, abym dopuścił się zdrady stanu. Nie może być mowy o zdradzie stanu w przypadku działania, które skierowane jest przeciwko zdradzie kraju z 1918 roku. Możecie po tysiąckroć obwołać nas winnymi, ale bogini wiecznego sądu i sprawiedliwości z uśmiechem podrze na strzępy wniosek pana prokuratora i wyrok Wysokiego Sądu, albowiem ona nas uniewinni".

– Jak zapamiętał pan dzień opuszczenia więzienia?

– Po moim wyjściu na wolność czekał na mnie mój fotograf Heinrich Hoffmann[18]. Zrobiliśmy kilka pamiątkowych zdjęć obok samochodu. Proszę spojrzeć, oto one.

[18] Bardzo ważna postać w życiu Adolfa Hitlera. To właśnie Heinrich Hoffmann nawiązał kontakt z doktorem Theodorem Morellem, który później został osobistym lekarzem Hitlera. Co ważniejsze, to Hoffmann poznał przyszłego kanclerza Rzeszy ze swoją pracownicą, która została jego żoną.

– Te zdjęcia mają ogromną wartość historyczną.

– Zgadza się. Dlatego trzymam je w bezpiecznym miejscu. W pancernej szafie, której nikt poza mną nie otworzy. Wróćmy jednak do smaku wolności.

– Wyszedł pan z więzienia. I co dalej?

– Zapytałem Hoffmanna, gdzie mógłbym otworzyć biuro. Powiedział, że przy Schellingstrasse pięćdziesiąt jest do wynajęcia trzynaście pokoi. Wziąłem dwanaście ze względu na pechową trzynastkę. W moim monachijskim mieszkaniu zastałem mnóstwo kwiatów. Czekał na mnie także stos gratulacji. Wkrótce spotkałem się z premierem bawarskiego rządu Heinrichem Heldem. Bodajże czwartego stycznia 1925 roku.

– W jakim celu?

– Chciałem powiedzieć, że jestem lojalny wobec władz, i zgłosić gotowość do walki z marksistami. Przyznałem też, że pucz monachijski był błędem.

– Niedawno wspominał pan, że nie żałuje tego zamachu.

– W tamtym momencie musiałem wygłosić takie oświadczenie. Dzięki temu uzyskałem zamierzony efekt. W lutym NSDAP ponownie otrzymała status partii legalnej, a ja kupiłem sobie mercedesa za dwadzieścia tysięcy marek.

– Partia została zalegalizowana, a pan wciąż nie miał niemieckiego obywatelstwa.

– Do czasu. W kwietniu 1925 roku przygotowałem pismo do rodzimych władz w Linzu, w którym zrzekłem się austriackiego obywatelstwa. Zaraz potem prosiłem o zgodę na otrzymanie niemieckiego obywatelstwa. Przekonywałem, że na terenie Niemiec mieszkam od 1912 roku, a do tego służyłem w niemieckiej armii. Zrzekłem się obywatelstwa, ale nic to nie dało.

– Z powodu braku niemieckiego obywatelstwa nie miał pan chyba prawa wyborczego?

– Owszem. Przez siedem lat byłem bezpaństwowcem, ponieważ obywatelstwo otrzymałem dopiero dwudziestego szóstego lutego 1932 roku. Ale to było nieistotne. Najważniejsza była walka o poparcie obywateli, a robiliśmy to na tyle skutecznie, że właściwie nieustannie nam ono rosło.

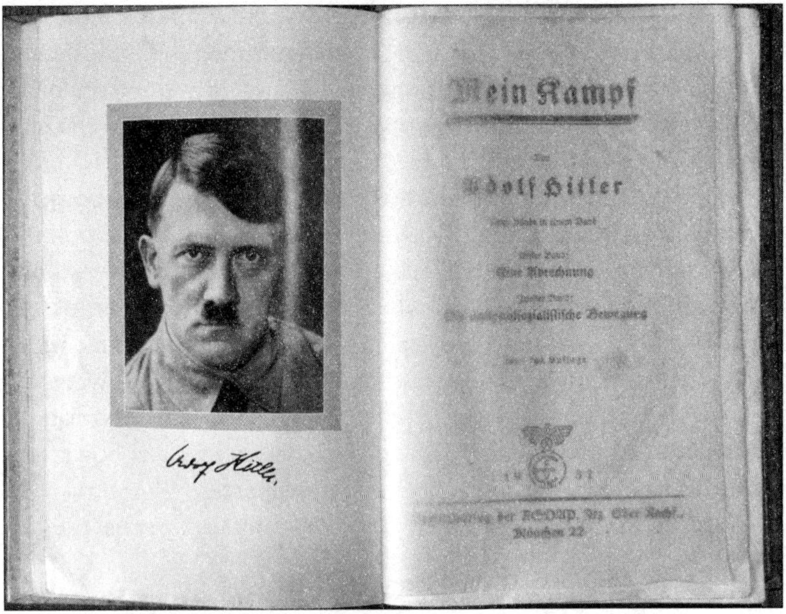

Strony tytułowe „Mein Kampf"

– Pomagała w tym propaganda.

– Nie była zakazana. Poza tym konkurencja również z niej korzystała. Na moje wyraźne polecenie w 1931 roku utworzono Biuro Prasowe NSDAP. Jego głównym zadaniem miała być efektywna promocja partii w nadchodzących wyborach, które miały się odbyć w 1932 roku. Używaliśmy do tego plakatów, ulotek i samochodów z głośnikami. Były też fanfary, werble, efekty dźwiękowe, transparenty i flagi. Nawiasem mówiąc, wie pan, kto zaprojektował symbole NSDAP, w tym flagę?

– Kto?

– Ja! Co więcej, pokusiłem się nawet o zmodyfikowanie projektu volkswagena. Ale wróćmy do tematu. Odbywałem też mnóstwo spotkań z wyborcami. W trakcie kampanii prezydenckiej w 1932 roku latałem na nie samolotem. Między innymi dzięki temu, że mogłem spotkać się z nimi wszystkimi, zdobyłem drugie miejsce. Erhard Milch, dyrektor Lufthansy, na czas kampanii oddał mi bezpłatnie – a może wynajął? sam już nie pamiętam! – samolot.

Oprócz tego Milch co miesiąc przekazywał tysiąc marek na konto marszałka Reichstagu Göringa za wspieranie interesów Lufthansy przez odpowiednie regulacje prawne. Później, gdy doszedłem do władzy, mianowałem Milcha pierwszym nazistowskim sekretarzem stanu do spraw lotnictwa[19].

– Podczas lotów też panowały szczególne zasady bezpieczeństwa?

– Naturalnie. Przed każdą moją podróżą pilot musiał wykonać obowiązkowy lot, trwający od dziesięciu do piętnastu minut, na określonych wysokościach. W tym czasie poza pilotem nikt nie mógł znajdować się na pokładzie, nawet załoga miała zakaz wstępu! Wszystko po to, by sprawdzić, czy nie ma ładunków wybuchowych aktywujących się na określonej wysokości. Takie obowiązywały i wciąż obowiązują wymagania bezpieczeństwa w żegludze powietrznej.

– Adolf Hitler, wybraniec Stwórcy, musiał przestrzegać takich błahych zaleceń?

– Nie musiałem, ale chciałem! Proszę sobie wyobrazić, że w czerwcu 1942 roku w czasie lotu z Wilczego Szańca do Finlandii, podczas lądowania awaria hamulca sprawiła, że koło samolotu zaczęło się palić i niewiele brakowało, by ogień dotarł do zbiornika paliwa. Nie ma z tym żartów!

– Ile jest prawdy w tym, że w przemówieniach Adolfa Hitlera najważniejszym elementem była improwizacja?

– Odpowiedzialny polityk nie mówi tego, co mu ślina na język przyniesie. Dlatego niech pana nie zdziwi, że improwizacja nie odgrywała w moich wystąpieniach znaczącej roli. Zawsze wypisywałem na kilkunastu kartkach hasła, tworząc zarys moich wystąpień, które trwały zazwyczaj około dwóch i pół godziny. Na początku każdego wiecu, kilkanaście minut przed występem, krążyłem po pokoju i powtarzałem najistotniejsze punkty przemowy.

– Całkowicie izolowany od otoczenia?

– Nie do końca. W tym czasie odbierałem też telefony od współpracowników, którzy zdawali mi sprawę z atmosfery panującej na sali.

---

[19] S. Mitcham jr, *Asy lotnictwa III Rzeszy*, Warszawa 2009, s. 17.

MARKETING POLITYCZNY NA POCZĄTKU LAT TRZYDZIESTYCH

Na początku 1931 roku Joseph Goebbels zadecydował, by wytłoczyć 50 tys. płyt z agresywną propagandą uderzającą w obecny rząd. Następnie płyty zostały zapakowane w koperty i rozesłane do potencjalnych wyborców. Rok później w trakcie kampanii prezydenckiej NSDAP promowało hasło: „Teraz z tym koniec! Wszyscy wybierają X". O kogo chodziło? Odpowiedź na to pytanie Niemcy uzyskali w trakcie manifestacji narodowych socjalistów w Berlinie. Wówczas Joseph Goebbels zaprezentował Adolfa Hitlera jako kandydata NSDAP na prezydenta. Tłum podobno szalał w euforii.

W tym samym roku Adolf Hitler rozpoczął podróże samolotem. Dzięki temu codziennie mógł odwiedzić nawet cztery miasta, przemawiając na stadionach położonych blisko lotnisk, i wysłać sygnał, że jego przybycie ma niemal religijną wymowę. Szacuje się, że dzięki temu udało mu się dotrzeć do półtora miliona wyborców. Przy tej okazji propaganda promowała slogan: „Hitler ponad Niemcami", rozklejając plakaty z tym napisem, a także nagrywając film również o tym tytule. Ostatecznie Adolf Hitler w wyborach prezydenckich zdobył drugi wynik (10 kwietnia 1932 roku w drugiej turze wyborów Hindenburg uzyskał 53,1 proc., Hitler zaś 36,7 proc.).

– Były jakieś słowa, które szczególnie mocno pan akcentował?

– Było wiele takich słów. Chociażby „zbawiciel", „zwycięstwo", „entuzjazm", „żydowscy krwiopijcy", „stop komunistom", „odnowa narodu" i naturalnie „Heil".

– Często pan kłamał?

– Mówiłem to, co obywatele chcieli usłyszeć. Nic poza tym. Zresztą idealnie te sytuacje opisał szef mojej propagandy Joseph Goebbels. Jego zdaniem, kłamstwo powtórzone tysiąc razy staje się prawdą. Lepiej tego ująć nie można.

– Słyszałem, że zwykle spóźniał się pan na swoje wiece.

– To świadomy zabieg. Nic bardziej nie potęguje napięcia niż kontrolowane spóźnienie. Wchodziłem na mównicę, kładłem po prawej stronie notatki, czasem na nie zerkając.

– Przemówienia odbywały się według określonego schematu.

– Tylko takie działania mogły przynieść sukces. Zaczynałem mówić spokojnie, niczym dopiero co obudzony Niemiec. Przemawiałem tak dziesięć minut, by móc wczuć się w nastroje zebranych ludzi. Po otrzymaniu sygnału akceptacji wystąpienie nabierało tempa. Razem z tezami pojawiała się obfita gestykulacja.

– Wyrzucanie przed siebie prawej ręki i akcentowanie palcem wskazującym najistotniejszego zdania, odrzucanie głowy w tył albo walenie pięścią w pulpit.

– Wszystko się zgadza. Kolejnym krokiem była agresywniejsza intonacja. Mój głos musiał brzmieć coraz donioślej, słowa zaś były bardziej zadziorne. Wszystkie te zabiegi prowadziły do powstania iskry, która rozpalała ogniska euforii. Brawom nie było końca! Proszę pamiętać, że do 1928 roku przemawiałem bez głośnika i mikrofonu, tracąc po każdym przemówieniu kilka kilogramów!

– Czyli wszystko było wyreżyserowane.

– Tak bym tego nie ujął. Nie tyle wyreżyserowane, ile raczej przemyślane i wyćwiczone. Dyktowałem wystąpienia swoim sekretarkom z gwałtownością i uczuciami, które miały się później wydobyć podczas przemówienia. Dochodziło do tego, że po takim dyktowaniu współpracownicy pytali sekretarkę: „Dlaczego szef jest dzisiaj taki zły?". Dzięki temu oczekiwaniu na mnie zawsze towarzyszyły wielkie emocje. Pamiętam, jak na jedno ze spotkań w Stralsundzie w Meklemburgii przyjechałem spóźniony o trzeciej nad ranem. Mimo to czekał na mnie kilkutysięczny tłum.

– Słyszałem kiedyś, jak pana przemówienia porównywano do mszy.

– Coś w tym jest. Na początku była odpowiednia muzyka, podnoszenie sztandarów. W oczekiwaniu na moje przemówienie napięcie rosło. Nagle padała komenda. Wszyscy podrywali się z miejsc, krzycząc „Heil!". W tym momencie ruszałem przez środek żwawym krokiem z wyciągniętą do przodu prawą ręką.

– Nastrój bardzo wpływał na pańskie przemówienia?

– Kluczem do skutecznego przemówienia jest dla mnie furia. Niczym sportowiec przygotowywałem się do starć. Kiedyś doszło do tego, że w czasie obiadu poinformowano mnie o przybyciu zagranicznego dyplomaty. Zabroniłem go wpuszczać, w ciągu kwadransa wprawiłem się we wściekłość, i tym sposobem podczas spotkania z nim osiągnąłem to, co chciałem.

– Mógłby pan wyjaśnić, dlaczego na początku lat trzydziestych nie podjęliście próby przejęcia władzy, organizując zbrojną rebelię?

– Bogaci w doświadczenia z puczu monachijskiego nie chcieliśmy po raz drugi popełniać tego błędu. W spokoju przygotowywaliśmy się do legalnego przejęcia władzy. W lipcu 1932 roku wygraliśmy wybory. Mimo to prezydent Paul von Hindenburg zamiast mianować mnie szefem rządu udzielił poparcia pozaparlamentarnemu gabinetowi Franza von Papena. Mnie zaproponowano stanowisko wicekanclerza. To była jakaś kpina. Naturalnie odmówiłem.

– W myśl zasady – wszystko albo nic.

– Otóż to! Nie było mowy o jakiejś drugorzędnej funkcji. Musieliśmy się z tym pogodzić i przejść do opozycji. Jeszcze tego samego roku odbyły się kolejne wybory. Choć straciliśmy w nich nieco poparcia, znów byliśmy numerem jeden.

– Te kilka procent, a w praktyce dwa miliony głosów, zabrało wam sporo mandatów.

– W poprzedniej kadencji mieliśmy dwieście trzydzieści mandatów. Ta liczba po listopadowych wyborach spadła do stu dziewięćdziesięciu sześciu. Prezydent Hindenburg ponownie odmówił desygnowania mnie na stanowisko kanclerza, gdy nie utworzymy większościowej koalicji, która byłaby dla nas politycznie zabójcza.

– Pojawiły się problemy?

– I to spore. Kreowana teza o niepokonanej partii żeglującej od sukcesu do sukcesu zaczęła się załamywać. Członkowie partii zaczęli powątpiewać w nasze zwycięstwo. Notowania nam spadły, a do tego z powodu ostatnich kampanii wyborczych nasza partia stała się niewypłacalna. Doszło do tego, że lewicowa prasa zaczęła z tego szydzić. Czułem, że dotąd zdyscyplinowana organizacja się rozłazi. Część członków twierdziła, że władzę trzeba wziąć siłą, inni uważali, że powinienem przyjąć stanowisko wicekanclerza. Konflikt narastał, a ja powtarzałem, że jeżeli partia się rozleci, to strzelę sobie w łeb. „Gdyby partia miała się rozpaść, zakończę sprawę w trzy minuty" – powiedziałem swoim pracownikom bez żadnych ogródek.

„Prezydent uważa, iż nie może odpowiadać przed narodem niemieckim za przekazanie prezydenckich prerogatyw przywódcy partii, która wciąż podkreśla swoją wyłączność na posiadanie prawdy i która sprzeciwia się prezydentowi osobiście oraz krokom politycznym i gospodarczym, jakie prezydent uznaje za konieczne. W tej sytuacji prezydent ma prawo się obawiać, że gabinet prezydencki prowadzony przez pana nieuchronnie rozwinąłby się w partyjną dyktaturę ze wszystkimi tego konsekwencjami, zwiększając podziały w narodzie niemieckim, na co nigdy nie mógłby się zgodzić, pomny na swą przysięgę i sumienie"[20].

– Myślałem, że w tamtym czasie NSDAP było ignorowane przez konkurencję polityczną.

– Powiem panu, jak to było naprawdę. Prawica dochodziła do wniosku, że demokrację należy zastąpić systemem autorytarnym. Skupili się na komunistach, których siła nieustannie rosła, zapominając o nas. Gardzili mną, mówiąc, że mam wygląd, strój i maniery fryzjera. Do tego jestem szaleńcem z dziwaczną fryzurą, który co najwyżej nadaje się na ministra poczty, dworowali. Ja jednak to wszystko wytrzymałem, bo wiedziałem, że zbliża się mój czas.

– Tym sposobem dochodzimy do końca 1932 roku.

– To dobry moment, by zakończyć nasze dzisiejsze spotkanie. Jutro zaczniemy opowieść od 1933 roku. Wreszcie będzie panu dane poznać świeżo upieczonego kanclerza Rzeszy! I zobaczyć, co robił, by wyniszczyć rasę żydowską w Europie!

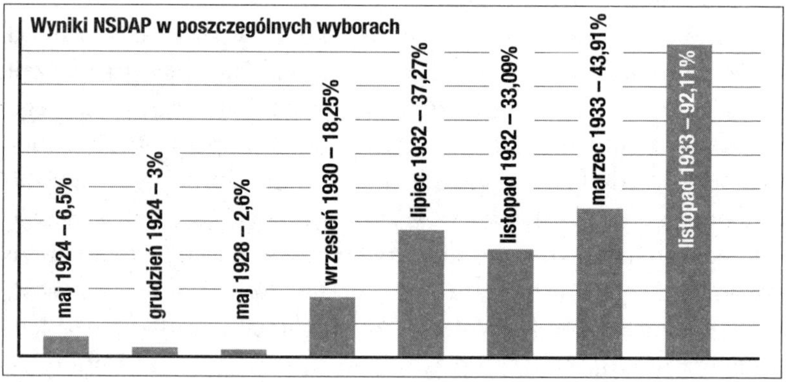

[20] Polskie tłumaczenie: P. Osęka, *Wielka pomyłka*, „Polityka" nr 5 (2893), 30.01.2013; s. 54–57.

Berghof – letnia rezydencja. Wilczy Szaniec

• życie na co dzień • miłość do Mussoliniego • filmowe seanse

„W lokalu Börsenkeller dostaliśmy na obiad sałatę (80 fenigów) – był akurat dzień bezmięsny. Raz w tygodniu gospody są nieczynne. Życia sklepowego nie sposób porównywać z tym dawniejszym. Daremnie pytałem różnych sprzedawców o sandały. W tramwajach elektrycznych pracuje wiele kobiet konduktorek".

Friedrich Kellner, 24 czerwca 1940 rok, Frankfurt[21].

To już kolejne spotkanie z przywódcą Trzeciej Rzeszy. Zastaję go jedzącego słodycze. Führer przyłapany na tym tłumaczy, że słodycze wspaniale koją mu nerwy. Z wypisanym na twarzy zawstydzeniem przyznaje, że w czasie narad wojskowych często wychodził do swojego gabinetu, by podjadać słodycze. Z ustami pełnymi gorzkiej czekolady wyciąga w moim kierunku pół tabliczki, nalegając, bym skosztował „tych wybitnie dobrych germańskich produktów". Częstuję

[21] F. Kellner, *Dziennik sprzeciwu. Tajne zapiski obywatela III Rzeszy 1939–1942*, Karta, Warszawa 2015.

się, by nie sprawiać mu na wstępie przykrości. Zaraz potem czuję, jak wokół mnie roznosi się nieprzyjemny zapach.

– Czuje pan ten odór?

– Owszem.

– To temat bardzo dla mnie wstydliwy. To moja sprawka. Cierpię na przewlekłe wzdęcia. Próbowałem z nimi walczyć na różne sposoby. Blisko trzydzieści leków i żaden nie pomógł. Proszę tego nie opisywać.

– Dlaczego nie ma pan dzieci?

– Mam oblubienicę – Niemcy – a każdy obywatel kraju to moje dziecko. Co prawda, żadnego z nich nie spłodziłem i nie mam takiego zamiaru. Bezdzietność jest podyktowana troską o dobro kraju. Co by się stało, gdyby mój potomek okazał się nieudacznikiem, ciężarem albo, co gorsza, niebezpieczeństwem dla narodu? Po moim trupie! Choć każde niemieckie dziecko należy do swojej matki, ale jednocześnie należy też do mnie. Mam takie powiedzenie: naród nie wymiera z braku mężczyzn, tylko wtedy, gdy brakuje kobiet.

– Ma pan jeszcze jakieś ulubione powiedzonka?

– Owszem. Często używam frazy „so oder so". Mówiąc krótko, jeśli to konieczne, posłuż się nawet brutalnością, byle tylko osiągnąć wyznaczony cel. Kolejne to „wenn schon, denn schon". Co oznacza, że jeśli już coś robisz, wykonuj to bez wahania i refleksji, szybko, bezlitośnie, natychmiast.

– Spróbujmy opisać Berghof.

– Niemcy go kochają. Odkąd pamiętam w okolice Berghofu pielgrzymowały tłumy. Ludzie, którym udało się uścisnąć moją dłoń, rąk nie myli przez wiele dni. Co więcej, wycinali z mojego drewnianego płotu małe kwadraty, które później oprawiali w złoto.

– Co Niemcy lubili, już wiemy, a pan?

OCHRONA BRUNATNEGO DOMU ADOLFA HITLERA

W latach trzydziestych Adolf Hitler spędzał większość czasu w Brunatnym Domu w Monachium. Na wartowni zawsze czuwało od ośmiu do dziesięciu ludzi z ochrony – zawsze w pełnej gotowości, gdyby trzeba było udzielić pomocy wartom zewnętrznym. Oprócz tego minimum sześciu strażników pilnowało wejścia do budynku i parku za domem. W nocy park patrolowało dwóch strażników.

Berghof – alpejska rezydencja Hitlera w Bawarii

– Szczególnie uwielbiałem wielki hol, z którego pięć stopni prowadziło do salonu. W salonie podłoga była wyłożona welurem w kolorze poziomkowym. Dalej trzy marmurowe stopnie prowadziły do marmurowego kominka, był to prezent od Benito Mussoliniego, obok kominka stała czarna skórzana kanapa. Na prawo od okna znajdowały się fotele i dwie duże szafy z dokumentami dotyczącymi nadania honorowego obywatelstwa i starą bronią, na lewo zaś duży stół konferencyjny, zegar i globus.

– To teraz spróbujmy opisać jeden dzień z życia Adolfa Hitlera.

– Przede wszystkim musimy rozróżnić dwa okresy: przed wojną i w czasie wojny. Spójrzmy na mój plan dnia w pierwszym okresie, kiedy już stałem na czele niemieckiej potęgi. Moi pracownicy mogą panu potwierdzić, że lubiłem i wciąż lubię pracować do późnych godzin nocnych.

(W gabinecie rozlega się dyskretne pukanie. Führer wyraźnie zmęczonym głosem zaprasza swojego kamerdynera do środka. Czas na obiad. Przechodzimy do sali obok. Na stół wjeżdża między innymi spaghetti – ulubione danie Hitlera).

– O której rozpoczynał pan dzień?

– Każdego poranka budził mnie mój ordynans. Robił to o uzgodnionej wieczorem porze. Pukał do drzwi sypialni, mówił: „Dzień

BERGHOF. POMIESZCZENIA

JADALNIA

W jadalni ściany były obite sosnowymi panelami. Na środku stał stół dla osiemnastu osób. Kompozycję uzupełniały lustra i nowoczesne oświetlenie. Z okien rozpościerał się widok na dziki masyw Untersberg. Obsługą zajmowali się specjalnie przeszkoleni esesmani. Ubrani byli w krótkie białe marynarki i czarne spodnie.

HERBACIARNIA

Dwa i pół kilometra od domu wzniesiono niewielką herbaciarnię. W środku tego okrągłego budynku znajdował się kominek, przy którym Hitler nierzadko zasypiał. Często Hitlerowi towarzyszył fotograf Hoffmann, czasem również wilczyca Blondi, Ewa Braun i jej terier. To również tutaj zasiadano do kawy i herbaty. Obok kominka mieściła się szafka z ogromną kolekcją płyt i gramofon. Najczęściej słuchano oper Wagnera ewentualnie symfonii Beethovena i muzyki Richarda Straussa.

SYPIALNIA

Sypialnia Adolfa Hitlera wyróżniała się spartańską prostotą. Oprócz metalowego łóżka znajdowały się w niej szafa, kilka krzeseł i komoda. Na półce stały książki o pielęgnacji i hodowli owczarków oraz tomy Karola Maya.

dobry Mein Führer! Czas wstawać", kładł przede mną świeżą prasę, stos dokumentów i odchodził. Gdy zajmowałem się lekturą, przygotowywał mi kąpiel, starałem się zażywać jej nawet kilka razy dziennie, szczególnie po wyczerpujących przemówieniach i zebraniach. Do zadań mojego ordynansa należy również przygotowywanie i układanie ubrań w określonym porządku. Nawiasem mówiąc, będąc w Berghofie, lubiłem po przebudzeniu wychodzić na taras, z którego przez lornetkę podziwiałem lot wielkich orłów.

– Co dalej?

– Około godziny dziesiątej z mieszkania udawałem się do swojego biura. Oba miejsca znajdowały się w tym samym budynku. Tam na biurku czekały już na mnie stosy dokumentów. Plan ważnych narad przygotowywał sekretarz stanu. Jak pan widzi, każdego dnia musiałem wykonać ogrom pracy.

– Ochrona?

– Nie mogła mnie odstępować na krok. Kiedy jechałem samochodem, obok kierowcy często siedział członek mojej ochrony, który nie tylko obserwował wszystkie wyprzedzane samochody, przechodniów itp., ale również podejmował decyzję, kiedy trzeba zahamować, a kiedy kierowca miał przyspieszyć.

– O właśnie. To może porozmawiamy o jedzeniu. Na to chyba znajdował pan czas?

– Za chwilę. Wcześniej niech pan na to spojrzy. Takiej porcelany w Berghofie miałem bardzo dużo. Co więcej, sam ją zaprojektowałem. Na skraju talerza umieściłem złote godło państwowe, to jest orła z rozpostartymi skrzydłami, a na prawo i lewo od tego moje inicjały: A i H. Sztućce też sam zaprojektowałem. Niestety, nie mam ich przy sobie. Sam też zaprojektowałem godło nazistów.

– A to ciekawe. Wrócimy do jedzenia? Najlepiej do śniadania.

– Składa się ono z utartego jabłka, orzechów, cytryny, mleka, płatków owsianych i jeszcze kilku innych produktów. Wcześniej jadałem dietetyczny chleb i piłem szklankę mleka. To mi wystarczało.

– Obiad.

– Mam słabość do fasoli…

– Mięso?

– Nigdy w życiu! Mam wstręt nawet do mięsnego bulionu. Wystarczy spojrzeć na zwierzęta. Tak potężne istoty, jak słonie czy konie, nie jedzą tego obrzydlistwa, a mają ogromną siłę. W przeciwieństwie do mięsożernych psów, które szybko się męczą. Do tego krwawa praca w rzeźniach. Ubój bydła, krojenie go – obrzydliwe widoki!

– Te zwierzenia wywołały u mnie mdłości. Pozwoli pan, że napiję się herbaty.

– Poza tym nieoceniona okazywała się pomoc ordynansa. Zazwyczaj było tak, że zaproszeni goście zbierali się w sali przyjęć. Kiedy wszystko było już gotowe, mój ordynans mówił donośnym głosem: „Mein Führer, obiad jest gotowy. Proszę poprowadzić panią x do stołu". Po tym anonsie prosiłem wyznaczoną damę i prowadziłem ją do stołu.

– Kim były te panie?

– Przeważnie były to żony wysoko postawionych polityków. Zdarzały się również wybitne przedstawicielki kultury. Mam tutaj na myśli świetne śpiewaczki i aktorki.

– Wiele osób mówiło mi, że wystarczy przez chwilę wsłuchać się w pański głos, by wiedzieć, w jakim jest pan nastroju.

Hitler i jego wieloletnia towarzyszka życia Eva Braun z psami na tarasie Berghofu

– Nie widzę w tym nic złego. To dobrze, że wystarczy kilka moich słów, by postronne osoby mogły zrozumieć, jaka jest sytuacja.

– Opisując pański głos, moi rozmówcy używali takich przymiotników, jak: nadzwyczaj cichy, zimny jak lód, dobitny, przekonujący, podniecony, pełen energii, agresywny, bardzo dobitny.

– Myślę, że w tej sprawie nie mam nic do dodania.

– Proszę opowiedzieć o swoim kamerdynerze.

– Czy ma pan na myśli Heinza?

– Tak, chodzi mi o Heinza Lingego.

– Jestem skromny. Przed moim kamerdynerem nie wywyższam się jako wielki człowiek. Heinz pochodzi z Bremy. Ma za sobą bogatą przeszłość. Po maturze pracował na budowie i ukończył szkołę budowlaną. Mówił mi kiedyś, że nawet myślał o tym, by zostać inżynierem. Jak nietrudno się domyślić, ta wiedza bardzo nas do siebie zbliżyła. Łatwiej jest porozumieć się z kimś, kto ma podobne zainteresowania albo wiedzę na jakiś temat.

– Jak doszło do tego, że absolwent szkoły budowlanej został pana kamerdynerem?

– Nigdy nie zatrudniałem osobistego personelu na mocy prostej rekomendacji. Zanim nabierałem do kogoś zaufania, wystawiałem go na różne próby i zastawiałem na niego pułapki. Podobnie było z Heinzem, który jest moim kamerdynerem od dziesięciu lat. To sporo czasu. W tym okresie był bardzo często blisko mnie, co dawało pole do wolnych rozważań i dyskusji. Pamiętam, jak kiedyś mi opowiadał, że w 1933 roku, czyli dwa lata przed tym, jak został moim kamerdynerem, wstąpił do Waffen SS, gdzie odbył roczną służbę w oddziałach SS w Berlinie-Liechterfelde. Później, latem 1944 roku, razem z kilkudziesięcioosobową grupą został wysłany do Bergu, gdzie znajdowała się moja wiejska siedziba.

– Pamięta pan tamten moment?

– Dość dobrze. Pamiętam, że grupa liczyła około dwudziestu osób. Naturalnie z każdym się przywitałem i krótko porozmawiałem. Później Linge wspominał, że dla niego, wówczas młodego żołnierza, to spotkanie było wielkim przeżyciem, co mnie zresztą nie dziwi. W końcu spotkał się z wielkim przywódcą Trzeciej Rzeszy.

– Wróćmy jednak do Lingego. Jak to się stało, że to właśnie on został pańskim kamerdynerem?

– Pod koniec 1934 roku moja kancelaria rozpoczęła poszukiwania dwóch wartowników. W ciągu dwóch dni w procesie rekrutacji wzięło udział około pięćdziesięciu osób. Z tej grupy wybrano dwie, z których jedną był właśnie mój przyszły kamerdyner. Naturalnie wcześniej przeszedł on specjalny kurs zawodowy w szkole hotelarskiej. Powiedziałem wówczas, że zawsze ma być obok mnie jeden z kamerdynerów.

– Czym mieli się zajmować pozostali?

– Drugi kamerdyner zajmował się moimi ubraniami i prywatnymi rzeczami. Do jego obowiązków należało, by o nie dbał, korzystając przy tym z pomocy pokojówek. Jeżeli chodzi o kwestie gospodarcze, tym miał się zajmować trzeci z moich kamerdynerów. Poza tym cała trójka była obecna na kongresach partyjnych, dużych uroczystościach i spotkaniach z obywatelami.

– Jako wybraniec narodu dbał pan o swoje zdrowie?

– Owszem. Będąc podporą narodu, musiałem i ciągle muszę prowadzić zdrowy i higieniczny tryb życia.

– Jak ocenia pan swój aktualny stan zdrowotny?

– Przecież to widać...

– Krąży sporo plotek na ten temat...

– Proszę przestać. Powiem panu coś, mając nadzieję, że te informacje ukażą się dopiero po mojej śmierci. Po pierwszej wojnie światowej nie byłem okazem zdrowia. Miałem problemy z żołądkiem. Wynikały one zapewne z nieregularnego trybu życia. Czując się Mesjaszem narodu niemieckiego, poświęcałem się pracy. To skutkowało czasem skrajnym wyczerpaniem.

– Jak pan z tym walczył?

– Wspierałem się różnymi lekami. Doktor Conti, który był moim pierwszym lekarzem, poradził mi, bym jadł wszystko, na co mam ochotę. Niestety, te zalecenia nie przyniosły ulgi, ból żołądka nie ustępował. To mnie nie dziwiło, bo od początku sceptycznie odnosiłem się do tej teorii. Później, przez Heinricha Hoffmanna, mojego osobistego fotografa, poznałem berlińskiego internistę doktora Theo Morella. On z kolei twierdził, że powinienem jeść jedynie uprawiane w specjalnych warunkach warzywa i owoce tak, by nie znalazły się w nich szkodliwe substancje. To też nie pomogło.

– Lekarze nie mieli z panem łatwego życia.

– Nie ma się co dziwić, w końcu zdecydowali się opiekować przywódcą Trzeciej Rzeszy. Większość stale mi powtarzała, że powinienem inaczej się odżywiać.

– Pamiętam, że zawsze lubił pan ciastka, a mimo to ciągle utrzymuje pan stabilną wagę.

– To prawda, że lubię w trakcie narady wyjść do gabinetu i przekąsić jakąś słodkość. A trzymam wagę, bo się kontroluję. Pilnuję, by nie przekroczyć granicy, po której będzie blisko do otyłości. Ludzie otyli nie są dobrze postrzegani przez społeczeństwo. Wyobraża pan sobie przywódcę, który wyglądem przypomina wielką szafę z dębowego drewna?

– Rzeczywiście, sytuacja trudna do wyobrażenia. To jak pan sobie z tym radził?

– Nie chciałbym o tym rozmawiać... Z drugiej strony w każdej chwili może nastąpić mój koniec. Nie stroniłem od leków przeczyszczających. One znacznie pomagały walczyć z otyłością. Często ciąg wydarzeń był następujący: najpierw leki przeczyszczające, potem opium, a na koniec medykamenty, które miały zabijać bakterie w moim przewodzie pokarmowym. To klucz do sukcesu w utrzymaniu wagi.

– W pańskim otoczeniu fascynująca wydaje się postać doktora Morella. Nim został pana lekarzem, był bardzo popularny.

– I zapewne dlatego trafił do mnie, dzięki poczciwemu Heinrichowi. Doktora Morella czasami nazywamy „doktorkiem".

– Od blisko dziesięciu lat to on jest pańskim osobistym lekarzem. Na jakie wsparcie z jego strony może pan liczyć?

– Proszę się wyrażać jaśniej...

– Chodzi mi o leki... Co panu podaje doktor Morell?

– Ma swoje tajemnicze medykamenty. Jego leki znacząco ułatwiają mi funkcjonowanie.

– Słyszałem, że jego zestaw medyczny liczy blisko osiemdziesiąt różnych substancji, a ordynuje panu jednocześnie leki na zatwardzenie i przeczyszczenie. Przecież przez to wariuje panu żołądek i puszcza pan gazy, których woń jest mi już dobrze znana.

– Nie chciałbym wchodzić w kompetencje doktora Morella. Właściwie to są tajemnice...

– **...które, ustaliliśmy, że ujrzą światło dziennie, gdy nas już nie będzie.**

– Rzeczywiście, zgadza się. Na pewno w zestawie Morella były witaminy i leki nasenne.

– Co jeszcze?

– Zapewne morfina, żywe kultury bakterii.

– A te tabletki w złotym opakowaniu, które panu przyniesiono, gdy kilka lat temu pana odwiedziłem, co to było?

– To zestaw witamin. Tak zwany vitamultin.

– Same witaminy?

– No nie tylko...

– Panie Adolfie, bardzo proszę to wyjaśnić.

– Na porannej tacy ze śniadaniem było kilka tabletek owiniętych złotą folią. Ale o tym może powiem później. Na razie nie czuję takiej potrzeby.

– Ale możemy rozmawiać na ten temat?

– Jeżeli będę miał obiekcje, to dowie się pan o nich pierwszy.

(Hitler cicho zaśmiał się pod nosem, drapiąc przy tym swój rzadki wąs).

– Doktor Morell przyznał kiedyś w przypływie szczerości, że w zestawie leków, które panu daje, są tabletki robione na bazie kału węgierskiego chłopa. Do tego należy jeszcze dodać bycze nasienie.

– Owszem. Nie wiem, jak przetrwałem niejedną noc, ale gdyby nie on, na pewno bym już nie żył. Wielokrotnie słyszałem, jak wyrażano opinie, że bycze nasienie ma znaczący wpływ na wzrost libido. Ponadto sprawia, że człowiek wygląda bardziej męsko i promienieje energią. Dla przywódcy są to bardzo ważne elementy wizerunku.

– Przyjmuje pan jeszcze jakieś niecodzienne substancje?

– Przyjmuję wszystko to, co pozwala wesprzeć moje zdrowie. Ważna jest skuteczność, a nie pochodzenie. Skoro moi żołnierze poświęcają się dla mnie na froncie, to dlaczego ja nie mogę tego zrobić?! Jak będzie trzeba, to zjem kał węgierskiego chłopa w czystej postaci!

– Czyli to nie są plotki, że pański lekarz ordynuje panu płyn do czyszczenia broni i trutkę na szczury?

– Mam ogromne zaufanie do doktora Morella i wierzę, że wszystkie podawane przez niego substancje mają pozytywny wpływ na moje zdrowie. Wymieniony przez pana środek do czyszczenia broni, wbrew pozorom, może być po stokroć bardziej skuteczny niż nieprzynoszące żadnego efektu lekarstwa.

– Trutka na szczury?

– Tak, ona również. Czasem trzeba oczyścić swój organizm ze wszystkich pasożytów i zapewne taką funkcję pełni trutka na szczury.

– Panie Adolfie... Znamy się od dłuższego czasu. Dlatego, jeśli uzna pan to pytanie za niestosowne, proszę o zrozumienie. Czy wciąż ma pan problemy żołądkowe?

– Jeżeli pyta mnie pan o zaparcia, owszem, jest to osobisty temat. Ech... Nieprzypadkowo zacząłem bardziej troszczyć się o swój organizm po 1936 roku. Wiem, że już o tym panu mówiłem, ale wolę się powtórzyć, żeby jasno wyartykułować myśl. Pierwsza wojna światowa i późniejsze wydarzenia znacząco odbiły się na moim zdrowiu. Nieregularny tryb życia sprawił, że zacząłem cierpieć na różne dolegliwości żołądkowe, w tym wzdęcia i zaparcia. To temat, o który proszę mnie dalej nie pytać.

– Doktor Morell preferował bardzo dziwne metody leczenia.

– Zapewne wyprzedził naszą epokę i myślał zbyt nowocześnie, by współcześni ludzie mogli zrozumieć jego metody. To, że przystawiał mi pijawki, traktuję jako oznakę, że był to wybitny specjalista, który nie bał się stosować niepopularnych metod.

– Bardzo często występował pan publicznie. Pańskie gardło to skarb, o który trzeba było się zapewne bardzo troszczyć.

– Ten głos i cała moja postać to jeden wielki dar zesłany dla narodu niemieckiego. Doktor Morell doskonale to rozumiał i roztaczał nad moim gardłem stosowną opiekę, podając mi nie tylko gorącą herbatę z odpowiednią ilością koniaku.

– Podobno pomagały jakieś krople.

– Z pewnością ma pan na myśli kokainę, która świetnie pomagała w oczyszczaniu gardła i zatok. Odpowiednio przygotowane krople kokainowe były idealnym ukojeniem dla moich oczu. Musi pan wiedzieć, że kiedy taki mówca jak ja schodzi ze sceny po dwugodzinnym przemówieniu, to całe ciało ma spocone, a podniecenie i euforia mieszają się ze zmęczeniem, które chce pokonać. Właśnie w tym momencie pojawiał się doktor Morell ze swoim zestawem witamin i innych medykamentów. Wcześniej pytał pan o tabletki w złotej folii...

– Tak, tak.

– W latach trzydziestych regularnie przyjmowałem substancje, nazwijmy je „leczniczymi", które w znaczący sposób pomagały mi funkcjonować. Później, od 1942 roku otrzymywałem je dożylnie. Podawał mi je doktor Morell. Aplikował mi je nawet pięć razy dziennie. Nie ma co tu ukrywać, mój organizm coraz bardziej się na nie uodparniał, dlatego dostawałem coraz większe dawki.

– O jakich substancjach konkretnie mówimy?

– O metamfetaminie. Zapewne pan o niej słyszał.

– Tak przypuszczałem, że właśnie o tę substancję chodzi.

Salon w Berghofie

– Pańskie przypuszczenia okazały się trafne. I nie powinien pan być tym zaskoczony. Cała nasza elita dokładnie wie, co to jest amfetamina i jak należy się z nią obchodzić. Wiedzą nie z książek, w których tak chętnie się zaczytują. Nie! Oni wiedzą to z praktyki.

– Chyba nie tylko elita. Słyszałem też o tajnej broni Wehrmachtu.

– Coś, co w nazwie ma określenie tajne, z reguły nie jest znane szerszej opinii publicznej. Trwa wojna, w której na każdym kroku czai się wróg, i nie możemy sobie pozwolić na wyjawienie naszych tajemnic.

– Przytoczę tylko dwie nazwy. A pan sam zadecyduje, czy chce o nich rozmawiać: Pervitin i Panzerschokolade.

– Pervitin nie należy do specyfików, które zaliczyłbym do kręgu tajemnych, choć, owszem, zagraniczne gazety pisały o nim jako o tajnej broni Wehrmachtu. Tak... Pamiętam nagłówek brytyjskiej gazety. W oczy rzucał się napis: „Niemcy korzystają z cudownej pigułki". A tak naprawdę chodziło o tabletki, które były dostępne w aptece na receptę.

– Kto ma do nich dostęp w niemieckiej armii?

– Nie wyjawię żadnej tajemnicy, jeżeli powiem, że Pervitin jest w kabinie każdego samolotu Luftwaffe. Mają do niego dostęp także czołgiści i wszyscy przedstawiciele armii Trzeciej Rzeszy, których szybkość reakcji liczona w sekundach jest istotna dla naszego państwa. Te tabletki sprawiają, że nawet przez dobę nie odczuwamy chęci snu, zmęczenia, a przede wszystkim zmniejsza się podatność na ból.

– Jako lekarz dobrze wiem, że takie, nazwijmy to, wspomagacze zawsze wywołują skutki uboczne.

– Nikt temu nie zaprzecza. Ale niech wszyscy zadadzą sobie pytanie: czy jest coś ważniejszego niż zwycięstwo, niż chęć pokonania wroga, a przede wszystkim zrobienie czegoś dobrego dla Trzeciej Rzeszy? Otóż wobec takich wyzwań prawdziwy obywatel, co w tym przypadku oznacza żołnierza, musi mieć tego świadomość i musi się z tym pogodzić. Poza tym, jak bardzo trzeba być naiwnym, by wierzyć, że nasz wróg nie korzysta z żadnych wspomagaczy?

– Czym w takim razie różnił się Pervitin od Panzerschokolade?

– Dla żołnierza niczym, bo obie te substancje były bardzo cenne. Pancerna czekolada, z tego, co słyszałem od lekarzy, działała nieco krócej. Dwie takie tabletki dawały energię na osiem godzin. To taki odpowiednik kilku filiżanek kawy[22].

– Skoro jesteśmy przy różnych wspomagaczach, to chciałbym zapytać także o alkohol. Zaliczyłby się pan do tych osób, które czasem lubią wypić?

– Kiedyś piłem sporo piwa. Na pewno więcej niż teraz. Było to w czasach młodości. Opowiem pewną historię. Po zdaniu w szkole końcowego egzaminu razem z kolegami daliśmy w gaz. Tak się upiłem, że co chwila musiałem wychodzić na podwórko, by wszystko – że tak powiem – zwrócić. Na drugi dzień nie mogłem znaleźć świadectwa.

– Zgubił je pan.

– Poszedłem do szkoły, by poprosić dyrektora o kopię. A ten bardzo mnie zawstydził, gdyż dał mi moje oryginalne świadectwo.

– Co w tym wstydliwego?

– Było całe pogniecione i poplamione. Okazało się, że mieszkający w pobliżu chłop wyłowił je z kupy gnoju i zaniósł do szkoły. Do dziś

22 Bardzo możliwe, że podczas inwazji na Polskę, a później na Francję niemieccy żołnierze byli pod wpływem pancernej czekolady.

robię się czerwony na myśl o tamtym zdarzeniu. Postanowiłem wówczas, że więcej nie będę pił.

– Dotrwał pan w tym postanowieniu do dzisiaj?

– Zapewniam pana, że teraz nie dałbym się pokroić za piwo. Czasem pijam je do obiadu, choć częściej zostaje zestrzelony aliancki samolot, niż na mój stół trafia kufel z tym złocistym trunkiem.

– Przypuszczam, że przestawił się pan z piwa na wino.

– I tu pan się myli. Wino nie jest lepsze od piwa. Dla mnie oba te trunki są zbyt kwaśne. Nieraz zastanawiałem się, czy nie dodać do któregoś z tych alkoholi cukru. Wielokrotnie mówiono mi, że wino to doskonały środek na bezsenność. Idiotyzm! Ten trunek powoduje, że wszystko widzi się na różowo, a rozważanie z zimną krwią idzie w odstawkę. Uprzedzając pańskie kolejne pytanie, tabaki też nie lubię.

– To może papierosy?

– W żadnym wypadku! Nikotyna jest gorsza niż alkohol! Najlepszym sposobem pozbycia się wrogów jest częstowanie ich papierosami. Jak tylko zauważę, że Eva pali papierosy, natychmiast zakończę z nią znajomość.

– Czyli pan nie pali?

– Przebywając w Wiedniu, przez długie miesiące żyłem na skraju ubóstwa. Ale na papierosy co dzień trzydzieści grajcarów musiałem wydać. Paliłem nawet czterdzieści papierosów dziennie. Pewnego razu uświadomiłem sobie, że za pięć grajcarów mógłbym kupić trochę masła. Do tego zasnąłem z zapaloną fajką, obudził mnie smród palącej się pościeli. Wyrzuciłem wówczas papierosy do Dunaju i nigdy więcej nie zapaliłem. Każdy powinien raz na zawsze zapamiętać, że palenie szkodzi. Pan, panie doktorze, najlepiej wie, że papierosy powodują raka. Zresztą, jak pan myśli, skąd biorą się nowotwory i inne nieznane choroby?

– Sugeruje pan, że to przez papierosy, i ja się z tym zgadzam.

– Nie tylko przez nie. Najważniejszą chwilą w rozwoju gatunku ludzkiego był dzień, w którym człowiek po raz pierwszy zjadł gotowane mięso! Gdyby nie ono i gdyby nie niewłaściwe odżywianie, nie mielibyśmy dzisiaj tylu problemów zdrowotnych!

– Nie do końca się z panem zgodzę...

– Panie doktorze, dobrze pan wie, że nie lubię sprzeciwu. Skoro nie zgadza się pan ze mną, sugeruję pominięcie pańskich dalszych wywodów na ten temat i przejście do kolejnych tematów naszego dzisiejszego spotkania. Mój czas jest bardzo cenny.

– Przepraszam, jeżeli uzna pan to pytanie za zbyt niedyskretne, ale chciałbym je zadać. Od kiedy ma pan problem z lewą ręką?

– O co panu chodzi?

– O drżącą lewą rękę.

– Jak to możliwe, że pan to dostrzegł? Ech... Zapomniałem, że rozmawiam z lekarzem. Problemy z lewą dłonią pojawiły się około trzech lat temu. Doskonale pamiętam, że było to wtedy, gdy bitwa

SAMOCHÓD LUDU

W październiku 1934 roku w Trzeciej Rzeszy 1500 kilometrów dróg znajdowało się w budowie. Pięć lat później kończono budowę 3301 kilometrów. Nazistowska propaganda mogła chwalić się swymi osiągnięciami. W rzeczywistości nowo wybudowane autostrady były prawie puste. Nie miał kto po nich jeździć w sytuacji, gdy niewielu było stać na samochód. Jednak i na to Hitler znalazł, pozornie, rozwiązanie. Idąc tropem swojego amerykańskiego autorytetu, Henry'ego Forda, który zaoferował rodakom tanie samochody, postanowił podobnie postąpić w Rzeszy. Auto nazywało się „samochód dla ludu", czyli „volkswagen". Pełna jego nazwa brzmiała Kraft durch Freude, co znaczyło „siła przez radość". Obywatele zewsząd słyszeli o powstającym samochodzie dla wszystkich. W 1936 roku Adolf Hitler ogłosił, że doktor Ferdinand Porsche otrzymał zlecenie na opracowanie projektu samochodu dla mas. Rok później mówił: „Miliony naszych volkswagenów będą wkrótce jeździły po nowych autostradach". W kolejnym roku kontynuował swoją retorykę: „Niemcy wkrótce będą produkować nie tylko najtańsze, ale i najlepsze samochody na świecie". Hitler planował, że po wojnie w ruchu będzie brało udział 15 milionów samochodów! Ostatecznie doszło do tego, że „samochód dla mas" stał się w teorii najlepiej sprzedającym się samochodem minionych czasów. Wszystko za sprawą planu oszczędnościowego, zgodnie z którym wystarczyło przez trzy lata co tydzień wpłacać po pięć reichsmarek na książeczkę oszczędnościową, by po trzech latach po zebraniu siedmiuset pięćdziesięciu dostać numer zamówienia i wkrótce cieszyć się upragnionym samochodem. Ambitne plany przerwał wybuch drugiej wojny światowej, a zebrane pieniądze przeznaczono na budowę samochodów dla wojska.

Źródło: M. Hesemann, *Kłamstwa Hitlera*, op. cit, s.130–131.

Hitler spaceruje z Blondi w pobliżu Berghofu

pod Stalingradem weszła w decydującą fazę. Bardzo trudno było mi to ukryć, ale miałem świadomość, że muszę z tym żyć.

– W czasie pańskich przemówień drżenie ręki nie było jednak widoczne.

– Nie było, bo starannie to maskowałem. Lewą rękę trzymałem blisko ciała albo prawą ręką przyciskałem lewą. Później pojawił się ten sam problem z lewą nogą. Nie potrafiłem nad nią zapanować.

– Korzystając z okazji, pozwoli pan, że zadam jeszcze jedno dość niedyskretne pytanie. Kiedy po raz pierwszy pomyślał pan, że w jednej chwili może pan stracić życie?

– Prawdziwy przywódca powinien być na to przygotowany. Mnie opatrzność wielokrotnie dawała znać, że moje pojawienie się na świecie nie było dziełem przypadku. Później były kolejne tego dowody. Przeżyłem wiele zamachów na życie. Ale to one dawały mi wiarę, że to, co robię, jest nadzorowane przez nadludzkie istoty.

– Mówi pan, że z jednej strony każdy przywódca powinien być na to przygotowany, a z drugiej sugeruje pan, że pańskie życie jest niezagrożone, bo ma pan misję do wykonania. To trochę pokrętny tok myślenia.

– Panie doktorze. Widzimy się dzisiaj nie po raz pierwszy. Lekarskim okiem na pewno dostrzegł pan zmiany w moim wyglądzie. Misja, którą musiałem i nadal muszę wykonać, niesie ogromne wymagania w stosunku do mojej osoby. Musiałem włożyć w to wszystko ogrom pracy!

– To nawet u pana musiało odbić się na zdrowiu.

– Z pewnością. Mam niezawodną pamięć, która mi podpowiada, że już w 1936 roku zacząłem zastanawiać się nad stanem swego zdrowia. Nie tylko ludzie miewają gorsze dni. Nawet taki heros, jak legendarny Herkules, walcząc z olbrzymem Kakusem i królem Faunusem, miał chwile zwątpienia. Tak było i ze mną. Od tej daty oswajałem się z myślą, że być może wybiła moja ostatnia godzina. Ale komuś takiemu jak ja nie przystoi się z tym obnosić.

– Teraz już rozumiem, dlaczego nawet pana najbliżsi współpracownicy byli zaskoczeni, gdy starałem się ich sondować na ten temat.

– Jakim byłbym przywódcą, gdybym okazywał ból i słabości? Skoro zwierzęta wyczuwają strach u człowieka, to i człowiek wyczuje trwogę drugiej osoby. Jako odpowiedzialny polityk nie powinienem tego mówić, ale powiem, bo wiem, że te słowa ujrzą światło dzienne, kiedy nie będą miały już żadnej mocy. Od kilku lat nie tylko toczę walkę z wrogiem i żydowskimi pasożytami, ale w opozycji do mnie stanęło też zdrowie.

– Nie da się ukryć, że jest pan bardzo blady.

– Problemy z żołądkiem, bóle serca, męczące gazy, to wszystko towarzyszy mi od lat. Także ta drżąca ręka, o którą pan pytał. A myśli pan, że dlaczego chodzę taki przygarbiony? To dlatego, że zdrowie stało się moim wrogiem, razem z Rosjanami, aliantami i żydowską szarańczą! Kilka lat temu byłoby dla mnie nie do pomyślenia, że będę miał problem z siadaniem na cholerne krzesło!

– Myślał pan o tym, by czasem nieco odpuścić i przestać ukrywać swoje słabości?

– W żadnym wypadku nie widziałem takiej potrzeby. Mesjasz przychodzi na świat nie po to, by obnosić się przed narodem ze swymi słabościami, tylko po to, by spełnić misję. Okazywanie słabości zaliczam do odwracania uwagi od jedynej słusznie obranej drogi.

Wnętrze jednego z obiektów w Wilczym Szańcu, kwaterze Hitlera w Gierłoży koło Kętrzyna (fot. Albertyanks – Albert Jankowski/Wikimedia Commons)

Każdy Aryjczyk powinien być okazem zdrowia. Zatem nie mogło być inaczej z głównym przedstawicielem rasy, który na innych patrzył z góry i dawał godny naśladowania wzór.

– Wierzył pan, że odpowiednia dawka leków, wsparta narkotykami, będzie najprostszą drogą do stania się nadczłowiekiem i zdobycia całego świata?

– To pytanie jest już o krok za daleko. Jest nie na miejscu.

– Najmocniej przepraszam... A jak pan lubi spędzać wolny czas?

– Jestem wielbicielem motoryzacji. Najbardziej denerwuje mnie widok samochodu jadącego przede mną. Zawsze w takich momentach prosiłem kierowcę, by przyciskał gaz do dechy i wyprzedzał przy najbliższej okazji (*śmiech*).

– Co pana tak rozbawiło?

– Przypomniało mi się, jak kiedyś Hans Frank wyprzedził mnie na jednej z ulic. Błyskawicznie skonfiskowałem jego samochód. To było ostrzeżenie dla pozostałych współpracowników.

– Ze wzrostem prędkości wzrasta niebezpieczeństwo wypadku.

– Mesjasz narodu nie musi się niczego bać. Mam wypisane przeznaczenie, którego już nic nie zmieni. Choć mimo to, po śmiertelnych wypadkach samochodowych kilku znajomych, nigdy nie przekraczałem pięćdziesięciu kilometrów na godzinę. Często razem z moją samochodową obstawą tworzyliśmy na ulicy ogromne korki. Trudno, jedzie wódz, trzeba czekać.

– Zawsze jeździ pan mercedesem?

– Mercedes jest przykładem wyższości nad innymi nacjami. Uwielbiam wyścigi samochodowe. Słyszałem, że mercedesy wygrywają nawet za oceanem, mimo bezczelnej amerykańskiej propagandy. Nie toleruję samochodów wyprodukowanych przez inną firmę.

– Których konkretnie modeli pan używa?

– Używałem dwóch modeli. Przede wszystkim Mercedes-Benz 770 z 8-cylindrowym silnikiem o pojemności 7,7 litra. Do tego Mercedes-Benz W31 Typ G4. Większość z moich samochodów miała opancerzoną stalową karoserię grubości czterech milimetrów. Poza tym szyby przednie i boczne grubości dwudziestu czterech milimetrów i kuloodporne dwudziestokomorowe opony. Osiem cylindrów z doładowaniem o mocy sto siedemdziesiąt siedem koni mechanicznych i pojemności pięć i cztery dziesiąte litra. Prędkość maksymalna sto siedemdziesiąt trzy kilometry na godzinę.

– Z kuloodpornymi oponami?!

– Później z tego zrezygnowałem. Jak już panu mówiłem, albo nie, kuloodporne opony powodowały silne wibracje, które nie wpływały korzystnie na mój czuły żołądek. Wracając do samochodów, model 770 dostarczono chyba przed moimi pięćdziesiątymi urodzinami w 1939 roku. Ten ośmiocylindrowy samochód, ważący cztery tysiące siedemset trzydzieści siedem kilogramów, z doładowaniem o mocy dwieście dwadzieścia siedem koni mechanicznych z doładowaniem, pojemnością skokową przeszło siedem i pół litra i silnikiem siedem i siedem dziesiątych litra, rozpędzał się do stu osiemdziesięciu kilometrów na godzinę. Do tego był opancerzony: płyty stalowe grubości osiemnastu milimetrów, a szyby wykonane ze szkła kuloodpornego miały czterdzieści milimetrów grubości! Szkoda, że tak dużo palił. Prawie trzydzieści osiem litrów benzyny i litr oleju na sto kilometrów.

– Ma pan jakieś specjalne nawyki związane z podróżą samochodem?

– Kiedy tylko mogę, w trakcie trasy przygotowuję posiłek mojemu kierowcy, byle tylko nie zasnął. Muszę o niego dbać. W końcu kierowcy i piloci to moi najwięksi przyjaciele. Powierzam im swoje życie! Poza tym zawsze rozkładam na kolanach mapę i wytyczam trasę. Szofer bezpiecznie prowadzi nas do celu, a ja go pilotuję.

– Zawsze mercedes?

– Prawie zawsze. Czasem podróżowałem w Berghofie volkswagenem. Czasem również wyruszałem na nocną przejażdżkę po Berlinie volkswagenem, by nierozpoznany śledzić postępy rozbudowy stolicy Rzeszy.

– Czy często podróżował pan pociągiem. Przypuszczam, że jakimś specjalnym?

– Ma pan rację. W latach 1937–1939 zbudowano dla mnie nowe wagony, z których nikt inny nie mógł korzystać. Niektóre były przygotowane na czas pokoju, inne wręcz przeciwnie. Ważyły ponad sześćdziesiąt ton.

– Słyszałem o nich. Führersonderzug – tak był nazywany pański pociąg.

– Owszem. W czasie pokoju, jeżeli mnie pamięć nie myli, składał się on z następujących elementów: lokomotywa, wagon bagażowy, mój wagon tzw. pulmanowski, wagon konferencyjny, wagon eskorty, wagon-jadalnia, dwa wagony sypialne dla gości i mojej świty, wagon dla personelu, wagon dla kierownika biura prasowego i jeszcze był wagon bagażowy z prądnicą. Na czas wojny dołożyliśmy do tego działka dwadzieścia milimetrów i dwudziestu paru ochroniarzy.

– Jak spędzał pan czas podczas często wielogodzinnych podróży?

– Przed wojną razem z moją świtą bawiliśmy się w gry towarzyskie. Na przykład każdy liczył w ciągu dnia wszystkich napotkanych brodaczy. Ten, kto spotkał ich najwięcej, wygrywał. Uwielbiałem też parodiować zagranicznych polityków. Przednia zabawa jak na tamte czasy.

– Do tego kontakty z obywatelami z okna wagonu.

– Do czasu. Musiałem w takich sytuacjach bardzo uważać. Lekarz nawet bał się, że ktoś urwie mi rękę. Kilka razy mało brakowało, a tak by się stało. Ludzie mnie kochali! O kobietach, które na mój widok stawały jak sparaliżowane, że o mały włos potrąciłby je któryś samochód z mojej kolumny, zapewne pan słyszał?

– Owszem. Zauważyłem, że wokół Berghofu jest sporo zwierzyny. Zdarza się panu polować?

– Nigdy w życiu! Nie miałbym serca wyrządzić krzywdy bezbronnej sarence. Jestem zbyt czuły na takie barbarzyństwa. Dlatego wprowadziłem zakaz polowań i odstrzałów zwierzyny.

– Dostrzegam wyższość zwierzyny nad Żydami.

– Co do tego nie mam wątpliwości.

– Lubi pan czytać?

– Teraz nie mam na to zbyt wiele czasu. Kiedyś pochłaniałem książkę za książką. Schopenhauera, Marksa, Bismarcka, Nietzschego, Goethego. Do dziś potrafię z pamięci cytować fragmenty dzieł Juliusza Cezara czy fragmenty *Hamleta*. Jako kanclerz miałem do dyspozycji trzy księgozbiory – jeden był w Berlinie, drugi w monachijskim mieszkaniu, a trzeci w Berchtesgaden, w Orlim Gnieździe. Łącznie zgromadziłem około szesnastu tysięcy woluminów. Tak na przyszłość, panie doktorze: książka to najlepszy prezent, jaki można mi sprawić.

– Studiował pan książki historyczne?

– Zadaniem historii powinno być wykazanie, że to Niemcy pełnią nadrzędną rolę na świecie. Uwielbiam czytać o wybitnych wodzach, których klucz do sukcesu stanowiła przemoc: o Aleksandrze Wielkim, Napoleonie i Karolu Wielkim. Nawet powiesiłem sobie w sypialni portret Fryderyka II; w wolnych chwilach wpatrywałem się w niego, by znaleźć wskazówki do dalszych działań. Poza tym znam historię właściwie każdej jednostki wojskowej – wszystkich rodzajów broni. Proszę, niech pan pyta o szczegóły.

– Niezbyt się na tym znam.

– No tak, to było do przewidzenia. Mógłbym panu opisać całą strukturę niemieckich sił zbrojnych, okręty wojenne, uzbrojenie, wszystko! Wielokrotnie wprawiałem przez to w zakłopotanie swoich generałów.

– Prawdą jest, że nie chciał pan nosić…

– …okularów i żądałem od największych niemieckich gazet specjalnych edycji z dużą czcionką?

– Właśnie o to chciałem zapytać.

– Tak, to prawda.

– Czy zna pan jakieś języki obce?

– Nie widzę powodów, dla których miałbym władać obcymi językami. Kiedy moi tłumacze poświęcają czas na przełożenie pytań i odpowiedzi, ja mogę zastanawiać się nad kolejnymi ruchami, które są ważne w trakcie negocjacji. Zresztą istoty wyższe mówią po niemiecku, a więc inne języki są nieważne.

– Może to po trosze przejaw próżności?

– Raczej chłodnej kalkulacji, panie doktorze.

– Wiele razy słyszałem o pana miłości do filmów.

– Moje seanse filmowe zapewne przejdą do historii. Przed wojną, będąc w Berghofie, każdego wieczoru oglądałem jeden, a czasem nawet dwa filmy. Często, by mieć porównanie, zamiast rodzimych produkcji wybierałem zagraniczne. Na seanse zapraszałem bliskich współpracowników i całą moją świtę.

– Jakieś ulubione?

– *King Kong* z 1933 roku i *Królewna Śnieżka i siedmiu krasnoludków* z 1937 roku. Ja w ogóle kocham oglądać filmy. Szczególnie miłosne i obyczajowe. Komedie – nawet te z Chaplinem – mnie nie interesują. Za to polecam panu kreskówkę o Myszce Miki! Ten film bardzo mnie relaksuje. Dlatego chętnie reżyserom, aktorom i muzykom nadawałem tytuły naukowe. Wszystko po to, by docenić ich wkład w niemiecką kulturę. Podobnie relaksuje mnie łagodna muzyka. Kojące narzędzie!

– Powiedział pan, że lubi kreskówkę o Myszce Miki?

– Widzi pan w tym jakiś problem?

– Nie wiem… Znaczy chyba nie…

– To bardzo dobra kreskówka. Joseph Goebbels podarował mi kiedyś trzydzieści filmów fabularnych i osiemnaście kreskówek z Myszką Miki. Świetny podarek, który do dzisiaj wspominam.

– Czy to prawda, że nie chciał pan nosić kąpielówek?

– Wchodzi pan na grząski grunt przeszłości…

WOLF – TO BRZMI DUMNIE
Wszystkie kwatery główne Adolfa Hitlera w nazwach nawiązywały do wilka. Można tutaj przytoczyć chociażby Wolfschlucht (Wilczy Wąwóz), Werwolf (Wilkołak) czy najbardziej znany Wolfsschanze, czyli Wilczy Szaniec. Skąd te powiązania z wilkiem? Sprawcą jest sam kanclerz, który na początku kariery politycznej używał przydomka Wolf, co znaczy właśnie wilk.

– Doprecyzuję. Tym pytaniem chciałem nawiązać do pańskich idoli. Od dawna autorytetem dla pana jest Benito Mussolini.

– Podziwiałem go do czasu. Jeżeli chodzi o sztukę, zawsze był matołem. Straciłem do niego cały szacunek, gdy zobaczyłem jego zdjęcie w kąpielówkach. Co za idiota. Mąż stanu w kąpielówkach?! (*Hitler puka się w głowę*).

– Jak się pan poznał ze swoim osobistym fotografem Heinrichem Hoffmannem?

– Początkowo nikomu nie dawałem się fotografować. Doszło nawet do tego, że w 1922 roku amerykańska agencja fotograficzna za moje zdjęcia była gotowa zapłacić sto dolarów, co było dwudziestokrotną przebitką w stosunku do innych oficjeli.

– Dlaczego tak bał się pan zdjęć?

– Niczego się nie bałem! Wypraszam sobie takie stwierdzenia! To była świadoma strategia. Wszyscy o mnie czytali i mówili, ale nikt nie wiedział, jak wyglądam. Rosło zainteresowanie moją osobą, a na wiece, gdzie każdy mógł zobaczyć, jak wyglądam, przychodziły tłumy. Wolałem przekonywać wyborców na wiecach niż w wywiadach.

– Hoffmannowi się udało?

– Biedaczek próbował, ale nic z tego nie wyszło, dopóki się na to nie zgodziłem. Dałem mu słowo, że będzie pierwszą osobą, której dam się sfotografować. Obietnicy dotrzymałem. Później widywaliśmy się bardzo często, zazwyczaj w Café Weichand i Café Heck. W tej ostatniej często spędzałem czas, siedząc w ustronnym miejscu.

„Możecie podziękować Bogu, że macie takiego cudownego Führera!".

David Lloyd George, premier Wielkiej Brytanii

Źródło: H. Hoffmann, *Mój przyjaciel Hitler*, tłum. K. Skawran, Warszawa 2015, s. 79.

Hitler w Wilczym Szańcu, 15 lipca 1944 roku. Po prawej stoi feldmarszałek Wilhelm Keitel, po lewej pułkownik Claus Schenk von Stauffenberg, który pięć dni później dokonał niedanego zamachu bombowego na Führera

– Co to takiego?!

– Przygotowałem panu porcję zdjęć do obejrzenia.

– Pokaźna ta kolekcja. Brakuje mi tylko zdjęcia Führera w hełmie.

– Nigdy nie dałem się sfotografować w hełmie! Jak bym wyglądał? Na pewno nie jak poważny przywódca Trzeciej Rzeszy! Hoffmann namawiał mnie do takiej fotografii, na szczęście nigdy skutecznie.

– A gdzie zdjęcia w klasycznym bawarskim stroju?

– Po 1933 roku zrezygnowałem z noszenia moich ulubionych bawarskich krótkich spodenek. Zniszczyłem nawet wszystkie zdjęcia w takim stroju. Nie przystoi komuś takiemu jak ja. Gdyby ludzie zobaczyli mnie tak ubranego, straciliby do mnie szacunek. Również dlatego nigdy nie dałem się sfotografować w kąpielówkach. To byłby dopiero żałosny i uwłaczający mi widok! Proszę sobie wyobrazić, co by się stało, gdybyśmy zobaczyli zdjęcia Napoleona w śmiesznych ubraniach? Błyskawicznie stracilibyśmy do niego szacunek.

ODBIORNIK LUDOWY

Volksempfänger, czyli odbiornik ludowy, kosztował 35 marek, co równało się tygodniowemu zarobkowi robotnika przemysłowego. Odbierał nieprzypadkowo tylko fale długie i średnie, aby trudno było odbierać rozgłośnie zagraniczne. Słuchanie tych ostatnich mogło skutkować pobytem w obozie koncentracyjnym, a nawet karą śmierci!

Volksempfänger można było znaleźć u 16 milionów odbiorców, co oznacza, że miało go 70 procent gospodarstw domowych.

– Już teraz wiem, dlaczego ma pan wilczura...

– Brawo, szybko pan się uczy. Nie wyrażałem zgody na fotografowanie z małymi pieskami, bo to był kolejny element niegodny męża stanu. Owczarek niemiecki jest jedynym psem dla prawdziwego mężczyzny!

– To pierwszy pański owczarek?

– Nie, wcześniej miałem owczarka Mucka. Wszystko przez to, że kocham zwierzęta, a zwłaszcza psy. Moja kochana Blondi podobnie jak ja nie lubi mięsa, a przepada za ziołami! Dla bezpieczeństwa tylko ja mogę ją karmić. Wie, że jest dla mnie bardzo ważna, dlatego podczas długich narad, kiedy była znużona, zaczynała powarkiwać i przysuwać się do mnie coraz bliżej, ale odsyłałem ją z powrotem do kąta.

– Spróbujmy zakończyć nasze spotkanie w rodzinnej atmosferze. Z kim dotychczas spędzał pan święta?

– Wyznaję zasadę, że Boże Narodzenie to święto rodzinne, podczas którego nie będę się nikomu narzucał. Czasem na chwilę odwiedzałem mojego fotografa. Innym razem nawiedzałem Goebbelsa. Zawsze tylko na chwilę.

ULUBIONY HOTEL KANCLERZA RZESZY

Ulubionym hotelem Hitlera był Kaiserhof w Berlinie, gdzie często można było spotkać m.in. polskiego śpiewaka Jana Kiepurę. Zdarzało się, że Kiepura pił w restauracji herbatę, gdy pod hotel zajeżdżał ze swoją ochroną Führer. Nierzadko siadał przy stoliku obok, po czym Kiepura był proszony o dołączenie do towarzystwa wodza, który chciał z nim zamienić kilka słów.

– Gdzie zatem pan wówczas przebywał?

– Po śmierci Geli* często Boże Narodzenie spędzałem samotnie w jej pokoju. Od wielu lat współpracownicy mają zakaz wymawiania jej imienia, jak również śpiewania kolęd.

– Ma pan w oczach łzy.

– Zawsze, kiedy o niej mówię, zaczynam płakać. To ludzkie sprawy.

---

* Geli Raubal właśc. Angela Maria Raubal (ur. 4 czerwca 1908 r. w Linzu, zm. 18 września 1931 r. w Monachium) – siostrzenica Adolfa Hitlera i jego domniemana kochanka.

Nowy kanclerz Rzeszy. Czas na wojnę

• o Polakach • współpracownicy • wrogowie • zgolenie wąsów • niewygodne pytania

„To cud naszych czasów, że znaleźliście mnie wśród tak wielu milionów! A to, że znalazłem was, jest szczęściem dla Niemiec!"

Adolf Hitler, 13 września 1936 roku
podczas zjazdu partyjnego w Norymberdze

– Mam dla pana prezent, panie kanclerzu.

– Co takiego?!

– Wspominał pan ostatnio o swojej miłości do książek. Proszę, oto *Przewodnik po chorobach wieńcowych XIX wieku*.

– Skąd pan to ma?

– To jedyna książka, na którą wystarczyło mi pieniędzy. Znajomy Żyd mi ją załatwił.

– Bardzo dziękuję, ale nie mogę tego przyjąć. Gdyby świat się dowiedział o prezencie od Żyda, zapadłbym się ze wstydu pod ziemię.

– Zostanie to między nami.

– Niechaj będzie i tak. Bardzo dziękuję. Może się pan czegoś napije?

– Kawę poproszę, jeśli to możliwe. Widzę, że jest pan dzisiaj w szampańskim nastroju.

Hitler (odwrócony tyłem) przemawia do członków SA zgromadzonych w Dortmundzie, rok 1933

– Podjąłem kroki, by tak właśnie było. Niedawno Joseph Goebbels doniósł mi, że zmarł Franklin Delano Roosevelt. Cóż za fantastyczna wiadomość! Sprawdziła się wróżba o nadzwyczajnym wydarzeniu w połowie kwietnia. I co? Dwunastego kwietnia się udało. Cieszy mnie coś jeszcze. Przed przejęciem przeze mnie władzy ludzie przywozili taczkami pieniądze do sklepu, żeby kupić chleb. Dzisiaj już tego nie ma. Ale to tylko dygresja. Proszę dalej pytać.

– Myślał pan o zgoleniu wąsów?

– Wielu mnie do tego namawiało. Ale nigdy bym się na to nie zdecydował. Proszę sobie wyobrazić, jak bym wyglądał. Mam za duży nos. Wąsy pomagają złagodzić ten defekt. Mówiłem kiedyś, że nawet jeżeli nie byłyby modne, to gdyby ludzie dowiedzieli się, że ja je noszę, zaraz stałyby się modne.

– Mały czarny wąsik był w bawarskim dialekcie nazywany hamulcem na smarki.

– Tak, wiem to. Podobny wąsik nosił Charlie Chaplin. Nigdy się go nie pozbędę. Znaczy się wąsika *(ha, ha, ha).*

Entuzjazm wobec Führera był w Niemczech powszechny

– Kto pierwszy złożył panu gratulacje, gdy został pan mianowany kanclerzem?

– Mój osobisty fotograf, a zarazem dobry znajomy Heinrich Hoffmann. To właśnie on między innymi czekał w przedpokoju, gdy nastąpił ten podniosły moment.

– Pamięta pan tę chwilę?

– Ta świetna wieść rozniosła się bardzo szybko. Kilka minut później przed hotelem Kaiserhof, w którym przebywałem, zaczął się gromadzić tłum. Ludzie wiwatowali na moją cześć. Wieczorem wybrałem się do kancelarii, gdzie odebrałem defiladę z pochodniami zorganizowaną przez Goebbelsa. Wszystko trwało kilka godzin, co chwila słyszałem głośne entuzjastyczne okrzyki.

– Jak zareagowały zagraniczne media?

– Były pod ogromnym wrażeniem. Co dokładnie mówili w rozgłośniach zagranicznych, nie mam pojęcia. Nie słucham takich bzdur.

– Bo?

POWSTANIE DIE SCHUTZSTAFFEL DER NSDAP (SS)
W listopadzie 1925 roku Adolf Hitler utworzył Schutzstaffel der NSDAP (SS), na którego czele później stanął Heinrich Himmler. SS była osobistą gwardią Hitlera. Gdy zaczęła się rozrastać, selekcją nowych kandydatów zajął się Heinrich Himmler. W 1937 roku zapewniał, że na stu kandydatów tylko piętnastu przechodziło proces rekrutacji. Z dumą twierdził, że był to efekt drobiazgowego sprawdzania przodków i rygorystycznych badań pod kątem chorób dziedzicznych. Wszystko po to, by wybrać wyłącznie najlepszych.

– Nie chcę, aby ktokolwiek w najmniejszym stopniu na mnie wpływał. Dlatego nigdy nie słucham wystąpień zagranicznych polityków. Po co mają mi mieszać w głowie?

– Jaką pierwszą decyzję podjął pan po objęciu władzy?

– Na pewno zorganizowałem grupę eugeników, którzy mieli opracować kilka ustaw…

– Mówi pan o przepisach pozwalających na sterylizację ludzi bez ich wiedzy?

– No proszę. Jak nie ma takiej potrzeby, to jest pan świetnie poinformowany. Owszem, chodzi o te przepisy. Musieliśmy zająć się ludźmi, którzy byli dziedzicznie upośledzeni. Sterylizacja objęła w latach 1934–1939 około trzystu pięćdziesięciu tysięcy osobników. No wie pan, ciemne włosy, niski wzrost, piwne oczy – to dowody na to, że ktoś jest Żydem albo co najmniej ma skażoną krew.

– *Minderwertig.**

– Tak właśnie mówimy. Znów pan dostał punkty.

– Gdzie pan był dwudziestego szóstego lutego 1933 roku?

– Pan naprawdę myśli, że mam aż tak dobrą pamięć?

– No tak…

– I ma pan rację! Tego dnia wybrałem się na kolację z Goebbelsem i Hoffmannem na Reichskanzlerplatz. Nie było dań mięsnych. Poza potrawami wegetariańskimi jedynie ryby. Podczas tego wieczoru zadzwonił telefon.

– Kto telefonował?

---

* *Minderwertig* (niem.) – gorsi.

Monumentalny gmach Nowej Kancelarii Rzeszy, wzniesiony w centrum Berlina w 1938 roku, miał symbolizować potęgę Niemiec rządzonych przez Hitlera

– Zadzwonił Ernst Hanfstaengl[23]. Powiedział, że płonie gmach Reichstagu. Spojrzeliśmy przez okno. Przestało mi być do śmiechu. Rzeczywiście, niebo w okolicach gmachu parlamentu miało krwisty kolor. Wściekłem się. Już wtedy wiedziałem, że była to wina komunistów!

JAK SIĘ ZOSTAJE ESESMANEM?

Proces szkolenia zaczynał się od dwuletniej służby w Wehrmachcie. W czasie kształcenia esesmanów były trzy symboliczne, a zarazem bardzo ważne daty: 30 stycznia – rocznica objęcia władzy przez Hitlera, 20 kwietnia – urodziny kanclerza i 9 listopada – rocznica zakończonego niepowodzeniem puczu z 1923 roku. Wówczas wręczano przyszłym esesmanom legitymacje, emblematy i odbywało się składanie przysięgi. Kolejnym etapem było otrzymanie sztyletu, intensywne ćwiczenia fizyczne w tzw. Junkerschule i szkolenia z teorii rasistowskich w jednym z zamków „zakonu" SS.

[23] Najpierw pracował dla Hitlera, a po ucieczce do USA dla Roosevelta.

Ekspresyjne przemówienia Hitlera zjednywały mu zwolenników – tu kadry z wystąpienia w berlińskim Sportpalast w 1933 roku

– Kiedy zdecydował pan zaatakować Polskę?

– Wielokrotnie powtarzałem, że zniszczenie Polski jest naszym pierwszym zadaniem. Trzydziestego pierwszego sierpnia dokładnie o godzinie dwunastej czterdzieści wydałem ostateczny rozkaz. Skoro zostały wyczerpane wszystkie polityczne możliwości, nadszedł czas na rozwiązanie siłowe. Wyznaczyłem dzień ataku na pierwszego września o czwartej czterdzieści pięć. Później, kilka godzin po wymarszu Wehrmachtu, zadecydowałem o upozorowaniu napaści na niemiecką rozgłośnię radiową w Gliwicach.

– Jak zapamiętał pan datę pierwszego września 1939 roku?

– Jak dobrze wiemy, w Polsce rozpoczął się blitzkrieg. Równo o czwartej czterdzieści pięć niemiecki pancernik „Schleswig Holstein" otworzył ogień z gdańskiego portu na Westerplatte. Jak tylko pojawiły się doniesienia o szybkich zwycięstwach, wyruszyłem razem ze swoim sztabem specjalnym pociągiem w stronę polskiego frontu. Stamtąd śledziłem postępy moich wojsk. Czasami przemieszczałem się samolotem, ale częściej małą zmotoryzowaną kolumną.

– Ryzykowny krok. Mało bezpieczny.

ESESMAŃSKIE PRZYWILEJE

Członkowie SS musieli się ożenić do 26. roku życia. Heinrich Himmler przekonywał: „Chcemy, żeby mieli co najmniej czworo dzieci. Nie zostawimy ich samych". Rzeczywiście, w przypadku śmierci esesmana jego rodzina otrzymywała opiekę od państwa. Urodzenie każdego dziecka było premiowane srebrną łyżeczką i kubkiem, a po trzech latach służby esesmani byli nagradzani sygnetem.

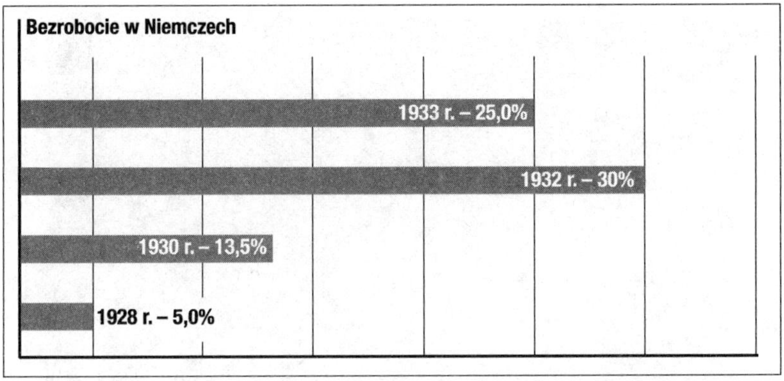

Źródło: P. Valode, *Hitler i tajne stowarzyszenia*, wyd. Prószyński i S-ka, Warszawa 2010, s. 70.

– To kolejny dowód na to, że czuwa nade mną opatrzność. Gdyby Polacy dowiedzieli się, że podróżuję w tak niewielkiej kolumnie, bez trudu mogliby mnie zlikwidować. Informacje o kolejnych ocaleniach już mnie nawet nudziły. Trzy dni później, trzeciego września, Francja i Anglia wypowiedziały Trzeciej Rzeszy wojnę.

– Podobno po 1939 roku nigdy nie udał się pan na front.

– Czasem zdarzało mi się podróżować. A z wyprawami na front musiałem uważać z prostego powodu. Gdybym zginął, naród niemiecki straciłby cennego wodza. W przypływie szczerości coś panu powiem. Nie znoszę widoku krwi, nie mówiąc już o widoku trupów. Musiałem tego unikać, żeby do tego całego wojennego bagna zachować odpowiedni dystans.

– I nie widzieć, jak niemieccy żołnierze plądrują zdobyte tereny...

– Wypraszam sobie takie opinie! Wydałem rozkaz, by moi żołnierze nie zachowywali się jak francuskie szczury w Nadrenii po pierwszej wojnie światowej. Każdy wojak przyłapany na plądrowaniu miał być rozstrzelany. W przeciwieństwie do żabojadów zawsze mieliśmy honor!

– Wie pan, jak smakuje żołnierska grochówka?

– Pewnie! Często jadłem obiad z żołnierzami. Uwielbiałem grochówkę, z której przed podaniem usuwano mi kawałki mięsa. Nawet teraz na samą myśl cieknie mi ślinka.

„Wódz prowadzi nas. Wszyscy odpowiadamy – tak!" – plakat propagandowy z 1934 roku

„Zawsze mówiłem, że jeśli Wielka Brytania zostanie pokonana w wojnie, to mam nadzieję, że znajdziemy takiego Hitlera, który doprowadzi nas z powrotem na należną pozycję wśród narodów".

Winston Churchill, list otwarty opublikowany w „The Times" w 1938 roku

Źródło: H. Hoffmann, *Mój przyjaciel Hitler*, op. cit., s. 94.

Ogromny gabinet Hitlera w Nowej Kancelarii Rzeszy miał ok. 400 m kw. powierzchni

– Lubi pan Polaków?

– Skąd pańskie zainteresowanie tą nacją?

– Wielu moich żydowskich przyjaciół jest polskiego pochodzenia.

– W 1938 roku polski minister spraw zagranicznych Józef Beck otrzymał ode mnie do swojej dyspozycji samochód i objechał Bawarię, by na własne oczy zobaczyć moje dokonania. Był pod ogromnym wrażeniem.

– Marszałek Józef Piłsudski?

– Był on wybitnym mężem stanu. Już o tym panu mówiłem. Dzisiaj zawodzi pana pamięć, panie doktorze!

– Za to nie wiem, co sądzi pan o innym mężu stanu – Winstonie Churchillu.

– To świnia bez charakteru! Niech pan przeczyta jego wspomnienia. Obnażył się przed narodem do tego stopnia, że na samą myśl o tym jeży mi się wąs! Co to za naród, który toleruje coś takiego!?

– Dlaczego chciał pan wojny?

Esesmani z Leibstandarte Adolf Hitler, gwardii przybocznej Hitlera, defilują przed nim, rok 1937

– Pierwsza wojna światowa bardzo mocno uderzyła w Niemców. Szkoda czasu, by kpić z traktatu wersalskiego. Wielokrotnie prześladowano mój naród i poddawano terrorowi. Nadszedł czas, by to zmienić, a ja zdecydowałem się rozmawiać z Polską dokładnie takim samym językiem, jakim ona rozmawiała ze mną wiele miesięcy przed wybuchem wojny!

– Przez pana zginęły miliony niewinnych ludzi. Ma pan na to jakiekolwiek usprawiedliwienie?

– To nie jest pytanie, na które można odpowiedzieć kilkoma zdaniami. Jest to złożona kwestia. Jednak nie będę uchylał się od odpowiedzi.

– Zatem...?

– Jest rzeczą oczywistą, że zawsze wina spoczywa na głównym dowódcy. Nie wiem, jak oceni mnie historia. Należy jednak pamiętać, że przeszłość nie jest dziełem jednej osoby. Pomijając moją charyzmę i siłę oddziaływania, musi pan zwrócić uwagę, że dowódcy bez sprzeciwu wykonywali moje rozkazy. To wszystko, co się wydarzyło, to efekt nie tylko mojego myślenia. Około dwóch milionów Niemców zabijało innych ludzi, a kolejne dziesięć było biernymi obserwatorami. Panowała powszechna akceptacja.

– Chce pan rozmyć winę...

– W żadnym wypadku. Wręcz przeciwnie, jestem gotów wziąć na siebie całą odpowiedzialność. Gdyby tak nie było, już dawno nie byłoby mnie w tym bunkrze. Nie byłoby mnie w Berlinie, który za chwilę może zostać zrównany z ziemią. Historia to złożony organ. Składa się z takich czynników, jak gospodarka, społeczeństwo, ale i ludzka psychika.

– Nie ucieknie pan od porównań do Stalina.

– Wielokrotnie byłem do niego porównywany. Stalin i Hitler – podobieństwa tyranów. Z wielkim bólem serca muszę zwrócić uwagę na szczegół, który jest pomijany. Józef Stalin zabijał dla władzy. Z jego rąk życie straciło wielu niewinnych ludzi tylko dlatego, by nie spowalniać mu drogi do władzy.

– Przez pana zginęło jeszcze więcej ludzi.

– A zastanawiał się pan dlaczego? Moje rozkazy nie były podyktowane obawą o władzę. Działałem w imię przekonań, które wyznaczały mi ścieżkę działania.

Uczestnicy konferencji w Monachium zorganizowanej 28 października 1938 roku, która zakończyła się oddaniem czeskich Sudetów Trzeciej Rzeszy (od lewej): brytyjski premier Chamberlain, francuski premier Daladier, Hitler, włoski dyktator Mussolini i włoski minister spraw zagranicznych Ciano

Hitler przemawia w Reichstagu 1 września 1939 roku, kłamliwie oskarżając Polskę o sprowokowanie wojny

– Co chce pan przez to powiedzieć?

– Może to brutalnie zabrzmi, ale pomiędzy mną a Stalinem jest zasadnicza różnica. On zabijał dla władzy, ja w imię idei. Dzięki temu mogłem realizować własny światopogląd.

– Nie zmienia to faktu, że przez pana wielu ludzi straciło życie.

– Ja tylko realizowałem powierzoną mi przez niemieckie społeczeństwo misję. Trzeba w tym miejscu jasno podkreślić, że władzę otrzymałem od niemieckiego narodu. W żadnym razie nie zdobyłem jej siłą! Czy myśli pan, że gdyby elity polityczne opowiedziały się przeciwko mnie, to dzisiaj przywódcą Trzeciej Rzeszy byłby Adolf Hitler? Otóż nie!

– Czuje się pan wybrańcem narodu?

– Ależ oczywiście! Społeczeństwo niemieckie szukało wybawcy, który odpowiedziałby na nastroje społeczne. I widocznie uznały, że tym zbawicielem mam być ja. Jestem wybawcą, na którego czekał niemiecki naród. Jeżeli ktoś mówi, że za wszystko odpowiada Hitler, to ja pytam, dlaczego nikt nie zatrzymał tego znienawidzonego Hitlera? Czy rząd bawarski nie mógł dokonać ekstradycji mojej osoby, czy nikt nie mógł mnie ukarać za zamach stanu? Były takie narzędzia, ale nie było politycznej woli! Powiedzmy sobie jasno: Niemcy szukali zbawiciela i ja odpowiedziałem na ten apel.

– Chce pan…

– Proszę mi dać dokończyć. Dlaczego, do jasnej cholery, nikt nie chce powiedzieć o mnie nic dobrego? Stalin interesował się władzą. Za to dla mnie priorytetem było znalezienie sposobu na poprawę życia Niemców. Szukałem odpowiedzi na pytanie, jak poprawić byt robotników, jak stworzyć wydajny system opieki społecznej czy zmodernizować przemysł. Pomijając środki, za których pomocą to robiłem, musi pan wiedzieć, że byłem wybrańcem, dla którego ważna była budowa społeczeństwa w lepszej wersji niż istniejący system. Wiem, że w przyszłości będę niesprawiedliwie oceniany. Jedynie jako ten, który zabijał. Usłyszałem kiedyś od pewnego niemieckiego uczonego, że jestem wybrańcem narodu, którego sposób myślenia jest o wiele bardziej racjonalny, niż się wszystkim wydaje.

– Może dlatego, że jest pan znany z tajemniczości?

– Zarówno odizolowanie, jak i enigmatyczność są cechami idealnego przywódcy politycznego. Takie zachowanie pozwala maksymalnie skupić się na rządzeniu, bez rozdrabniania się na inne tematy.

– To stąd się wzięły plotki o pańskiej codziennej rutynie?

– To nie są plotki. Rzeczywiście, od kilku lat w moim życiu obecna jest rutyna. Nie chcę uciekać od polityki nawet na chwilę. Dlatego nigdy nie stawiałem na życie prywatne. Do tej pory nie był to element mojego publicznego wizerunku i tak już pewnie zostanie. To świadoma decyzja, mająca zapewnić jeszcze lepszą jakość rządzenia i walkę o poprawę bytu narodu niemieckiego.

– Swoim zachowaniem sprawił pan, że wielu ludzi było pod pana wrażeniem. Popierali pana duchowni, dyplomaci, intelektualiści, a przede wszystkim podwładni i tłumy, które porywał pan swoimi przemówieniami.

– Świadomie zbudowałem autorytet władzy. Dzięki temu naród niemiecki wiedział, że do przywódcy trzeba się odnosić z wielkim

Hitler obserwuje Warszawę oblężoną przez wojska niemieckie we wrześniu 1939 roku

szacunkiem. Wielbiące mnie tłumy były tylko potwierdzeniem poparcia, którym obdarzyli mnie mieszkańcy Trzeciej Rzeszy.

– Jest pan dzisiaj gotów na to, by powiedzieć, że władza jest dla pana wszystkim?

– Po to poświęciłem życie prywatne, by właśnie władza była dla mnie wszystkim. I nie chodziło mi wcale o zdobycie władzy. To nie był mój cel, ale środek mający przybliżyć realizację moich poglądów. Jako polityk mam jasno wytyczoną ideologię. Zawsze widziałem obecne w Niemczech zło i oferowałem moim obywatelom wyeliminowanie tego pierwiastka z naszego świata. W tym miejscu powtórzę raz jeszcze. Byłem wybawcą, którego Niemcy sami wybrali. A kanclerzem Rzeszy zostałem legalnie.

– Tak, tak. Zaraz po dojściu do władzy rozwiązał pan związki zawodowe i wprowadził cenzurę. Ale dzisiaj nie o tym... Szanse Trzeciej Rzeszy na zwycięstwo może by wzrosły, gdyby udało się niemieckim naukowcom doprowadzić do rozszczepienia jądra!

– Powtarza pan największą bzdurę, jaką można sobie wyobrazić. Ci cholerni profaxi...

– Kto?!

– Profesorów nazywam profaxami! A więc ci cholerni amerykańscy profaxi narażają społeczeństwo na wielkie niebezpieczeństwo. Jeśli popełnią jakiś błąd, to rozniosą całą kulę ziemską na drobne kawałki!

– A pan nie zachowywał się podobnie? Psychicznie rozrywał na kawałki, groził?

– Groziłem, bo *Ordnung muss sein*! Dyscyplina to podstawowa wartość w wojsku. Groziłem śmiercią, to prawda. Niektórzy nawet myśleli, że wystarczyło poprosić o zwolnienie z obowiązku pełnienia służby u mego boku, by z mojego polecenia natychmiast stracić życie. Kompletna bzdura!

– Tak nie było?

– Ani razu! Nie znajdzie pan ani jednej osoby, która poniosła konsekwencje za odmowę wykonania polecenia, takiego jak zamordowanie nieuzbrojonych ludzi.

– Bo wszyscy już nie żyją?

– Proszę sobie darować te żydowskie żarty.

– Jakie w takim razie dowcipy pana bawią?

– Żydowskie, jak najbardziej.

– Ulubiony kawał?

– Zdecydowanie żart o tym, że gdybym dostał rachunek za gaz, to musiałbym się powiesić!

Kobiety i seks, czyli w łóżku z Führerem

• seks • złoty deszcz w sypialni • Niemki muszą lubić brąz • samobójstwa kochanek • filmy pornograficzne • problemy z alkoholem • nieślubne dziecko • wrodzony imbecylizm • geje i transwestyci • listy od obywateli • Führer casanova • miłość do matki

„To my decydujemy o życiu seksualnym!”

Adolf Hitler[24]

„Dwudziestowieczny świat jest powiązany z widmem seksu. Na początku naszego stulecia zrobiono wiele, byle tylko zmniejszyć popularność seksu do jak najmniejszego poziomu. Doszło do tego, że w Stanach Zjednoczonych stroje kąpielowe powinny sięgać co najmniej trzy cale poniżej kolan, a męskie osiem cali poniżej krocza. Co więcej, w 1908 roku czytelniczki pisma »Ladies Home Journal« zostały pouczone w kwestii sytuacji relacji damsko-męskich: »Pytanie: Jeśli młody człowiek skradnie dziewczynie całusa, to co powinna ona zrobić? Odpowiedź: Powinna okazać swoje niezadowolenie w sposób, który nie pozostawi mu żadnych wątpliwości co do jej

[24] A.M. Sigmund, *Seks w III Rzeszy*, Bellona, Warszawa 2015.

KANDYDATKA DO OŻENKU PILNIE POSZUKIWANA

Zapewne za kilkadziesiąt lat mało kto będzie pamiętał, że przed wojną wielu Niemców decydowało się na poszukiwania drugiej połowy za pomocą ogłoszeń prasowych. Oto kilka wycinków prasowych:

- Sześćdziesięcioletni wdowiec poszukuje nowej nordyckiej towarzyszki życia, która gotowa jest urodzić mu dzieci, by nie wygasła męska linia starej dobrej rodziny.
- Pięćdziesięciodwuletni lekarz, Aryjczyk, weteran bitwy pod Tannenbergiem, zamierzający osiedlić się na wsi, pragnie męskiego potomstwa w oficjalnym związku ze zdrową Aryjką, dziewicą, młodą, skromną i oszczędną, zdolną do ciężkiej pracy, szeroką w biodrach, chodzącą na płaskich obcasach i nieużywającą kolczyków, najlepiej niezamożną.
- Córka nauczyciela, 27 lat, z dzieckiem, pozna pana do lat 33 w celu matrymonialnym. Możliwość posagu.
- Dwudziestodziewięcioletnia panna z dzieckiem poszukuje sympatycznego i ambitnego towarzysza życia, z zamiarem małżeństwa.

Były również nekrologi, z dala trącące ofertą matrymonialną:

- Mój narzeczony i najdroższy ojciec mego dziecka, Sepp Schauerhuber, starszy szeregowiec w jednostce pancernej, poległ dla Führera i Wielkich Niemiec 16.08.41. Dla nas żyje On w swoim synu Gerhardzie. Dumna w żałobie Anna Maria Koch, narzeczona z synkiem Gerhardem i całą rodziną Kochów.

Źródło: R. Grunberger, *Historia społeczna Trzeciej Rzeszy*, Warszawa 1987.

opinii w tej sprawie. Ma ona powód do niezadowolenia, ponieważ na zbyt wiele sobie pozwolił«. Co należy robić w przypadku »tego najgorszego«, naturalnie po ślubie? Należało wówczas w napływie uczuć patriotycznych »leżeć spokojnie i myśleć o Anglii«"[25].

– Ile kobiet było w pańskim życiu?

– Proszę napisać, że miałem ich więcej niż Napoleon Bonaparte. W końcu trzeba pielęgnować pewne mity.

– Ile kobiet przez pana próbowało odebrać sobie życie?

– Ciekawe pytanie. Przypuszczam, że około tuzina. Nigdy tego nie liczyłem, a poza tym nie o wszystkich wiem. Była Mitzi, która po roku od naszego pierwszego spotkania próbowała się powiesić na pasku, ale uratował ją brat. Pamiętam też Susi Liptauer. Ona akurat

[25] P. Słowiński, D. Uhl-Herkoperec, *Erik Jan Hanussen...*, op. cit., s. 197.

Angelika Maria „Geli" Raubal, siostrzenica i kochanka Hitlera, która oficjalnie popełniła samobójstwo 18 września 1931 roku. Są poszlaki, że została zastrzelona przez Hitlera, a sprawę zatuszowano

okazała się skuteczna. Do tego trzeba dodać niemiecką gwiazdę filmową Renatę Miller. Moja obecna partnerka, którą dzisiaj pan pozna, też próbowała się zabić. Chyba nawet ze trzy razy.

– To ona jest pana kobiecym ideałem?

– Nie mam go. Wiem za to, że kobieta nie musi być inteligentna. Moja matka była prostą kobietą, która żyła dla swojego męża i dzieci. Czyż wśród tych intelektualistek czułaby się swobodnie? Oczywiście, że nie. A jednak to nie wykształcone damy, lecz ta prosta kobieta dała niemieckiemu narodowi wielkiego syna.

– Matka jest najważniejszą kobietą w pańskim życiu?

– Jest nią Trzecia Rzesza. Jej całkowicie podporządkowałem swoje życie.

– Przepraszam, że przerywam, ale... spróbujmy ściągnąć z pana maskę polityka i zacznijmy jeszcze raz, po ludzku.

– Matkę kochałem ponad życie. Jak pan doktor dobrze wie, kiedy przyszło mi się z nią żegnać, runął cały mój świat. Te ciężkie

> „Jej urok nie był do uchwycenia na fotografii. Żadne ze zdjęć, które zrobił mój ojciec, nie oddaje go. Ta dziewczyna miała to, co Hitler cenił w kobietach najbardziej".
>
> Henriette Hoffmann, córka osobistego fotografa Adolfa Hitlera, Heinricha Hoffmanna, o Geli.

doświadczenia pozwoliły mi później sprawniej opiekować się inną kobietą – Trzecią Rzeszą. Matka zmarła na raka piersi. Kiedy siedziałem przy jej łożu w ostatnich godzinach życia, obiecałem sobie, że zrobię wszystko, by nowotwór nie zżarł Trzeciej Rzeszy od środka.

– Ja jednak chciałbym pana pytać o kobiety w ludzkim wymiarze. Matka, to już wiemy. Kto jeszcze?

– Wiele młodych kobiet zachodziło w ciążę, by zaludniać niemieckie tereny. Były nawet nazywane „narzeczonymi Hitlera". W kręgach rodzinnych do takich osób należała moja ukochana Geli.

– Wiem, wiem. Chodzi o tę znaną siostrzenicę.

– Nie jakąś „tę znaną", tylko konkretnie o Angelę Marię Raubal, którą rzeczywiście wszyscy nazywali Geli. Byłem dla niej wujem. Była ode mnie młodsza o blisko dwadzieścia lat. Wciąż mam w pamięci jej kędzierzawe, smoliste włosy, które splatała w dwa warkocze, a jakiś czas później je ścięła. A jakie miała piękne bursztynowe oczy! Aż trudno to sobie wyobrazić.

– Bardzo się pan ożywił, mówiąc o pannie Geli.

– Do dzisiaj noszę przy sobie jej zdjęcie i zdjęcie matki. Oglądam je codziennie. Geli... Bez wątpienia była to trzecia najważniejsza kobieta w moim życiu, po matce i Trzeciej Rzeszy. Dlaczego? Czasem niedomówienie jest po stokroć cenniejsze niż przedstawienie twardych faktów. Niech tak właśnie będzie w tym przypadku.

– Oczarowała pana swoim urokiem.

– Ogromnym urokiem, to na pewno! W 1928 roku – a może nieco wcześniej – zaproponowałem jej matce, która była moją przyrodnią siostrą, to akurat wiem, chociaż nie znam historii rodziny, opiekowanie się moim domem w Obersalzbergu. Odkąd pamiętam, Geli zwracała się do mnie „wujku Adi". To rozmiękczało moje serce.

– Nie krył się pan z tą znajomością.

– Nie było się z czym kryć. Otaczałem ją opieką. Opłacałem lekcje śpiewu, chodziłem z nią na zakupy, pikniki, do opery i oczywiście na obiady do monachijskiej restauracji Osteria Bavaria. Wreszcie na moje wyraźne życzenie Geli przeprowadziła się z Obersalzbergu do Monachium.

– Z powodu bliskiego pokrewieństwa nie było możliwe małżeństwo.

– Dotychczas uważałem, że Geli była jedyną kobietą, z którą mógłbym się związać na całe życie. Potrafiła wywołać we mnie prawdziwą namiętność, ba – oczarować mnie do granic możliwości.

– Użył pan słowa „dotychczas". Czy to się właśnie zmieniło?

– Tak. Chciałbym pana z kimś poznać.

(Adolf Hitler z wielkim trudem wstaje od biurka, przy którym siedzimy. Drżącą lewą ręką odsuwa krzesło, spogląda w stronę drzwi i każe mi czekać. W pokoju rozlega się dźwięk zamykanych drzwi. Na korytarzu słyszę czyjeś wołanie. Za kilka minut ponownie słychać lekkie naciśnięcie klamki. Wraz z przygarbionym Führerem do pokoju wchodzi kobieta. Średniego wzrostu, o zgrabnej figurze i ciemnoblond włosach. Najbardziej zwracają uwagę błękitne oczy wpisane w okrągłą twarz i usta pomalowane czerwoną szminką).

– Panie Bloch, proszę poznać ważną dla mnie kobietę, Evę Braun.

– Miło mi panią poznać.

– Mnie pana również. Wiele dobrego o panu słyszałam. Adolf opowiadał mi, że jest pan wybitnym specjalistą z zakresu medycyny.

– Przez grzeczność nie zaprzeczę...

(Hitler postanawia przerwać nasz dialog dyskretnym chrząknięciem. Właściwie to dopiero trzecia próba przynosi oczekiwane efekty).

– Przedstawiam panu kobietę, która od 1936 roku ma legitymację służbową sekretarki. Ta dama niedługo zostanie moją żoną. Zapewne pan nie słyszał o Evie?

– Chciałbym się odwdzięczyć i powiedzieć, że słyszałem

DEMOGRAFIA W TRZECIEJ RZESZY

Po pierwszej wojnie światowej upowszechniło się używanie środków antykoncepcyjnych. To między innymi jeden z czynników, który sprawił, że stopa urodzeń spadła z 20,3 promila w latach dwudziestych do 14,7 promila w 1932 roku. Dopiero po przejęciu władzy przez nazistów krzywa urodzeń zaczęła rosnąć – w 1939 roku osiągnęła poziom 20,4 promila.

W Trzeciej Rzeszy stosowano trzy rodzaje tzw. bodźców rozrodczości: dodatki rodzinne, pożyczki małżeńskie i zasiłki na dzieci. Te ostatnie wynosiły 10 marek miesięcznie na trzecie i czwarte dziecko, a na piąte 20 marek.

W języku codziennym pojawił się zwrot „Kindersegen", który oznaczał „błogosławieństwo w dzieciach". Zresztą samo słowo „rodzina" miało zdaniem nazistowskiej propagandy koneksje z arystokracją i prestiżem. Co więcej, niechęć małżeństw do posiadania dzieci była traktowana na równi z dezercją z pola walki.

Mimo wszystkich tych działań co piąta kobieta w Niemczech nie urodziła swojemu przywódcy ani jednego dziecka. W Berlinie nawet co trzecia.

wiele dobrego, ale mijałoby się to z prawdą. Nic nie wiem o pani Evie.

– Zaraz wytłumaczę, dlaczego tak się stało. Evo, bardzo ci dziękuję. Możesz już odejść, a my z panem doktorem będziemy kontynuowali nasze spotkanie.

(Eva Braun lekko się kłania na pożegnanie, po cichu zamyka drzwi, a my wracamy do rozmowy).

– Kontynuując... Do tej pory starałem się nie afiszować z Evą. Wolałem, by społeczeństwo niemieckie nie zaprzątało sobie nią głowy. Powiedziałem kiedyś, że bardzo inteligentni ludzie powinni brać sobie głupie i prymitywne żony. Nie wycofam się z tych słów. Mogę jedynie dodać, że zawsze możliwe są jakieś wyjątki. Wielokrotnie powtarzałem, że moją drugą połową są Niemcy. I tak już zostanie. Choć może właśnie w przypadku Evy Braun zrobię wyjątek i wezmę z nią ślub.

– Dlaczego nigdy dotychczas nie zdecydował się pan na ten krok?

– Państwo niemieckie i moja misja są najważniejsze. Czy mając żonę, mógłbym się maksymalnie skupić na pracy? Otóż nie. A jaka

Hitler odpoczywa w towarzystwie Geli Raubal

to byłaby tragedia, gdyby ona wtrącała się do mojej pracy? Wie pan... W wolnym czasie chciałem mieć spokój.

– Wszyscy dobrze wiedzą, że garnęło się do pana sporo kobiet.

– To wynikało z prostej kalkulacji. Garnęły się, bo nie byłem żonaty. Pamiętam, jak kiedyś, będąc w swoim monachijskim mieszkaniu, otworzyłem drzwi, a pod drzwiami stała jakaś nieznana kobieta, która zerwała biustonosz i chciała wejść do środka. Od tamtej pory wystrzegałem się nieznanych kobiet.

– Mógłby wybuchnąć skandal.

– Już kiedyś o tym mówiłem. To jest trochę taki syndrom aktora filmowego. Jesteś atrakcyjny, dopóki się nie ożenisz. Kiedy zostajesz mężem, tracisz w oczach uwielbiających cię kobiet i przestajesz być ich idolem.

– Podobno po swoich wystąpieniach dostawał pan mnóstwo listów, w większości od kobiet właśnie.

– Każde wystąpienie oznaczało nową porcję listów z osobistymi zwierzeniami i przesiąkniętej głębokimi uczuciami korespondencji. Większość zaczynała się zwrotami: „Kochany Führerze", „Czcigodny Panie Hitler" czy „Szanowny Panie Kanclerzu". Pisali i piszą do mnie wszyscy – nauczyciele, uczniowie, księża, zakonnicy, ale i znani przemysłowcy. To kolejny dowód na to, jak wielkim zaufaniem cieszę się wśród Niemców i Austriaków.

(Hitler wyciąga szufladę biurka i wyjmuje stos listów. Pokazuje mi je).

– To, co panu pokazuję, to jeden z tysiąca dowodów sympatii.

„Wierzę w Boga Ojca, Wszechmocnego stwórcę nieba i ziemi i w Adolfa Hitlera, syna jego wybranego, by wybawić naród niemiecki od żmijowego wylęgu: Żydów, klechów i dynastii [...]. Amen".

– Jak pan widzi, list jest datowany na siódmego września 1938 roku. Wysłał go do mnie Karl Jorde, portier hotelowy z Wiednia. Albo niech pan zobaczy to (*wyciąga kolejne, nieco zniszczone listy*).

„Mój ukochany Wodzu!
Chciałabym Cię prosić z całego serca: czy byłoby to możliwe, abyśmy – ja i moja przyjaciółka – odwiedziły Cię w Kancelarii Rzeszy? Proszę, proszę, niezmiernie kochany Wodzu, nie odmawiaj, bądź dobry również dla nas, dziewcząt! Wygospodaruj dla nas chociaż pięć minut Twojego czasu! Jeśli choć raz będziemy mogły Cię zobaczyć z bliska, z ochotą spełnimy każde Twe życzenie!"

Elisabeth J. ze Schwarzburga w Turyngii, 20 czerwca 1938 r.

„Całuję Cię w Twoje cztery litery i rozbieram się dla Ciebie, na znak mego patriotyzmu".

„Moje najsłodsze kochanie, mój jedyny, mój najlepszy, mój umiłowany. Czy wiesz, że dzisiaj mogłabym Ciebie po prostu zjeść z nadmiaru miłości. Ale co by powiedzieli na to inni?".

Źródło: http://www.newsweek.pl/kochany-wujku-adolfie-,67231,1,1.html

– W lipcu 1925 roku dostałem równie zabawny list od monachijskiego adwokata:

„Do Pana Adolfa Hitlera, Monachium, Thierschstrasse 41/I. Jako wykonawca testamentu zmarłej pani Margarete Meindl, wdowy po dyrektorze, mam zaszczyt powiadomić Szanownego Pana, że nieboszczka, będąca wielką zwolenniczką Pańskich dążeń, przed śmiercią wyraziła wolę, aby przekazać Panu w spadku wielką palmę, jaka stoi w jej mieszkaniu".

TURECKA PRZESYŁKA

Któregoś razu Adolf Hitler przyjął delegację turecką. Kilka dni później z Turcji nadeszła wielka skrzynia, w której, jak się okazało, było mnóstwo kandyzowanych owoców, marcepanów, czekolad, cukierków i miodu. Wszystko pięknie zapakowane. Kanclerz Rzeszy spojrzał na zawartość przesyłki, po czym kazał ją szczelnie zamknąć i zakopać w ogrodzie kancelarii. Pytany przez Heinricha Hoffmanna, czy jest koniecznie, by zmarnowało się tyle pyszności, Hitler odpowiedział: „Nie życzyłbym moim przyjaciołom, by mieli dostać rzeczy, których nie zamierzam tknąć". Skrzynia została zakopana. Kilka dni później robotnicy dowiedzieli się o przesyłce. Wydobyli ją z ziemi i zajadali się jej zawartością. Jak mówił jeden z nich, była ona prima sort!

Źródło: H. Hoffmann, *Mój przyjaciel Hitler*, op. cit., s. 221.

– Przyjął pan ten prezent?

– Rudolf Hess odpisał w moim imieniu: „Herr Hitler chętnie przyjmie palmę. Czekam na wiadomość, kiedy można ją odebrać"[26].

WZRUSZAJĄCY LIST

List z 8 kwietnia 1938 wysłany do kancelarii kanclerza Trzeciej Rzeszy zapewne nie dotarł nigdy do Adolfa Hitlera. Mimo to jest on wart przytoczenia:

„Od małej Gerhildy Salfer z Linzu

Nasza Pani nauczycielka opowiadała nam tyle razy, że bardzo lubisz dzieci. Ja Ciebie też bardzo lubię, ale nie mogę się tak bardzo cieszyć, ponieważ mój kochany tatuś już bardzo długo siedzi w więzieniu i nie widziałam go od dawna.

Proszę Cię, niech mój tatuś wróci".

Źródło: B. Hamann, *Szlachetny Żyd Hitlera...*, op. cit., s. 291.

– Czyta pan całą otrzymywaną korespondencję czy list o palmie był wyjątkiem?

– Bardzo bym chciał wszystko czytać, ale nie mam na to czasu. Korespondencję przeglądał i opracowywał osobisty sekretarz. Teraz zajmuje się tym Albert Bormann, który prowadzi moją kancelarię.

[26] Źródło: Tygodnik „Forum", 2010, nr 17/18, oprac. Hanna Hartwig na podstawie: „Bild", „Der Spiegel", „Daily Mail", „Haaretz", http://www.polityka.pl/tygodnikpolityka/swiat/1505308,1,listy-do-hitlera.read

Hitler i Eva Braun przy obiedzie

Dodatkowo musiałem zatrudnić cztery osoby, bo sam Albert nie nadążał z odpisywaniem, mimo że zwykle były to standardowe formułki podziękowania.

– A...

– Proszę mi dać dokończyć. Kiedyś Bormann mówił mi, że poza listami przychodzi mnóstwo miodów, tortów, chusteczek z moją podobizną i skarpet. Jakiś służący hotelowy przesłał mi w prezencie własnoręcznie wykonane skrzypce. Podobno były ozdobione dwustu czterdziestoma pięcioma swastykami z kości słoniowej. To bardzo miłe. Dziękuję Niemcom za te dowody uznania dla swego wodza. Co do jedzenia – nigdy nie próbowałem tych wszystkich szarlotek i innych dań. Bałem się, że ktoś tym sposobem mnie otruje.

– A co to za teczka z napisem STUKNIĘTE?

– Listy od kobiet, które były nienormalne. Jak pan widzi, otrzymałem sporo takiej korespondencji. Zawsze z płcią piękną miałem problem. Wystarczyło, że okazałem którejś odrobinę osobistego zainteresowania, by uwierzyła, że chcę ją uwieść. Coś strasznego. Fatalna sprawa!

– Z żadną nie chciał pan wziąć ślubu?

– To wielkie szczęście, że się nie ożeniłem. Gdyby do tego doszło, byłaby to dla mnie katastrofa. Kobieta nigdy nie zrozumie mężczyzny. Zawsze narzeka, że poświęca się jej za mało czasu. Wyjątkiem jest Eva, choć i ona czasem marudzi. Dopiero gdy pojawiają się dzieci, jest zajęta i nie ma czasu na narzekanie. Byłem na weselach Göringa, Hessa, Goebbelsa i wielu innych. To mi w zupełności wystarczy.

– Myślałem, że to ze strachu przed kiłą.

– Z kiły to my leczyliśmy wiele osób. Nacierało się rtęcią ciało zarażonego przez wiele tygodni. Co prawda, po takiej kuracji wypadały zęby i pojawiały się inne uszkodzenia, ale co począć, trzeba było walczyć z chorobą.

– Wielu mężczyzn, gdy usłyszało taką diagnozę, sięgało po rewolwer.

– Wystrzałowe dusze! Nic więcej dodać nie można!

– To jaki jest w takim razie ideał aryjskiej piękności?

– Najlepiej blondynka. Długie nogi o szczupłych udach i łydkach. Talia wąska. Piersi o rozmiarach jabłek, z niewielką jasnoróżową brodawką, koniecznie mocno umocowane do klatki piersiowej. Krótko mówiąc, połączenie w równowadze gracji i siły.

– W przypadku takich ideałów nie istnieje pojęcie „niechciana ciąża”?

RODZINA EVY BRAUN

Matka Evy Braun, Franziska Kronberger, była córką weterynarza, krawcową wychowaną w katolickiej rodzinie. W latach młodości uprawiała sporty, odnosząc sukcesy, np. w 1905 roku została mistrzynią w jeździe na nartach. Do swoich rodziców zwracała się Pani Matko (Frau Mutter) i Panie Ojcze (Herr Vater).

Ojciec, Friedrich Wilhelm Otto Braun, marzył o zawodzie architekta. Te plany kolidowały z pomysłem rodziców, którzy chcieli, by kontynuował ich rodzinny biznes, przejmując produkcję mebli. Ostatecznie został nauczycielem. W czasie pierwszej wojny światowej znalazł się na froncie, ale nie odniósł żadnych ran.

Między rodzicami Evy Braun było sześć lat różnicy. Co zrozumiałe w tamtych czasach, starszy był ojciec. Przyszli rodzice kochanki Adolfa Hitlera wzięli ślub w lipcu 1908 roku. W domu Braunów był kot „Kocur łasy na kotki” (Schnurrlei der Kater).

– Dla mnie, ojca narodu niemieckiego, nie ma czegoś takiego jak niechciana ciąża. Zauważyłem, że od 1919 roku nie zapadają wyroki skazujące młodzieńców, którzy zabili swoje dziewczyny z powodu tego, że spodziewają się dziecka. Zarządziłem, aby to natychmiast zmienić. W takich sytuacjach bez dyskusji należy wykonywać wyroki śmierci.

– Wróćmy do naszego dzisiejszego tematu, do kobiet. Pamięta pan swoje pierwsze spotkanie z panią Braun?

– Jestem wybrańcem narodu, który ma świetną pamięć. Tyczy się to szczególnie spotkań z ludźmi. Jesienią 1929 roku odwiedziłem Heinricha Hoffmanna w jego pracowni fotograficznej przy Schellingstrasse pięćdziesiąt. Ubrałem się w jasny płaszcz w angielskim stylu, w ręku trzymałem filcowy kapelusz. W zakładzie na drabinie zobaczyłem długonogą dziewczynę w butach na wysokim obcasie. Na oko miała jakieś dwadzieścia lat*. Okazało się, że ta młoda dama porządkowała archiwum w atelier. Po zakończeniu tej czynności podeszła do nas.

– I...?

– Heinrich dał jej pieniądze i poprosił, by udała się do sklepu po kiełbaski i coś do picia. Kiedy wróciła, usiedliśmy we troje i rozmawialiśmy o muzyce. W końcu zrobiło się późno, zaproponowałem więc, że odwiozę ją do domu.

– Ona jednak odmówiła.

– Tak. Postanowiła wrócić do domu sama. Później w przypływie szczerości przyznała, że bała się ojca, który na widok córki w towarzystwie obcego mężczyzny wpadłby w szał.

– Wiem, że następnie pojawiał się pan w zakładzie Hoffmanna jeszcze kilka razy i spotykał tam panią Evę Braun.

(Hitler milczy. Tępym wzrokiem wpatruje się w podłogę. Chwilę później zaczyna trzeć oczy, by ukryć łzy. Krzyżuje ręce i wraca do rozmowy).

– Wszystko się zgadza. Prawiłem jej wtedy komplementy, pytałem, czym się interesuje. Zazwyczaj odpowiadała, że lubi teatr i muzykę. Czasem dorzucała też zwierzęta, fotografię, modę i gwiazdy filmowe.

---

* Eva Braun miała wtedy siedemnaście lat.

– Widzę, że te wspomnienia wywołały u pana łzy wzruszenia i tęsknoty za tamtymi latami.

– O czym pan mówi? Zdawało się panu.

– No przecież...

– Powiedziałem, że to się panu zdawało!

– W takim razie wróćmy do tamtej chwili.

– Akurat ten obraz pamiętam bardzo dobrze. Była krótko ostrzyżoną blondynką z niebieskimi oczami. Do tego tak kołysała biodrami, że każdy by się za nią obejrzał. Miała piękne nogi... Po co ja to w ogóle panu opowiadam!

– Przepraszam, jeśli moje słowa pana uraziły. Chciałem tylko zapytać, jak pan zapamiętał Evę Braun z tamtych lat. Jeśli pan chce, to możemy zakończyć ten temat.

Z PAMIĘTNIKA EVY BRAUN

11.03.1935

„Jest tylko jedna rzecz, której chcę. Chciałabym poważnie zachorować i nie słyszeć o nim przynajmniej przez tydzień. Dlaczego nic mi się nie przydarza? Dlaczego muszę przez to wszystko przechodzić? Gdybym tak nigdy się z nim nie spotkała! Jestem kompletnie przygnębiona. Powinnam wyjść i kupić proszki nasenne, i zapaść w jakiś półsen, i wtedy nie będę o tym zbyt wiele myśleć". Po czym dodała:„Dlaczego diabeł nie zabiera mnie ze sobą? O wiele lepiej byłoby mi z nim, niż jest tutaj".

Cyt. za: A. Lambert, *Przegrane życie Evy Braun*, Dom Wydawniczy Rebis, Poznań 2006, s. 204.

1.04.1935

„Wczoraj zaprosił nas na obiad do VierJahreszeiten. Siedziałam blisko niego przez trzy godziny, a nie mogłam zamienić nawet słowa. Przy pożegnaniu podał mi, jak czynił wcześniej, kopertę z pieniędzmi. Byłoby o wiele przyjemniej, gdyby przesłał pozdrowienia albo czułe słowo. Cieszyłabym się, gdyby to zrobił".

Tamże, s.199.

10.05.1935

„Pogoda jest taka piękna, a ja, kochanka największego człowieka w Niemczech i na świecie, siedzę tu i patrzę na słońce przez okno. Jak on może być takim prostakiem i zostawiać mnie tu spoglądającą na obcych? [...] Szkoda, że jest wiosna".

Tamże, s.199.

– Proszę w żadnym wypadku nie sugerować, że jestem tchórzem. Nie jestem szczurem, który ucieka z tonącego statku. Jestem wybrańcem narodu, najlepiej wiem, co mam robić. Nawet jeśli żydowskie świnie żartują, że Berlin jest bezdomny, bo stracił domy!

– Kontynuujmy naszą rozmowę. Prześwietlił pan Evę Braun pod względem rasowym?

– Tym zajął się mój zaufany człowiek Martin Bormann. Bodajże w 1930 roku zlustrował całą rodzinę Braunów. Poza tym Eva ma zakaz opalania się, ponieważ nienawidzę brązowej skóry!

– Wspólne zainteresowania?

– Eva uwielbia kryminały. Ze mną dzieli pasję do książek Karola Maya. Kocha sport, zwierzęta i podróże – szczególnie do Włoch, gdzie często dotychczas spędzała wakacje. Odkąd ją znam, szaleje na punkcie mody i fotografii. Jako nastolatka dostała pierwszy aparat. W latach trzydziestych podarowałem jej aparat z dwoma obiektywami, tak zwany rolleiflex firmy Franke z Brunszwiku. Kilka lat później dostała jedną z pierwszych kamer. Myślę, że to było w 1937 albo 1938 roku.

– Robił pan jej zdjęcia?

– Uwielbiam oglądać ją nago. Kiedy tylko nadarzyła się okazja, namawiałem ją, by kąpała się nago, mówiąc: „Eva, rozbierz się, bo

NARODZINY MAŁEJ EVY

Eva Braun (właściwie Eva Anna Paula Braun) przyszła na świat 6 lutego 1912 roku o godzinie 2.32 w Monachium. Miała dwie siostry – młodszą Gretl (ur. 1915) i starszą Ilse (ur. 1909). W czasie porodu w pokoju obok czekał ojciec Friedrich Braun. Wierzył, że za chwilę na świat przyjdzie jego pierwszy syn. Miał już nawet wybrane dla niego imię – Rudolf, na cześć arcyksięcia Rudolfa Habsburga. Nic z tego. Zamiast oczekiwanego chłopca na świat przyszła druga córka. Poza pierwszym imieniem dostała jeszcze imiona Anna (na cześć jednej z ciotek) i Paula (po innej ciotce). Być może to właśnie rozczarowanie spowodowane brakiem syna sprawiło, że Fritz, jak był zwykle nazywany Friedrich Braun, odznaczał się srogością. Fritz surowo przestrzegał godzin powrotu córki do domu, o dwudziestej drugiej wyłączał prąd, a poza tym kontrolował korespondencję Evy. Nauczyciele Evy Braun wspominali, że była dzieckiem, które niechętnie odrabiało zadania domowe, za to lubiła sport. Zdawała do kolejnych klas, ponieważ była połączeniem lenistwa z inteligencją. Wszyscy zgodnie przyznają, że około piętnastego roku życia była pulchną dziewczyną.

Eva Braun podczas letniego wypoczynku w Alpach

jest zbyt gorąco, by nosić ubrania". Sam ją często rozbierałem, a później brałem aparat i fotografowałem. Najbardziej lubiłem z bliska fotografować jej pośladki.

– Kto jest starszy?

– Eva to rocznik 1912, ja urodziłem się trzynaście lat wcześniej – w 1889 roku w Braunau nad Inn. Ona przyszła na świat w Monachium.

– Kto był w pana życiu ważniejszy, Geli czy Eva?

– Zdecydowanie Geli. Ona była całym moim światem. Eva, owszem, jest bardzo miła, ale tylko Geli mogła we mnie rozpalić prawdziwe pożądanie. Zaraz po matce najważniejsza dla mnie była Geli.

– Eva akceptowała taki stan rzeczy?

– Próbowała mi powiedzieć, że się z tym nie zgadza. Pisywała do mnie listy, które wkładała do mojego płaszcza, licząc, że o wszystkim dowie się Geli. Jej plan się nie powiódł, aż do osiemnastego września 1931 roku. Tego dnia Geli po raz ostatni obdarzyła świat swoim uśmiechem.

– Tego dnia popełniła samobójstwo?

– Ten temat do dziś rani moje serce. Pamiętam, jak kilka godzin wcześniej machała mi z balkonu na pożegnanie, kiedy odjeżdżałem czarnym mercedesem do Norymbergi, a wcześniej chodziła nago po mieszkaniu. To był ostatni raz, kiedy ją widziałem. Wkrótce gospodyni zapukała do drzwi jej pokoju. Gdy nie otwierała, poprosiła o pomoc innych mieszkańców. Wreszcie ktoś wyważył drzwi. Na miejscu byli moi zaufani ludzie, wśród nich Rudolf Hess.

– Jaki zastali widok?

– Geli leżała na podłodze w kałuży krwi, twarzą do podłogi. Jedna jej ręka była ułożona w stronę pistoletu Walther, kaliber sześć trzydzieści pięć. Zaraz potem zjawili się detektywi. Stwierdzili, że kula przebiła płuco i zatrzymała się po lewej stronie pleców. Rana postrzałowa w pobliżu serca.

– Do kogo należał pistolet?

– Geli musiała go wziąć z mojej sypialni, gdzie trzymałem go w szafce. Kiedy tylko dowiedziałem się o tym tragicznym zdarzeniu, natychmiast postanowiłem wracać. Po drodze zatrzymała nas policja, zapłaciliśmy mandat za przekroczenie prędkości i niczym błyskawica popędziliśmy do biednej Geli.

(Oczy Hitlera wyraźnie stają się szklane. Następuje minutowa cisza).

– Zmieńmy temat. Porozmawiajmy o kimś innym.

– Podobno później przez długi czas w jej pokoju codziennie pojawiał się bukiet świeżych kwiatów.

– Na moje wyraźne życzenie. Drzwi do feralnego pokoju zamknąłem na dwa spusty. Wchodziła do niego tylko pani z kwiatami. Zamówiłem też wiele portretów Geli u słynnych malarzy. Ale… Nie rozmawiajmy już o tym…

– „Czas spędzony z nią jest dla mnie czasem boskim. Podobnego uczucia nie zaznałem w towarzystwie innych kobiet". Pamięta pan, o kim pan tak powiedział?

PRÓBY SAMOBÓJCZE EVY BRAUN

Eva Braun próbowała odebrać sobie życie zawsze z tego samego powodu – z braku miłości. Pierwszą przeprowadziła 1 listopada 1932 roku. Kilka minut po północy strzeliła sobie w szyję ze służbowego rewolweru ojca. Mimo odniesionych ran była w stanie wezwać lekarza, który błyskawicznie o incydencie poinformował Adolfa Hitlera.

Niecałe trzy lata później, 6 lutego 1936 roku, panna Braun skończyła dwadzieścia trzy lata. Z tej okazji napisała: „Skończyłam w zdrowiu dwadzieścia trzy lata. Czy to aby na pewno powód do radości?". I dalej rozpaczała nad swoim losem: „Nawet nie zapytał, co chciałabym dostać na urodziny". Ukochany, bywając w Monachium, nie odwiedzał jej, ignorował telefony do restauracji Bavaria, gdzie jadał obiady. To nie mogło skończyć się inaczej. 29 maja zażyła dwadzieścia cztery tabletki vanodormu. Kilka minut później straciła przytomność. Uratowała ją siostra Ilse, która przyszła, by oddać pożyczoną sukienkę. Ostatecznie propaganda zatuszowała cały incydent. Uważała, że jej samotność może złagodzić mały piesek.

– Nie wiem, może o Evie?

(Kiedy Hitler to mówi, drżą mu ręce. Zdanie to powtarza po raz drugi. Dopiero wówczas jestem w stanie je zrozumieć).

– Chodziło o Frau Magdę Goebbels.

– Ach, tak. Fantastyczna kobieta. Często była u mego boku w trakcie publicznych wystąpień. Tak jak już wcześniej mówiłem, dawno zostałem poślubiony ojczyźnie. Ale rzeczywiście Frau Goebbels jest wyjątkowa. Przykładna matka sześciorga młodych przedstawicieli Trzeciej Rzeszy. Śmiało można ją nazwać pierwszą damą Trzeciej Rzeszy.

– Kiedyś pani Goebbels powiedziała, że wróżka przepowiedziała jej przyszłość. Podobno frau Goebbels miała usłyszeć: „Zostaniesz królową życia, ale koniec będzie straszny!".

– Liczę, że tak się nie stanie. Pan też ma w to wierzyć! Przed nami jest misja, którą musimy zrealizować! Naród niemiecki nam wierzy i nie możemy go rozczarować! O czym mówiliśmy? Ach, tak... O Frau Goebbels! Byłem świadkiem i drużbą na jej ślubie. Ta kobieta to uosobienie doskonałej Niemki.

– Na tyle doskonałej, by zasięgał pan u niej rady?

PRZYSZŁA ŻONA SZEFA PROPAGANDY

Magda Goebbels urodziła się 11 listopada w 1901 roku. Początkowo ojciec jej nie uznawał, dlatego nosiła nazwisko matki – Behrand. Po trzech latach rodzice się rozwiedli, a ojczymem został Żyd Richard Friedländer. Tym sposobem przyszła żona szefa nazistowskiej propagandy przez kilka lat nosiła żydowskie nazwisko. Później w życiu Magdy pojawił się działacz ruchu syjonistycznego Żyd Wiktor Arlosorof, który odwzajemniał jej uczucia. Ostatecznie jednak ich drogi się rozeszły.

W grudniu 1919 roku Magda wybrała się nocnym pociągiem relacji Berlin–Düsseldorf. Czekała ją pięciogodzinna podróż. Na tłoczącą się w kolejce do wagonów drugiej klasy Magdę z okna pierwszej klasy spoglądał elegancko ubrany czterdziestolatek. Podszedł do niej i powiedział: „Skandalem byłoby, by tak piękna kobieta spędziła podróż w niekomfortowych warunkach. Zapraszam do mojego przedziału". Magda wyraziła zgodę. Okazało się, że ten mężczyzna to Günther Quandt, bogaty przedsiębiorca, zasiadający m.in. w zarządach Daimler-Benz i BMW. Niebawem Magda wzięła ślub z Quandtem, ale małżeństwo nie było udane. Mąż niewiele czasu spędzał z żoną, więc Magda nawiązała romans ze studentem prawa, wtedy Quandt wyrzucił ją z domu.

Magda została archiwistką w centrali NSDAP i tam ta niebieskooka blondynka błyskawicznie zwróciła na siebie uwagę Josepha Goebbelsa. Następnie została jego asystentką, kochanką, a ostatecznie żoną.

– O tak. Powiem panu szczerze, że w jej towarzystwie czułem się naprawdę dobrze. Mogłem się odprężyć. Rzeczywiście była jedną z niewielu dam, których się radziłem. Frau Goebbels organizowała mi herbatki z artystkami, dawała z siebie wszystko w imię interesu naszego państwa. To wzorowa żona i matka. Kobieta elegancka, reprezentująca odpowiedni styl życia, która wyznała mi kiedyś, że nie mogłaby żyć w kraju rządzonym przez kogoś innego.

– Pan nie lubi zapachu tytoniu.

– Domyślam się, do czego pan zmierza... Akceptowałem to, że lubiła palić papierosy. Podobnie zresztą jak Eva. Poza tymi paniami właściwie nie widziałem jakichkolwiek powodów, by pozwalać innym z mojego otoczenia palić papierosy.

– Alkohol?

– Pani Magda... Zastanawiam się, czy powinienem to mówić. Najwyżej później to wykreślimy. Tak, zbyt często zaglądała do kieliszka. To nie zmienia jednak faktu, że była uosobieniem doskonałej Niemki.

– Czy to prawda, że pani Magda zażądała rozwodu z Josephem Goebbelsem, na co pan się nie zgodził?

– Owszem. Joseph spotykał się z wieloma pięknymi kobietami, co nie uchodziło uwadze pani Magdy. Mowa była o czterdziestu kochankach, z którymi miał ją zdradzać. Gdy jednak usłyszałem o rozwodzie, dla dobra Rzeszy postanowiłem pogodzić skłócone małżeństwo. Udało się. Do dzisiaj trwają w związku.

– Wiele słyszałem na temat artystek, które pojawiały się w pana otoczeniu. Chciałby pan o którejś opowiedzieć?

– Tak, o Leni Riefenstahl. Ta niemiecka reżyserka ma wiele zasług dla naszej propagandy. Polubiłem ją tak bardzo, że przedstawiłem w 1938 roku Duce. Pojechała także ze mną filmować kampanię w Polsce. Później zatrzymaliśmy się w sopockim Grand Hotelu. W dowód wdzięczności za te dokonania sprezentowałem jej piękną willę ze studiem filmowym w ogrodzie i mercedesa. Oprócz tego w czasie wojny wydałem rozkaz wybudowania schronu przeciwlotniczego, by mogły w nim przetrwać ataki piękne, nieśmiertelne kadry Leni.

– W październiku 1939 roku pański podwładny Heinrich Himmler powiedział, że „Tylko ten, kto zostawia po sobie dziecko, może umrzeć w spokoju". Dlaczego nie ma pan dzieci?

– Tak wielki syn narodu niemieckiego jak ja nie miał czasu na rodzicielstwo. Jestem ojcem całej Trzeciej Rzeszy, każdy Aryjczyk to

NIEŚLUBNE DZIECKO HITLERA

Co jakiś czas pojawiała się plotka, że Adolf Hitler spłodził nieślubne dziecko. Miało się to wydarzyć podczas pierwszej wojny światowej na terenach Francji okupowanych przez Niemcy. Dzieckiem miał być chłopiec Jean Loret* urodzony 25 marca 1918 roku, a jego matką Francuzka Charlotte Lobjoie. Charlotte wyznała na łożu śmierci, w 1948 roku, że ojcem jej dziecka jest Adolf Hitler. Ile może być w tym prawdy? Wbrew pozorom więcej, niż nam się wydaje. Jest bardzo prawdopodobne, że Hitler w tym czasie przebywał na tych właśnie terenach, gdzie mieszkała Charlotte. Co więcej, Jean otrzymał od matki kilka rysunków nieznanych artystów, wśród których dwa według specjalistów były autorstwa kanclerza Rzeszy.

* W literaturze jest również mowa o Jeanie-Marie.

mój potomek. Macierzyństwo odgrywa w moim państwie bardzo ważną rolę. Co roku dwunastego sierpnia obchodziliśmy „Dzień Macierzyństwa".

– ...czyli w rocznicę urodzin pańskiej matki.

– Zgadza się. Tego dnia odznaczamy Honorowym Orderem Matki Niemki. Za pięcioro dzieci przyznajemy brązowy medal, za siedmioro srebrny, a złoty za dziewięcioro. W sierpniu 1933 roku odznaczyliśmy trzy miliony niemieckich matek.

– Co w praktyce oznaczało przyznanie takiego medalu?

– Każda płodna matka zajmowała zaszczytne miejsce we wspólnocie narodowej. Przecież te kobiety podczas porodu w równym stopniu, co żołnierze frontowi, narażały swoje życie. Członkowie partyjnych organizacji młodzieżowych byli zobowiązani salutować odznaczonym matkom.

– Wiele kobiet mówiło z dumą: „Urodziłam dziecko Führerowi".

– Słusznie pan zauważył, że z dumą. Bardzo często w komunikacji miejskiej mężczyźni zrywali się z miejsc, by je ustąpić odznaczonej albo ciężarnej kobiecie. Matki narodu traktowałem z ogromnym szacunkiem. To właśnie one mogły liczyć na bezpieczniejsze miejsca w schronach przeciwlotniczych czy większe przydziały kartkowe.

– Pan w ogóle lubi dzieci?

– Nawet bardzo! Po zdobyciu władzy często miałem kieszenie wypełnione czekoladkami, które rozdawałem najmłodszym obywatelom Trzeciej Rzeszy. Dzieci podbiegały, by zobaczyć „pana Hitlera", a ja

PREZERWATYWY W TRZECIEJ RZESZY

Prezerwatywy w Trzeciej Rzeszy były łatwo dostępne. W 1938 roku według nazistowskiego lekarza Ferdinanda Hoffmanna zużywano rocznie 27 milionów prezerwatyw. Można je było kupić w automatach na stacjach metra i kolejowych, w publicznych toaletach oraz, oczywiście, w aptekach. Ich popularność raziła Heinricha Himmlera do tego stopnia, że w 1941 roku wydał policyjne zarządzenie zabraniające reklamowania środków antykoncepcyjnych: „Każde uświadomienie dotyczące antykoncepcyjnych środków jest surowo zakazane dla Aryjczyków".

Źródło: A.M. Sigmund, *Seks w III Rzeszy*, op. cit., s. 188.

Hitler z Josephem i Magdą Goebbelsami oraz ich dziećmi

hojnie je wynagradzałem. Dzisiaj trwa wojna, a ja zajadam się słodyczami. Jem nawet kilogram dziennie.

– **Co z aborcją?**

– Po dojściu do władzy w 1933 roku zamknęliśmy wszystkie kliniki, w których ten niegodny czyn był możliwy. Proszę sobie zapisać, że aborcja równa jest aktowi sabotażu przeciw przyszłości rasowej Niemiec.

– **A romanse Żydów z Aryjkami?**

„Tylko ten, kto zostawia po sobie dziecko, może umrzeć w spokoju [...]. Bez oglądania się na mieszczańskie prawa i zwyczaje – słuszne, być może, w odmiennych warunkach – i bez względu na stan cywilny, najważniejszym zadaniem kobiet i dziewcząt dobrej krwi niemieckiej jest dążenie, nie lekkomyślne, ale zrealizowane z całą powagą moralną, do urodzenia dzieci żołnierzom wyruszającym do boju [...]".

Heinrich Himmler, październik 1939 rok.

Źródło: R. Grunberger, *Historia społeczna Trzeciej Rzeszy*, op. cit., http://histmag.org/lebensborn-zrodlo-zycia-12398

– Romanse, nie mówiąc już o małżeństwach aryjsko-żydowskich, są dowodem na to, że Żydzi wykradają Aryjczykom kobiety! Wślizgują się do rodzin z wyższych klas i po prostu odbierają im kobiety. W efekcie w krótkim czasie klasa panująca w kraju staje się kompletnie obca własnemu narodowi.

– To ciekawe. A rodzinę definiuje pan jako „komórkę rozrodczą narodu". Jak należy to rozumieć?

– Już w 1937 roku w tajnym piśmie do generałów przewidywałem, że narody słowiańskie będą miały przewagę nad Germanami. Dlatego trzeba było z tym walczyć z pomocą „wojny zapobiegawczej".

– Czy jednak wojna usprawiedliwia donoszenie przez dzieci na swoich rodziców, do czego namawiała niemiecka propaganda?

– Nasza propaganda działała dla dobra całego narodu. Dla wszystkich będzie lepiej, jeżeli dziecko poinformuje władze o nie-

WRODZONY IMBECYLIZM

W polityce demograficznej znaczącą rolę odegrała ustawa z 14 lipca 1933 roku o „zapobieganiu prokreacji osób dziedzicznie chorych", która odpowiadała za poprawę czystości rasowej przez sterylizację. Osoby sterylizowane nie mogły zawierać małżeństw.

„§1

pkt 1. Kto jest dziedzicznie chory, tego można pozbawić płodności (wysterylizować) z pomocą zabiegu chirurgicznego, jeśli według doświadczeń wiedzy medycznej z ogromnym prawdopodobieństwem można oczekiwać, że jego potomstwo będzie cierpieć na ciężkie psychiczne lub fizyczne uszkodzenia dziedziczne.

pkt 2. Dziedzicznie chorym w rozumieniu niniejszej ustawy jest każdy, kto cierpi na jedną z poniższych chorób:

- wrodzony imbecylizm
- schizofrenia
- dziedziczna ślepota
- dziedziczna głuchota
- ciężkie upośledzenie fizyczne
- psychoza okresowa (maniakalno-depresyjna)
- dziedziczna padaczka
- dziedziczny taniec św. Wita (pląsawica dziedziczna Huntingtona)

pkt 3. Dodatkowo można pozbawić płodności osobę, która cierpi na ciężki alkoholizm.

Źródło: Fragment ustawy o zapobieganiu prokreacji osób dziedzicznie chorych z 14.07.1933 roku.

godnych czynach, jakie dzieją się w domu, niż gdyby zostało to przemilczane. Czy pan wie, że w Trzeciej Rzeszy jest najsilniejszy ruch antynikotynowy na świecie? Dbamy o zdrowie naszych obywateli, namawiając kobiety na badania wykrywające raka piersi, usuwamy ołów i inne szkodliwe substancje z produktów spożywczych. To nie jest żadna propaganda, takie są fakty, doktorze.

– Wnioskuję po pańskiej minie, że jest pan bardzo dumny z działania propagandy.

– Niewątpliwie. Zawsze powtarzałem, że tłum ma ograniczoną cierpliwość w chłonięciu informacji, nie mówiąc już o tym, że szybko zapomina. Dlatego skuteczna propaganda musi się ograniczać jedynie do kilku punktów, by wszystkim udało się je zrozumieć, a w ostatecznym efekcie uznać za treść pożądaną. To mój szef propagandy Joseph Goebbels stwierdził, że kłamstwo powtórzone tysiąc razy staje się prawdą. I miał rację.

– Jest pan w stanie poprzeć liczbami skuteczność swoich działań?

– Wystarczy spojrzeć na statystyki dotyczące przestępczości. W 1933 roku skazanych zostało około pół miliona obywateli. Po sześciu latach moich rządów ten odsetek zmalał do trzystu tysięcy.

– Ale już przestępczość wśród nieletnich rosła. Z danych, do których dotarłem, wynika, że w 1933 roku odnotowano szesnaście tysięcy przypadków, a w 1940 roku przekroczono dwadzieścia jeden tysięcy.

– Tak właśnie było. Nikt nie jest w stanie wszystkiego naprawić od razu. Nawet tak wybitny mąż stanu jak Adolf Hitler. Powiem więcej. W 1932 roku orzeczono czterdzieści dwa tysiące rozwodów, trzy lata później było to już ponad pięćdziesiąt tysięcy. Potem liczba ta nieco zmalała, aż znowu wzrosła do sześćdziesięciu jeden tysięcy w 1939 roku. Rosła również liczba małżeństw. W 1939 roku w porównaniu do 1932 roku – aż o dwadzieścia procent.

– Jaki ma pan stosunek do homoseksualistów?

– Homoseksualistów, podobnie jak Żydów i Słowian, trzeba likwidować. Nie ma dla nich miejsca w Trzeciej Rzeszy. W każdym homoseksualiście naród niemiecki traci ojca. Po co nam tacy zniewieściali, pozbawieni siły rozrodczej osobnicy?

„Führerowi – dzieci" – nazistowski plakat promujący macierzyństwo

– Co w takim razie zrobiłby pan, gdyby się okazało, że w pańskim otoczeniu są homoseksualiści?[27]

– Kazałbym ich rozstrzelać. Chociaż i od tego byłyby wyjątki. Wystarczy spojrzeć na pana i innych Żydów, by stwierdzić, że nie wszystkich powinno się traktować na równi. Po „nocy długich noży" w 1934 roku wydaliśmy prawo zakazujące mężczyznom dotykać się wzajemnie w sugestywny sposób. Geje mieli nosić różowe gwiazdy na ubraniach. Myślę, że zlikwidowaliśmy ponad pół miliona z tej grupy.

– Śnił się panu kiedyś seks z mężczyzną?

[27] Homoseksualistą był Ernst Röhm.

GEJE I TRANSWESTYCI ADOLFA HITLERA

W otoczeniu Adolfa Hitlera było wielu gejów. Podobno większość jego ochrony stanowili mężczyźni o homoseksualnych preferencjach. Marszałek Rzeszy Hermann Göring znany był jako transwestyta, a bliski przyjaciel kanclerza Trzeciej Rzeszy, szef brygad szturmowych Ernst Röhm, również homoseksualista, miał stwierdzić: „On jest jednym z nas". Kolejną osobą z otoczenia Hitlera z homoseksualnymi skłonnościami był Rudolf Hess, nazywany „Fräulein Hess", czyli „panną Hess". Adolf Hitler namówił go na ślub, by uciąć pogłoski na temat jego homoseksualnej orientacji. Później jego żona miała się skarżyć przyjaciółce, że czasami „czuje się jako uczennica szkoły przyklasztornej, jeżeli chodzi o obowiązki małżeńskie". Plotka głosiła, że poza Hessem Hitler utrzymuje kontakty seksualne m.in. z przywódcą Hitlerjugend Baldurem von Schirachem.

Źródło: N. Cawthorne, *Życie erotyczne dyktatorów*, tłum. Z. Dumaniewska, Wydawnictwo TMN, 1996 bmw.

– Kim pan jest, żeby mnie o coś takiego pytać? Pytam, kim pan jest?! Ale owszem, odpowiem. (*Wódz uśmiecha się ironicznie*). Pyta pan, czy miewam koszmary? (*Ha, ha, ha*). Tak, choć właściwie nazywanie tego koszmarem jest nieadekwatne. To było zupełnie nowe doświadczenie.

– W rzeczywistym świecie poszedłby pan z mężczyzną do łóżka?

– A skąd pan wie, że już tego nie zrobiłem? Mam dzisiaj wyśmienity humor. Wycofajmy się z grząskiego tematu gejostwa, niekoniecznie tylnym wyjściem.

– Porozmawiajmy o seksie?

– Jeżeli chodzi o seks, to rzeczywiście w pańskim przypadku, panie doktorze, w grę wchodzi tylko rozmowa. Proszę pytać.

– Co pan sądzi o lesbijkach?

– Lesbijki, czyli „zwyrodniałe kobiety", nie przeszkadzają mi do czasu, kiedy spełniają swoje narodowe obowiązki i wydają na świat potomstwo. Dopóki te „dwoiste" istoty to czynią, nie widzę problemu. Co innego homoseksualni mężczyźni. To szkodnicy narodu.

– Podczas stosunku seksualnego każdy ma taki moment, w którym odczuwa największą przyjemność. Co panu sprawia największą przyjemność?

– Kiedy leżę nago na posadzce i partnerka mnie kopie. Apogeum przyjemności jest chwilę później, gdy pada „złoty deszcz" – kobieta oddaje na moją głowę mocz albo „brązowy deszcz" – czyli kał. Czasem zamienialiśmy się rolami. Lubię też kazać kobietom, by się rozbierały. W tym czasie kładę się na podłogę, a gdy ona jest już roznegliżowana, kuca nad moją twarzą, bym mógł obserwować jej intymne narządy. Kopanie w krocze też jest bardzo przyjemne. Sama rozkosz!

– Nie wiem, co powiedzieć... To bardzo odważne wyznanie.

– Taki wielki syn narodu niemieckiego jak ja ma wystarczająco dużo odwagi, by zdobyć się na takie wyznania. Swoją drogą, mimo swojego wieku, powinien pan tego spróbować. Myślę, że mogłoby się panu spodobać. Lepszego zwieńczenia orgazmu niż kał na głowie wyobrazić sobie nie można.

– To był główny powód, dla którego kobiety po spotkaniach chciały popełniać samobójstwa?

– Nie sądzę. Przecież oddawanie moczu na czyjąś głowę nie jest czynem, który od razu popycha do samobójstwa. Właściwie to... No może rzeczywiście którąś z moich kochanek to przeraziło. Za to całe tłumy kobiet w trakcie moich przemówień dostawały orgazmu. Pewnego razu kobieta była w takiej ekstazie, że jadła żwir, po którym chwile wcześniej przeszedłem. Wiem to z pierwszej ręki.

– Proszę szczerze odpowiedzieć, a jeśli pan nie zechce, to po prostu anulujemy to pytanie. Miewa pan problemy z potencją?

– Przy takim natłoku stresu nawet tak wielki syn narodu niemieckiego może z tym miewać problemy.

– Może czy miewa?

– Miewa. Mój osobisty lekarz doktor Morell uległ kiedyś namowie Evy, by zająć się moją potencją seksualną, i zaaplikował mi ekstrakt z rozdrobnionych byczych jąder. Nic to nie dało, dlatego zrezygnowałem z dalszych prób.

– Pańska największa porażka?

– Taki wódz jak ja ich nie miewa.

– Mogę zapytać o to jeszcze raz, chciałbym tym razem uzyskać szczerą odpowiedź?

– Niech będzie. Moją porażką były burdele. Już w 1924 roku w *Mein Kampf* pisałem, że prostytucja jest hańbą ludzkości. Dziewięć lat później, w 1933 roku, na mój rozkaz zamknięto wszystkie znajdujące się w prywatnych rękach burdele.

– To ma być porażka?!

– Porażka nastąpiła później. Podczas wojny zrezygnowałem z dalszej walki z najstarszym zawodem świata po tym, jak Naczelne Dowództwo Wehrmachtu doniosło, że urządzenie burdeli jest pilną koniecznością. Dzięki burdelom mogłem wykluczyć niekontrolowane kontakty wojska z ludnością cywilną i zmniejszyć niebezpieczeństwo zdradzenia informacji wojskowych podstawionym prostytutkom. Do pracy zaprzęgliśmy nasze niemieckie sprawdzone dziwki.

– Żołnierzy trzeba było zabezpieczać, by nie nabawili się jakichś chorób.

– Dlatego każdy żołnierz miał przydział – osiem prezerwatyw na miesiąc. Zdarzało się, że Wehrmacht dawał i dwanaście kondomów. Podczas wojny był to poniekąd symbol męskości. Większość wojaków nosiła je w kieszeni kurtki mundurowej. Jak widać, z burdelami nie wygrałem.

– Jak to wyglądało, że tak powiem, od strony sanitarnej?

– Nasze wojskowe burdele były wyposażone w bieżącą wodę i gabinet lekarski. Była też wartownia dla policji, a przed wejściem do tego królestwa rozpusty widniał napis: „Wszyscy żołnierze są surowo zobowiązani do używania bezpłatnie otrzymanych prezerwatyw". Same dziwki też nie miały źle – zdarzały się takie, które dziennie obsługiwały

CZARNY HUMOR W TRZECIEJ RZESZY

W Trzeciej Rzeszy czarny humor miał się dobrze. Często powtarzanym, choć oczywiście niepublicznie, dowcipem było stwierdzenie, że w Niemczech tylko jeden członek partii nazistowskiej jest bezrobotny – a jest to członek Adolfa Hitlera.

Zabiegi wokół rozmnażania sprzyjały tworzeniu neologizmów. Część ich udało mi się zebrać:

Gebärmaschinen – maszyny do rodzenia – czyli płodne kobiety,
Rekrutenmachen – robienie rekrutów – tak określano stosunek seksualny,
Bevölkerungspolitische Blindgänger – niewypały batalii populacyjnej – kobiety bezdzietne.

OJCIEC EVY BRAUN PISZE LIST DO HITLERA

Ojciec Evy Braun, Fritz, 7 września 1935 roku postanowił napisać list do Adolfa Hitlera. Powód? Liczył, że kanclerz Rzeszy ograniczy kontakty z jego córką, nad którą ojciec wyraźnie utracił kontrolę. List został przekazany Heinrichowi Hoffmannowi, oficjalnemu fotografowi. Ten jednak, zamiast oddać go Hitlerowi, postanowił go wręczyć Evie. Jak nietrudno się domyślić, kochanka Hitlera zrezygnowała z wypełnienia woli ojca. Ostatecznie poniższy list nie dotarł do adresata.

Monachium, 7 września 1935

Ekscelencjo,

Znalazłem się w nadzwyczaj nieprzyjemnej sytuacji, naprzykrzając się Panu z problemem natury prywatnej, a innymi słowy, pragnąc wyjaśnić Panu mój niepokój jako głowy rodziny. Panu, Führerowi narodu niemieckiego, który staje przed innymi i z pewnością o wiele ważniejszymi troskami. Ale skoro rodzina jest najmniejszą, lecz również najbardziej żywotną komórką społeczną, komórką, która umożliwia rozwój uczciwemu i dobrze zorganizowanemu państwu, myślę, że ten krok jest do pewnego stopnia usprawiedliwiony, i w związku z tym proszę Pana o pomoc.

Moja rodzina jest w tej chwili podzielona, ponieważ moje dwie córki, Eva i Gretl, przeprowadziły się do apartamentu, który przekazał Pan do ich dyspozycji, a ja, jako głowa rodziny, zostałem przed tym postawiony jako przed faktem dokonanym.

Naturalnie zawsze robiłem Evie spore wyrzuty, kiedy wracała do domu długo po normalnej godzinie zamknięcia zakładu. Uważam, że młoda dziewczyna, która pracuje intensywnie osiem godzin dziennie, potrzebuje wieczorem wypoczynku w kręgu rodziny, aby zachować dobre zdrowie. Zdaję sobie sprawę, że bronię w ten sposób poglądu, który może wydawać się staromodny. Nadzór rodziców nad dziećmi i obowiązek pozostawania dzieci w domu do czasu zawarcia związku małżeńskiego jest jednakże nienaruszalną zasadą. To mój kodeks honorowy. Poza tym niezwykle tęsknię za córką.

W związku z powyższym byłbym ogromnie wdzięczny, Ekscelencjo, gdyby zechciał Pan okazać mi zrozumienie i swoją pomoc. Kończę więc ten list prośbą o to, aby nie rozbudzał Pan tego pragnienia wolności w mojej córce Evie, mimo że skończyła już dwadzieścia jeden lat. Proszę jej poradzić, aby wróciła na łono rodziny.

Z wyrazami wielkiego szacunku Fritz Braun

Źródło: A. Lambert, *Przegrane życie Evy Braun*, op. cit., s. 189.

Doktor Theodor Morell,
osobisty lekarz Hitlera

pięćdziesięciu klientów, a ich zarobki sięgały dwustu marek miesięcznie, co równało się średniej pensji miesięcznej wysokiego urzędnika.

– Może to niedyskretne pytanie, ale jednak je zadam... Chadzał pan do burdeli?

– Panie doktorze, czy pańskie dzisiejsze pytania nie są zbyt frywolne? Przypominam, że rozmawia pan z wodzem, szefem rządu i Najwyższym Dowódcą Sił Zbrojnych w jednej osobie. Zapewne każdy mężczyzna miał mniejsze lub większe kontakty z tego typu paniami. Czy jeżeli ogłoszę, że w Monachium chodziłem ze swoim szoferem Emilem Mauricem do tego typu przystani, to będzie to błąd? Sam nie wiem. Miałem nawet przydomek Herr Wolf. Zdarzało mi się puszczać wodze fantazji erotycznej z udziałem tego drapieżnika.

– A jak się pan zapatruje na filmy pornograficzne?

– Świetne produkcje porno kręci mój fotograf Heinrich Hoffmann. Jak tylko mam czas, chętnie je oglądam. Następnym razem możemy razem coś obejrzeć. Heinrich niedawno dostarczył mi jakieś nowe filmy.

Adolf Hitler żądał od Niemców kontroli życia intymnego. Wszystko po to, by wyhodować zdrowych aryjskich obywateli, nazywanych „homo germanicus". Kolejnym zadaniem miała być eliminacja tzw. Untermenschen, tj. „podludzi" psujących niemiecką rasę. Rasa panów miała się wyłonić z szeregów SS, bo mężczyźni z tej formacji powinni płodzić dzieci w ramach kultu wielodzietności i propagandowego hasła „Podaruj dziecko Führerowi". Wszystko po to, by uzupełnić straty w ludziach powstałe podczas wojny oraz poprawić kondycję germańskiej rasy, szykującej się do roli rasy panów – najpierw w Europie, a wkrótce na całym świecie.

„Ciemna strona mocy"

• wróżby • wiara w siły nadprzyrodzone • mit o królu Arturze • Hanussen • okultyzm

Wkrótce kolejny raz spotkam się z Hitlerem. Sięgam wstecz pamięcią i widzę zupełnie innego człowieka niż ten, który jest dzisiaj przywódcą Trzeciej Rzeszy. Ten mający ponad pięćdziesiąt lat polityk wygląda na o wiele starszego. Trzęsie się mu już nie tylko lewa ręka i noga, ale cała lewa strona ciała. Trudno nie zauważyć wyraźnego garbu, który czyni jego sylwetkę nieco groteskową. Na wszystko to nakłada się źle dopasowany garnitur. Z daleka widać, że dzisiaj Hitler nie jest w humorze. Do wielbionej przez siebie suki Blondi krzyczy: Siad!, kiedy ona domaga się pogłaskania.

– Proszę, to prezent dla pana.

– Akwarela?

– Tak, mojego autorstwa.

– Widzę na niej budynek, obok jakaś pracownia, rower, kilka opartych desek i kosz. Piękna kompozycja.

– Tym bardziej cieszy mnie, że trafiłem z prezentem. Mimo pytań, którymi sprawia mi pan ból, postanowiłem wynagrodzić pana przyszły trud związany z książką.

– Bardzo dziękuję. A pan często dostaje podobne prezenty?

„Popularność jasnowidzów w Niemczech przypadła na czas, gdy w większości krajów nastał krach gospodarczy. W 1929 roku nastąpił w Nowym Jorku krach gospodarczy, którego skutki rozlały się poza Stany Zjednoczone, w tym także na Niemcy. Nagle zmalała produkcja, tym samym wzrosła stopa bezrobocia. Republika Weimarska musiała zacząć z własnych środków spłacać zaciągnięte pożyczki amerykańskie oraz reparacje. Szacuje się, że między 1929 a 1933 liczba bezrobotnych w Niemczech wzrosła z jednego do sześciu milionów! W tym czasie na germańskich ulicach stały stragany z bananami. Ich właściciele krzyczeli tak, że ich głos rozlegał się na całej ulicy: – Kupujcie banany! Dawajcie je swoim dzieciom! To najczystszy owoc! Skórka chroni go od robaków, owadów i bakterii. Jednocześnie na ulicy porządku pilnowała »granatowa« policja. Ruchem kierowali uzbrojeni w owijacze na nogach i długie gumowe pałki. Tak prezentowała się Republika Weimarska w latach 30.".

Źródło: P. Słowiński, D. Uhl-Herkoperec,
Erik Jan Hanussen..., op. cit., s. 233.

– Obrazy są dla mnie ulubionym prezentem urodzinowym. Jeżeli obaj dożyjemy 1946 roku, wybierając się na moje urodziny, proszę o tym pamiętać.

– Które obrazy w pańskiej kolekcji są najcenniejsze?

– Mam ich zbyt dużo, by któreś wyróżniać. Na pewno *Autoportret* Rembrandta i *Leda z łabędziem* Leonarda da Vinci. Mógłbym o tym rozmawiać godzinami, ale wiem, że goni nas czas.

– Widzę w pańskich oczach pasję! Trzeba było zostać malarzem albo architektem.

– Przecież zostałem!

– Jak to?

– Postanowiłem zostać architektem Trzeciej Rzeszy. I tak się też stało!

– Wierzy pan w siły nadprzyrodzone?

– Wierzę w opatrzność, która zesłała mnie na ziemię w konkretnym celu. Dlatego do końca życia będę kroczył z uporem lunatyka ścieżką wyznaczoną przez opatrzność. Przecież to ona wybrała mnie do kierowania narodem germańskim w trakcie strasznych wydarzeń.

– Stawianie horoskopów?

– Nonsens. Dla mnie to jedno wielkie oszustwo.

– Można zaufać jasnowidzom?

Erik Jan Hanussen, austriacki iluzjonista żydowskiego pochodzenia, uznawany za jasnowidza. Przewidział dojście Hitlera do władzy, dlatego nazwano go „prorokiem nazistów". Został zamordowany w niejasnych okolicznościach w marcu 1933 roku

– Wiele osób wierzy w ich przepowiednie. Artur Conan Doyle, autor przygód Sherlocka Holmesa, wierzył w okultyzm. Trudno się dziwić, okultyści często bardzo trafnie przewidywali przyszłość. Już w dzieciństwie miałem kontakt z obrzędami religijnymi. Woń kadzideł, wielkość kościoła – bardzo mi się podobało. Zastanawiałem się nawet, czy nie zostać mnichem.

– Czy spotykał się pan z jasnowidzami?

– Spotykałem się z wieloma osobami. Doszło do tego, że najsłynniejszego jasnowidza – Erika Jana Hanussena – zaczęto nazywać „prorokiem Hitlera". Nieprzypadkowo. To on przewidział moje dojście do władzy. Na przełomie lat dwudziestych i trzydziestych był najsłynniejszym jasnowidzem w Europie. Nazywano go nawet „największą wyrocznią od czasów Nostradamusa".

– Czy to nie on wcześniej mówił zupełnie coś innego: że, co prawda, nie obejmie pan nigdy wymarzonego stanowiska przywódcy, ale umocni się demokratyczna dyktatura?

Karne szeregi SA i SS podczas zjazdu NSDAP w 1934 roku

– Być może. Widocznie los się odwrócił i on to w odpowiednim momencie dostrzegł. Ja wiem, że mówił: „Kanclerzem Rzeszy będzie Adolf Hitler! I to już wkrótce. Najpóźniej w styczniu kolejnego roku! Niemcy chcą porządku, który zaprowadzi właśnie Hitler!".

– Zapytam wprost. Czy Hanussen jest Żydem?

– Chyba był. To pan nie wie, że już nie żyje?

– Nie miałem o tym pojęcia. Słyszałem tylko, że powiedział panu, iż ma pan wielkie możliwości i stanie się kiedyś bożyszczem Niemiec.

„Erik Jan Hanussen
Najlepszy jasnowidz Niemiec. Zaprzysiężony rzeczoznawca, wzywany przez wiele miejscowych i zagranicznych trybunałów. Psychografologia, doradztwo w sprawach losowych i handlowych.
Biuro: Berlin 50, Kurfürstendamm 16".

Ogłoszenie w gazecie.
Źródło: P. Słowiński, D. Uhl-Herkoperec, *Erik Jan Hanussen...*, op. cit., s. 240.

TEORIE NA TEMAT ŚMIERCI HANUSSENA

Teorii na temat śmierci Hanussena jest kilka. Pewne jest jedynie to, że został zabity w niejasnych okolicznościach. Podobno 24 marca 1933 roku Karl Ernst, szef SA na Brandenburgię, wydał rozkaz aresztowania jasnowidza. Następnej nocy Hanussen już nie żył. Jedna z teorii mówiła, że to Adolf Hitler miał zlecić jego zabójstwo. Według innej Ernst działał bez wiedzy kanclerza. Co więcej, kiedy Hitler się o tym dowiedział, miał się bardzo zdenerwować. Która teoria jest prawdziwa, trudno powiedzieć. Definitywne zakończenie dochodzenia w sprawie morderstwa Erika Jana Hanussena nastąpiło w 1965 roku. Za zabójcę jasnowidza uznano wówczas Obersturmbannführera SA Rudolfa Steinle.

– Zginął dawno temu. Z dwudziestego czwartego na dwudziesty piąty marca 1933 roku, czyli prawie miesiąc po pożarze w Reichstagu. Ktoś musiał zlecić jego zabójstwo. Zwłoki znaleziono w lesie pod Berlinem. Szkoda, był wielkim astrologiem.

– Nie odpowiedział pan na pytanie, czy Hanussen był Żydem.

– To mnie nie interesowało. Słyszałem, że przedstawiał się jako potomek duńskich arystokratów, którzy zginęli w czasie górskiej wspinaczki na czeskich Morawach. Czy był Żydem? Zapewne był, skoro pan o to pyta.

– Zmienił nawet nazwisko. Pierwotnie nazywał się Hermann Steinschneider.

– Być może.

– Jakie jego poglądy utkwiły panu w pamięci?

– Hanussen mówił, że dla niego nie ma żadnej przyszłości, jest tylko pewien stan rzeczy i wydarzeń. Kazał wyobrażać sobie kostkę, w której każda ściana symbolizuje inny okres. Jego zdaniem normalny człowiek widzi tylko jedną ściankę, tę zwróconą ku niemu, a jasnowidz może zobaczyć wszystkie, pod warunkiem, że jest w transie.

– To prawda, że ważne decyzje podejmował pan po zasięgnięciu rady u astrologów?

– Wiem, że krąży informacja, iż korzystam z podpowiedzi magicznego tarota tybetańskiego i podejmuję wielkie akcje po postawieniu kart. Słyszałem opinię, że nieprzypadkowo w sobotę szesnastego marca 1935 roku wprowadziłem obowiązkową służbę wojskową,

Pochód z flagami nazistowskimi podczas zjazdu partii w 1933 roku

zrywając traktat wersalski. A to dlatego, że ważne rozkazy wydaję w soboty. Co więcej, Saturn był astrologicznym patronem tego dnia i miał zapewnić pomyślność moim decyzjom.

– Ile w tych informacjach jest prawdy?

– Pozwoli pan, panie doktorze, że tę wiedzę zabiorę ze sobą do grobu. Niech historycy mają nad czym się zastanawiać.

– Które przepowiednie się sprawdziły?

– Dwudziestego szóstego lutego 1933 roku Hanussen w nowo otwartym Pałacu Okultyzmu krzyczał: „Widzę płomienie! Wielki ogień… Kolosalny budynek… Wspaniała budowla niemieckiego rządu pali się". Miał rację. Dzień później podpalono Reichstag.

– Może on o tym wiedział, a nie przewidział?

– Jasnowidz miał widzenia. Nieprzypadkowo dzień później ogłosił, że zrobili to komuniści. Znów miał rację[28].

– Jeszcze jakieś?

---

[28] Bardzo prawdopodobna jest wersja mówiąca, że w trakcie seansu, na którym Hanussen objawił podpalenie Reichstagu, naziści byli przerażeni, bo ujawnił spisek przygotowany wspólnie z Adolfem Hitlerem. Zapewne to dlatego miesiąc później, 25 marca 1933 roku, jasnowidz miał zostać zabrany z domu, zamordowany w siedzibie gestapo trzema strzałami z pistoletu, a jego zwłoki wyrzucono do lasu położonego pod Berlinem.

– Przepowiednie Hanussena sprawdzały się wiele razy. W wydawanej przez niego gazecie przeczytałem, że umrze znany sportowiec. Sprawdziło się. Innym razem czytałem, że spadnie sprzedaż samochodów. Znowu trafił!

– Dlaczego naziści tak lubili Hanussena?

– Proszę mi powiedzieć, bo zapewne pan to wie, skoro o to pyta.

– Na mieście mówi się, że Hanussen wspierał finansowo SA, Sturmabteilung. Kupował im buty, a nawet broń…

– …a ich dowódcom finansował samochody, piękne kobiety i organizował dla nich orgie. Zwykle spotykali się na luksusowym jachcie

TOWARZYSTWO SS A MIT O KRÓLU ARTURZE I ŚWIĘTA WŁÓCZNIA

W 1934 roku SS wydzierżawiło średniowieczny zamek Wewelsburg po to, by uczynić go siedzibą swojego zakonu. Całym przedsięwzięciem kierował Heinrich Himmler. Z *Pieśni o Nibelungach* Himmler dowiedział się o starogermańskim eposie z XIII wieku, w którym królewski syn Zygfryd za sprawą krwi smoka Fafnira stał się niepokonany i mógł zdobyć skarb. Jego zdaniem, smokiem w XX wieku byli Żydzi. Ten wielbiciel mitu o królu Arturze do tego stopnia chciał uwiarygodnić uwielbianą przez siebie historię, że zarządził przygotowanie okrągłego stołu dla dwunastu przywódców SS. Co więcej, stół znajdował się w podziemnej sali, nad którą palił się święty ogień, a obok usytuowana była kaplica, w której członkowie zakonu oddawali cześć krwi germańskiej.

Kolejnym krokiem było utworzenie w 1935 roku w strukturach organizacji Towarzystwa Badawczego nad Prądziejami Spuścizny Duchowej, Niemieckie Dziedzictwo Przodków nazywanej w skrócie Ahnenerbe. To właśnie członkowie tego towarzystwa próbowali odnaleźć włócznię przeznaczenia, którą był przebity bok Chrystusa. Według wierzeń członków zakonu, osoba posiadająca tę włócznię miała moc od samego Boga, pozwalającą na władanie światem.

Co ciekawe, nie tylko Niemcy wierzyli w moc jasnowidzów. Wiosną 1940 roku Adolf Hitler miał się skonsultować z astrologami w sprawie ofensywy na wschodzie. Po tych rozmowach wybrał datę 10 maja, ponieważ według horoskopów wszystkie wydarzenia tego dnia miały zakończyć się dla niego sukcesem. Kiedy dowiedział się o tym brytyjski wywiad, Anglicy postanowili zatrudnić astrologa Louisa de Wohla, który miał analizować horoskop Hitlera i na tej podstawie dedukować, co zalecą kanclerzowi wróżbici.

Jakby tego było mało, Himmler wierzył, że jest osobą o nadprzyrodzonych mocach. Jego zdaniem był wcieleniem pierwszego króla Niemiec, Henryka I Ptasznika. Uważał, że nawet zdarzało mu się z nim rozmawiać…

Ursel IV, gdzie nie wypadało nosić ubrań. Mało tego, Hanussen hipnotyzował uczestniczki, by te przeżywały orgazm, a w swoim legendarnym barku miał koktajl, który był nazwany koktajlem spod znaku dziewicy i podobno był wyśmienity. Słyszałem o tym wszystkim.

– Regularnymi uczestnikami bywali m.in. Goebbels i Göring.

– Być może.

– Skąd się bierze popularność jasnowidzów?

– Wszystko przez pierwszą wojnę światową. Po niej zaczęło się tworzyć mnóstwo ugrupowań, które promowały i praktykowały różne wierzenia i czary. Już wtedy swastyka była symbolem czystości germańskiej krwi.

– *Mein Kampf* zadedykował pan znanemu poecie Dietrichowi Eckartowi, który podobno był żarliwym satanistą.

– Dietrichowi zawdzięczam bardzo wiele. Przede wszystkim pomógł mi pozbyć się austriackiego akcentu. Pożyczał mi książki,

POPULARNOŚĆ JASNOWIDZÓW

2 czerwca 1889 roku w Wiedniu na świat przyszedł Hermann Steinschneider, który zmienił później swoje imię i nazwisko na Erik Jan Hanussen. To właśnie on był najczęściej łączony z nazistami, a przez lewicową prasę nazywany „prorokiem Hitlera".

Hanussen, nim zdobył sławę, występował m.in. z objazdowym cyrkiem. Podczas seansów dawał popis czytania myśli i wprowadzania w stan hipnozy. Jedna z teorii mówi, że w pracy z klientami indywidualnymi wspierał się podsłuchami. Kiedy już był popularny, zaczęto go nazywać „najlepszym z najlepszych". Podobno do perfekcji opanował technikę czytania mięśni i tzw. zimnego odczytu (zimny odczyt jest zbiorem technik wykorzystywanych przez wróżbiarzy do podawania szczegółowych informacji o osobach po to, by przekonać je, że odczytujący wie o nich znacznie więcej niż faktycznie wie). W czasie występów odnajdywał ukryte rzeczy, czytał z kartek w zamkniętych kopertach, a jego numerem popisowym było wskazanie kogoś na widowni, osoba ta podawała datę, a on odpowiadał, co się wydarzyło w ten dzień pod wskazanym adresem.

Hanussen doskonale zdawał sobie z tego sprawę, że w wojnie komunistów z nazistami musiał się opowiedzieć po jednej ze stron. Przepowiednia o dojściu Adolfa Hitlera do władzy stanowiła jasny wybór.

Śmiało można stwierdzić, że od końca pierwszej wojny światowej w każdej miejscowości w Niemczech można było spotkać jakiegoś wróżbitę. Hipnoza, jasnowidztwo, wróżenie z kart tarota, przepowiadanie przyszłości – te usługi cieszyły się sporą popularnością.

Znak okultystycznego stowarzyszenia Thule związanego z nazistami

Reichsführer SS Heinrich Himmler na tle zamku Wewelsburg, który miał się stać główną siedzibą „zakonu" SS

kiedy trzeba było – wspierał finansowo, zapoznawał z wybitnymi monachijczykami. Zwracał też uwagę na mój ubiór.

– Porozmawiamy o tajnym stowarzyszeniu Thule?

– Skoro jest tajne, to po co o nim rozmawiać?

– Po to, by inni poznali nieznaną dotychczas informację. Tym bardziej że jego członkiem był wspomniany Dietrich Eckart, a samo stowarzyszenie miało charakter rasistowski, a według niektórych nawet quasi-masoński.

– Wstąpiłem do niego w 1919 roku. Uczono mnie tam, jakie powinienem przyjmować pozy podczas przemówień i jak modulować głos. Nic nadzwyczajnego.

– Nic? Członkostwo w Thule nie pomogło w rozwoju kariery politycznej?

– Już panu to mówiłem – od początku byłem i jestem Mesjaszem zesłanym dla narodu niemieckiego. Choć może rzeczywiście Thule nieco przyspieszyło przebieg wydarzeń[29].

---

[29] Do Stowarzyszenia Thule należeli m.in. Rudolf Hess i być może Hans Frank.

Sala zamku Wewelsburg z tajemniczym kręgiem, przy którym odbywały się esesmańskie rytuały (fot. Dirk Vorderstrasse/Wikimedia Commons)

– Przeszedł pan rytuał inicjacyjny?

– Słyszałem o nim. Polegał na utoczeniu krwi, zgaszeniu płomieni, wypiciu trucizny, a na koniec zażyciu antidotum. Tyle na ten temat.

– Pozostawał pan pod wpływem Thule do objęcia urzędu kanclerza? Uczestniczył pan w ich seansach spirytystycznych?

– Następne pytanie proszę.

– Żadnego komentarza?

– Gdy widzę pańskie nieprzygotowanie, opadają mi ręce. Gdyby dokładniej się pan przyłożył do tej rozmowy, nie musiałbym panu mówić, co napisałem o stowarzyszeniu w *Mein Kampf*. „W głębi duszy są największymi tchórzami, jakich można sobie wyobrazić". Owszem, idee mieli dobre, ale na tym się to skończyło. Gdybym był od nich zależny, to nie kazałbym zniszczyć księgi zawierającej listę członków Towarzystwa Thule i nie doprowadziłbym do delegalizacji stowarzyszenia ani jego szef, von Sebottendorf, nie trafiłby do więzienia.

– Nie miałem o tym pojęcia.

– Zapewne również pan nie wie, że wiosną 1934 roku i później w 1937 roku na terenie Trzeciej Rzeszy zakazałem działalności okultystycznej. Wróżki, jasnowidze i astrolodzy nie mieli prawa reklamować się w prasie. Za nielegalny uznaliśmy nawet Niemiecki Związek Biodynamicznej Uprawy Roli, który łączył wiedzę agrarną z astronomiczną i astrologiczną. Stowarzyszenia okultystyczne zostały zlikwidowane, osoby przepowiadające przyszłość nie mogły otrzymać stanowisk publicznych, a z księgarń wycofano literaturę poruszającą temat wróżenia i zjawisk paranormalnych.

– Po co?

– To jasne. Po to, żeby uchronić obywateli przed naciągaczami, których było tylu, co mrówek w mrowisku. No i co ważniejsze, po co miałem mieć konkurencję? Mesjasz mógł być tylko jeden.

– W co pan wierzy, panie Hitler?

– Obrzędy i pieśni kościelne są piękne i budujące. Czy jest coś piękniejszego niż *Cicha noc, święta noc*? To powinno panu wystarczyć. Nie będę rozmawiał o swojej wierze. Albo jest się chrześcijaninem, albo Niemcem. Jednym i drugim się nie da[30]. Jako kanclerz zaś mogę dodać, że Kościół jest potrzebny władzy i odwrotnie. Co więcej, kiedy znajomy fotograf Hoffmann zapytał mnie, do jakiej szkoły ma posłać swojego dziewięcioletniego syna, poleciłem mu

KULT ADOLFA HITLERA

W Trzeciej Rzeszy kult Adolfa Hitlera kwitł w najlepsze. Dochodziło do tego, że kobiety w czasie porodów krzyczały jego imię, a w mieszkaniach robiono ołtarzyki z jego podobizną, zapalano świeczki i modlono się do niego. W trakcie jego wystąpień kobiety mdlały, a chorzy doznawali ozdrowień. W rozpowszechnianiu kultu aktywnie działała propaganda, na której czele stał Joseph Goebbels. To właśnie on wielokrotnie w czasie wystąpień powtarzał, że Adolf Hitler jest wybrańcem potrafiącym odczytywać wolę Stwórcy.

[30] Kłamstwo! Hitler do końca pozostał członkiem Kościoła katolickiego. Co więcej, regularnie płacił podatek kościelny, a jego fascynacja Kościołem była tak duża, że miał nawet kiedyś powiedzieć: „Musimy się postarać, by kongresy partyjne były zorganizowane z takim samym rozmachem jak uroczystości w Kościele katolickim!".

Chłopiec z rodziny niemieckich przesiedleńców do Generalnego Gubernatorstwa trzyma w ręce portret Hitlera, 1940 rok

Miliony Reichsmarek, które państwo narodowosocjalistyczne oddało od 30 stycznia 1933 r. z wpływów podatkowych i za pośrednictwem organów do dyspozycji Kościoła

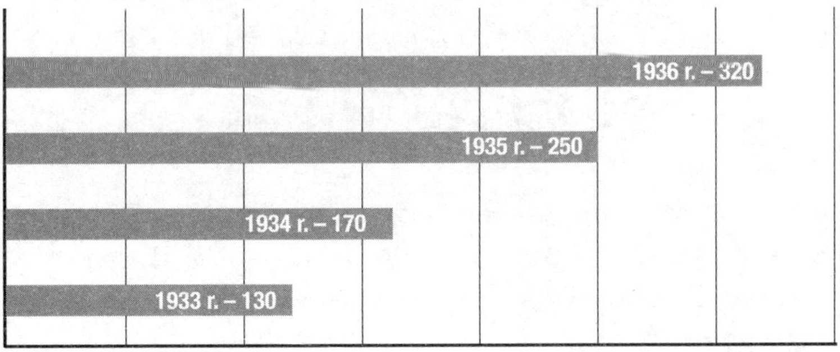

Liczby te przytoczył Adolf Hitler w trakcie przemówienia do połączonych izb Reichstagu, 30 stycznia 1939 roku

klasztor w Simbachu. Osobiście odwiozłem tam chłopaka moim nowym mercedesem i przekazałem w ręce matki przełożonej. Jak pan widzi, panie doktorze, nie ma się czego bać.

– Jak układały się pańskie stosunki z Kościołem?

– Mnie księża nie są potrzebni. Nawet chrzest w wojsku odbywa się bez ich udziału. Uroczystością kieruje oficer SS, obecna jest biblia *Mein Kampf* i naturalnie znak swastyki.

– Wróćmy jednak do Kościoła.

– Kojarzy pan papieża Piusa XII? Byłem pierwszą osobą, którą w 1939 roku poinformował o swoim wyborze na papieża. Za to ja obiecywałem, że zwolnię z obozów koncentracyjnych wszystkich księży, którzy zgodzą się podpisać zobowiązanie, że w przyszłości nie będą ingerować w politykę, lecz ograniczą się do swoich duchowych

PRZEPOWIEDNIE ERIKA JANA HANUSSENA

1. W ciągu najbliższych dziesięciu lat Adolf Hitler zostanie zdradzony przez swoich najbliższych współpracowników – PRAWDA
2. W sierpniu 1942 brytyjscy żołnierze przemaszerują przez Danię – NIEPRAWDA
3. Japońska armia spali w 1942 roku leżące na Filipinach miasto Manila – PRAWDA
4. W najbliższych wyborach do Reichstagu blok antykomunistyczny uzyska 52% głosów – PRAWDA (uzyskał 51,9%)
5. Sąsiadami Niemiec w 1940 roku będą Anglia i Rosja – PRAWDA
6. W roku 1942 wieża Eiffla w Paryżu zostanie pocięta na złom – NIEPRAWDA
7. Joseph Goebbels umrze w 1943 roku – NIEPRAWDA (popełnił samobójstwo 1 maja 1945 roku)
8. W 1939 roku Polska będzie okupowana i podzielona – PRAWDA
9. Broń radioaktywna zdominuje następną wojnę – PRAWDA (?)
10. Stolicą świata w 2500 roku będzie Praga albo San Francisco – NIE DO ZWERYFIKOWANIA

Źródło: P. Słowiński, D. Uhl-Herkoperec, *Erik Jan Hanussen...*, op. cit., s. 431–432.

obowiązków. Nie chcieli tego robić, dlatego trzeba było ich karać. Robili tak specjalnie, żeby odgrywać męczenników! Już w 1939 roku mówiłem, że kościoły są największymi posiadaczami gruntów w państwie. Proszę sobie wyobrazić, że wartość gruntów i lasów w ich rękach przekracza dziesięć miliardów reichsmarek. Do tego proszę doliczyć dochody szacowane na trzysta milionów marek rocznie!

– Przez takie działania musiał narastać konflikt na linii państwo – Kościół.

– Bzdura! Na noworocznych przyjęciach obecny był przedstawiciel Watykanu, monsignor Orsenigo, który przekazał mi najlepsze życzenia od papieża i jego błogosławieństwo.

– Poza okresem młodości, czy w późniejszych latach chodził pan do kościoła?

– Naturalnie.

– Modlić się?

– Wolne żarty. Lubiłem odwiedzać świątynie, by móc podziwiać w nich wyśmienitą architekturę, rzeźbę i malarstwo. Zawsze w takich momentach przestrzegałem zasad obowiązujących w kościele. Takim miejscom należał się szacunek.

Ostatnie spotkanie

• zamachy • osobista ochrona • kiedy kapitulacja

Adolf Hitler jest człowiekiem, który nie patrzy cały czas na swojego rozmówcę, jedynie czasem rzuca na niego okiem. Tak było i ostatnim razem. Dzisiaj wygląda nieco zdrowiej niż podczas naszej poprzedniej rozmowy. Co prawda, cerę wciąż ma bladą, ale mimo wszystko bardziej wyrazistą niż zwykle. Wygląda, jakby zeszło z niego całe napięcie. Kiedy wita się ze mną, widzę, że trzęsie mu się ręka i noga. Zaraz potem służący kładzie jego stopy na poduszce. W powietrzu czuć zatęchłe, wręcz grobowe powietrze. Tak, przede mną stoi wrak człowieka.

– Proszę spojrzeć na moją rękę. Już się prawie nie trzęsie[31]. Mimo to przeczuwam, że to nasze ostatnie spotkanie, panie Bloch.

– Jeżeli chodzi o materiał, to rzeczywiście mamy go sporo...

– Tutaj chodzi raczej o coś innego. Niedługo pan się dowie. Czego się pan napije?

– Poproszę kawę.

---

[31] To słowa często wypowiadane przez Hitlera w ostatnich tygodniach życia: „Spójrzcie na moją rękę, już się prawie nie trzęsie!". Do tego szwankowała jego pamięć, zdarzało mu się witać z kimś po raz kolejny, zapominał, że robił to chwilę wcześniej.

– Myślałem, że kieliszek wina. W obliczu nieprzyjemnych wydarzeń większość osób szuka pocieszenia w alkoholu.

– Zostanę jednak przy kawie. Jako doktor wiem najlepiej, jakie szkody wyrządza alkohol.

– Dobrze, nie będę pana namawiał. Nie mam już na to sił. Sam pan widzi, na twarzy mam wypisane spustoszenie, jakie spowodowało wiele bezsennych nocy. Jestem mizerny na twarzy, lewa ręka drży, mówię z trudnością. Może ciastko?

– Nie, dziękuję. A gdzie jest Blondi?

– Zajmuje się swoim potomkiem. Wydała na świat szczeniaka. Chętnie go biorę na kolana, głaszczę i powtarzam czułym głosem Wolf. A to wredne zwierzę znowu dzisiaj przyszło rano mnie obudzić[32].

– Uważa się pan za dobrego człowieka?

– Na pewno nie jestem osobą wypraną z ideałów. Mam wady, jak każdy.

– Jakiś przykład?

– Zdarzyło mi się przegapić ważne lądowanie w Normandii w 1944 roku.

– Poważna sprawa. Wróćmy do pytania, czy uważa się pan za dobrego człowieka?

– Większość ludzi w przyszłości nie będzie znała mojej prawdziwej twarzy, przez co będą padały tak durne pytania, jak to zadane przez pana. Mogę przytoczyć tuzin przykładów poświadczających, że jestem dobrym człowiekiem. Chociażby to, jak bardzo kocham zwierzęta i wydałem wiele praw chroniących te istoty. Tylko co z tego, skoro i tak wszyscy będą lepiej wiedzieli, jaki byłem.

– Proszę podać chociaż jeden przykład, żeby nie być gołosłownym.

– Proszę bardzo. Przytoczę ich nawet kilka. Gdy jadąc samochodem, spotykałem kogoś potrzebującego, zawsze się zatrzymywałem i niosłem mu pomoc. Pamiętam, jak spotkałem na ulicy bezdomnego. Zatrzymaliśmy się, a ja oddałem mu swoje piękne zapasowe ubranie. Innym

---

[32] W ostatnich miesiąca życia Adolf Hitler niemal każdego dnia narzekał, że „To wredne zwierzę znowu go obudziło".

Hitler dekoruje nastoletnich żołnierzy broniących Berlina przed Armią Czerwoną, 20 kwietnia 1945 roku

razem na drodze zobaczyłem leżącego człowieka. Zatrzymałem się. Powiedział mi, że od dwóch dni nic nie jadł. Miałem ze sobą jedzenie. Dałem mu, a do tego dorzuciłem pięćdziesiąt marek. Kilka godzin później okazało się, że to był oszust, który na ten numer nabrał również mojego współpracownika, a ten dał mu dwadzieścia marek.

– Kazał go pan rozstrzelać?

– W żadnym wypadku! Uważałem, że zasłużył na te pieniądze. Byłem wielce ciekaw, kim będzie trzeci naiwniak (*he, he*).

– Co robi pan ze złapanymi szpiegami?

– Zazwyczaj każę ich rozstrzelać. Wcześniej jednak próbujemy z nich wydobyć cenne informacje. Zdarza się, że zatrzymujemy podejrzanych o szpiegostwo dziennikarzy. Albo nawet zatrzymujemy ich przy braku podejrzeń, by dać jasny sygnał, że nie mogą czuć się bezpiecznie. Zamykamy ich w celi o suchym chlebie, mikroskopijnej porcji kawy i fasoli, czasem krupniku, i rozpoczynamy przesłuchanie. Miękną bardzo szybko, robią się jak masło.

– Rozważa pan kapitulację?

– Proszę tego nawet na głos nie wypowiadać! W żadnym wypadku. Proszę tak nie myśleć, bo każę pana rozstrzelać!

ZARAZ BĘDZIE KONIEC...

Pod koniec życia Hitler był mocno oderwany od rzeczywistości. Na przykład natychmiast chciał się zobaczyć ze swoim fotografem Heinrichem Hoffmannem. Kiedy ten otrzymywał informację, że ma się stawić przed Führerem, błyskawicznie przemierzał samolotem, a czasem pociągiem, nawet tysiące kilometrów do kwatery głównej Hitlera. Gdy pytał: „Co się stało?", słyszał odpowiedź: „Nic się nie wydarzyło, po prostu chciałem się z panem zobaczyć, drogi kolego. Bardzo się cieszę, że pan przybył".

– Nie podda się pan?

– Po moim trupie! Naród nie zasłużył na przywódcę, który się poddaje. Musimy walczyć, bo walczymy w słusznej sprawie! Prędzej palnę sobie w łeb, niż się poddam!

– Wielokrotnie organizowano zamachy na pana. Pamięta pan pierwszy?

– Dobrze, że pan nie zapytał, ile ich było, bo mógłbym mieć problem! (*śmiech*). Podobno ponad czterdzieści! Wielokrotnie powtarzałem, że życie zawdzięczam opatrzności, a jak zamachowiec będzie chciał trafić, to i tak trafi. Pierwszy zamach, który sobie przypominam, wydarzył się w 1932 roku. To było dokładnie piętnastego marca. Akurat byłem w kolejnej podróży. Razem z Josephem Goebbelsem jechałem pociągiem. W pobliżu Monachium ktoś ostrzelał nasz przedział. Nic mi się wtedy nie stało. W tamtym roku jeszcze kilka razy próbowano pozbawić mnie życia – w czerwcu w Stralsundzie, później w lipcu w Norymberdze sprawcy zaatakowali mój samochód, a pocisk przeleciał obok mojej głowy.

– Słyszałem, że było około czterdziestu poważnych zamachów na pańskie życie, plus kilkaset drobniejszych odnotowanych przez niemiecką policję. Wszystko pan przeżył. Jaki w takim razie ma pan przepis na bezpieczeństwo?

– Najlepszy sposób na zapewnienie bezpieczeństwa to brak utartych reguł w trybie życia. Trzeba podróżować, robiąc zaskakujące zmiany. Bez uprzedzenia zmieniać trasy podróży, jak również środki transportu. Kiedyś powiedziałem, że były dwa poważne zamachy na moje życie. Czy wie pan, dlaczego przeżyłem? Wcale nie zawdzięczam

Piwiarnia Bürgerbraukeller w Monachium zniszczona wybuchem bomby podłożonej przez Georga Elsera 8 listopada 1939 roku. Hitler ocalał z zamachu dzięki temu, że opuścił piwiarnię na krótko przed eksplozją

tego policji, tylko czystemu przypadkowi. Do dzisiaj pamiętam, jak powiedziano mi o szwajcarskim studencie, który w 1938 roku jeździł za mną po całych Niemczech z pistoletem automatycznym, na szczęście bezskutecznie (*znowu rozlega się śmiech*).

– Co pana tak bawi?

– Przypomniał mi się rok 1929. Cudem wtedy uniknąłem śmierci. Żołnierz SS na kilka minut przed moim przybyciem miał ukryć bombę pod mównicą. Ale zachciało mu się sikać i poleciał z pełnym pęcherzem i z bombą do toalety. Okazało się, że przez przypadek w niej się zatrzasnął. W efekcie z zamachu były nici. Wszystkim wyszło to na dobre. On się wysikał, a ja przeżyłem (*śmiech*).

– Zapewne próby zamachów były efektem pańskiej polityki i poglądów. Proszę wybaczyć, ale gdyby pan nie wygłaszał takich przemówień pełnych agresji i jadu, to przypuszczalnie nie pojawiłoby się tylu zamachowców.

– Ale pan jest naiwny, panie doktorze. Gdybym nie mówił tego, co powiedziałem, to nie rozmawiałby pan dzisiaj z kanclerzem potęgi

Claus Schenk von Stauffenberg, wykonawca zamachu na Hitlera 20 lipca 1944 roku

germańskiej! To miejsce zająłby ktoś inny, kto byłby pobłażliwy wobec żydowskiej zarazy i nie wyplenił by tego wirusa. Pardon, panie doktorze. A czy pan myśli, że wcześniej nie było zamachów? Naprawdę jest pan tak naiwny? Mój poprzednik, Heinrich Brüning, otrzymał kiedyś paczkę. Jak pan myśli, co w niej było? Tort i życzenia? Nie! W środku był ładunek wybuchowy.

– Znajomy Żyd z Polski opowiadał mi o innym zamachu, który również się nie powiódł.

– Ach tak. Piątego października 1939 roku mało brakowało, a straciłbym życie. Odbierałem defiladę w Warszawie w Alejach Ujazdowskich. Przed moją trybuną przy dźwiękach marsza szły kolumny piechoty. Do tego kawaleria, artyleria, samochody wojskowe i motocykliści. Po drodze na Neue Welt Strasse* po obu stronach jezdni umieszczono dwieście pięćdziesiąt kilogramów trotylu. Jednak zamach się nie powiódł. Kolejny dowód na to, że miałem żyć dalej.

– Przypuszczam, że pan otrzymał najwięcej gróźb spośród dotychczasowych przywódców Niemiec.

– Tak właśnie było. Jestem o tym przekonany. I jestem z tego dumny. Ta informacja jest dla mnie wielkim komplementem. To tylko i wyłącznie pokazuje, że wreszcie potężny naród niemiecki doczekał się przywódcy, który niczego się nie boi i przywróci Trzeciej

* Ulica Nowy Świat w Warszawie.

Rzeszy dawną świetność. Ci, którzy chcą mnie zabić, to wrogowie nie tylko moi, ale całego państwa germańskiego. Ale my nie damy sobą pomiatać ani żadnym Anglikom, ani Słowianom, ani Cyganom, ani panoszącym się wszędzie Żydom! Ani z powodu beznadziejnego traktatu wersalskiego. Ustrzegę się przed całym złem tego świata!

– Ochraniał pana sztab lojalnych ludzi.

– Z tą lojalnością tobym nie przesadzał. Nawet w tym stadzie zdarzała się czarna owca, i to mimo składanej przysięgi, która powinna zapobiegać takim sytuacjom. A brzmiała ona następująco: „Składam przed Bogiem oficjalną przysięgę, że będę bezwzględnie posłuszny wodzowi niemieckiego narodu i Rzeszy, Naczelnemu Dowódcy Wehrmachtu Adolfowi Hitlerowi oraz że jako dzielny żołnierz jestem gotów w każdej chwili dla tej przysięgi oddać życie".

– Kazał pan sobie przysięgać.

– Nie byłem pierwszy. Już ponad sześćdziesiąt lat wcześniej, w Drugiej Rzeszy, cesarz wymagał od sił zbrojnych podobnej lojalności. Poza tym zawsze mam przy sobie pistolet. Dzięki temu czuję się bezpieczniej. Służba Bezpieczeństwa Trzeciej Rzeszy, odpowiedzialna za moje bezpieczeństwo, też składała przysięgę: „Zaprzysięgam Ci, Adolfie Hitlerze, jako kanclerzowi Rzeszy Niemieckiej i Führerowi, moje męstwo i lojalność. Ślubuję Tobie i moim wyznaczonym przez Ciebie przełożonym posłuszeństwo aż do śmierci. Tak mi dopomóż Bóg!".

– Czegoś tu nie rozumiem. To jak w takim razie jest możliwe, że pan, przywódca potęgi germańskiej, nie może czuć się bezpieczny we własnym państwie?

– Co za nierozważna teza! Panie doktorze, przecież nie ma pewnej ochrony przed atakiem fanatyków. W trakcie zamachu bombowego czy ostrzału nie jestem bezpieczniejszy, siedząc. Dlatego podczas przejazdów stoję. W końcu do odważnych świat należy!

(Do naszego pomieszczenia ukradkiem wchodzi owczarek Hitlera. Führer natychmiast to zauważa i przywołuje psa do siebie. Drżącymi rękami łapie go za pysk i patrząc prosto w jego oczy, mówi: „Spójrz mi w oczy Blondi! Czy jesteś takim samym zdrajcą jak generałowie z mojego sztabu?! Chociaż ty mnie nie zdradź!").

– Nie boi się pan, że kiedyś to igranie z zamachowcami skończy się dla nich sukcesem?

– Gdyby przeznaczenie tak chciało, już dawno bym nie żył. Pewnego dnia zupełnie niegroźny mężczyzna mógłby wynająć mieszkanie na poddaszu w pobliżu Kancelarii Rzeszy przy Wilhelmstrasse. Sąsiedzi uważaliby, że to miły obywatel – w okularach, niedbale ogolony, niechętnie wpuszczający kogokolwiek do swojego mieszkania. Pomieszkałby sobie kilka dni. Bez pośpiechu czekał na odpowiedni moment, by wycelować w balkon Kancelarii Rzeszy. Były już takie przypadki, że z przysyłanego mi bukietu kwiatów miała trysnąć w twarz trucizna albo otrzymałem wieczne pióro, które miało eksplodować w moich dłoniach. Dlatego później zaczęto odbierać bukiety oczekującym na mój przyjazd. Ale kiedy z kwiatami podbiegało do mnie dziecko, nie mogłem mu robić przykrości – moi ochroniarze pozwalali mu do mnie podejść.

– Policja nie jest w stanie zapewnić panu poczucia bezpieczeństwa?

– Coś panu powiem. Kiedy jadę samochodem, nie uprzedzam policji. Zaalarmowana policja korzysta ze środków, które tylko przyciągają uwagę. Pewnego razu jechałem z Wiednia do Pressburga[33]. Policja powiadomiona o tym fakcie została postawiona w stan gotowości. Tylko w jakim celu? Przecież i tak służby nie mogły obstawić całej trasy. Na domiar złego Gestapo przebrało się tak dziwnie, że nawet dziecko by ich rozpoznało. Niech pan sobie wyobrazi, że jeden z nich miał na głowie kapelusz pszczelarza. Co za poczucie humoru! Ma pan już teraz odpowiedź, dlaczego z policyjnej osłony korzystam tylko w czasie wieców.

– Zdradzi pan kulisy bezpieczeństwa pańskich przejazdów przez miasta?

– Dobrze pan wie, że jeśli choć jedno słowo z naszej rozmowy wycieknie przed moją śmiercią, to nie doczeka pan premiery tej książki. Wiem, że jednak tak się nie stanie…

– Ależ to oczywiste, panie Hitler.

---

[33] Pressburg to niemiecka nazwa Bratysławy.

– Przed moim przejazdem przez miasto RDS[34] przeszukuje trasę przejazdu i pobliskie miejscowości. Podczas przejazdu zazwyczaj trasę osłania szpaler esesmanów. Co trzeci z nich stoi twarzą do tłumu. Oprócz tego na dachu są snajperzy. Jeżeli chodzi o pojazdy, to kawalkadę samochodów poprzedza auto pilotujące. Za nim, w odległości pięćdziesięciu metrów, jedzie mój wóz. Ja zwykle stoję lub siedzę obok kierowcy.

– Kto jeszcze z panem jechał w samochodzie?

– Z tyłu siedział mój adiutant i jeden z agentów SS-Begleitkommando. Dalej jechały trzy samochody z członkami SS-Begleitkommando i Reichssicherheitsdienst. Kordon zamykały samochody z dostojnymi gośćmi oddalone o kolejne sto metrów.

– Kto pana ochraniał?

– Panie doktorze, co to za pytanie. To jakby pytać Napoleona Bonapartego, ile miał kobiet! Było tych osób wiele, nie sposób tutaj wszystkich wymienić.

– Który zamach najbardziej utkwił panu w pamięci?

– Wielu życzyło mi śmierci. Każdy zamach wiązał się z ryzykiem, że zginę. Przytoczę tutaj opowieść o mniej znanej akcji przeciwko mnie. Wydarzyło się to zaraz po rozpoczęciu wojny. Wsiedliśmy w pociąg i ruszyliśmy w drogę na front. W Bad Polzin[35] przesiedliśmy się do szarych mercedesów cabrio, wyposażonych w karabiny maszynowe. Ponadto osłaniali nas motocykliści i opancerzone samochody. Wyruszyliśmy w drogę. Atmosfera była dość swobodna, nikt nie spodziewał się tego, co miało się wydarzyć. Nagle rozległ się strzał. Jak się później okazało, polski snajper zabił kierowcę ciężarówki mijającej moją kolumnę, w wyniku czego ciężarówka staranowała jeden z wozów eskorty. Tamtego dnia po raz kolejny otarłem się o śmierć. To tragiczne wydarzenie nie odwiodło mnie od planów na ów dzień i kilka godzin później obserwowałem forsowanie Wisły.

– Wszyscy słyszeli o innym zamachu – o tym w Wilczym Szańcu, czyli tak zwanej operacji Walkiria.

---

[34] RDS, Reichssicherheitsdienst, Służba Bezpieczeństwa Trzeciej Rzeszy.

[35] Chodzi o polski Połczyn-Zdrój.

– Pułkownik Claus Schenk Graf von Stauffenberg zapowiadał się na dobrego żołnierza. Za swój udział w walce zapłacił pustym lewym oczodołem, który zakrywał opaską, brakiem prawej ręki i dwóch palców lewej dłoni. Nawet nauczył się pisać lewą ręką, używając kciuka i dwóch pozostałych palców. Słyszałem, że się ubierał, używając pozostałych trzech palców i zębów, a rękaw prawej ręki przypinał do munduru. Mimo tych zasług w wojnie chciał mnie pozbawić życia.

– Pamięta pan tamten dzień?

– Dwudziesty lipca 1944 roku. To był okres, kiedy siedziałem do późna, rozmawiając ze swoimi współpracownikami, przez co wstawałem nawet przed czternastą. Jednak dziewiętnastego lipca prosiłem, by następnego dnia obudzono mnie o dziewiątej. Po południu oczekiwałem Mussoliniego, dlatego chciałem rano odbyć naradę i przygotować się do spotkania z Duce. Dokładnie o dwunastej pięćdziesiąt po twarzy pociekła mi krew. Ranny byłem również w nogi. Przeszedłem albo ktoś mnie przeniósł, już nie pamiętam, do jadalni. Wtedy dotarło do mnie, że ktoś próbował mnie zabić

– Jak się pan wtedy zachowywał?

– Próbowałem udawać, że nic się nie stało. Wszystko po to, by nie wzbudzać paniki u moich współpracowników. Pamiętam, że nogi pode mną drżały, a prawa ręka wisiała bezwładnie. Lekarz Hasselbach usunął mi z nóg dwieście odłamków, po czym zabandażował rany. Poczułem wtedy, że czuwa nade mną Wszechmocny i utwierdził mnie, jakie powierzył mi zadanie.

– Pierwsza myśl?

– Od początku zadawałem sobie pytanie: kto to zrobił? Zaraz po wybuchu kazałem zbadać całe otoczenie i rozpocząć śledztwo. Sekcja kryminalna miała ręce pełne roboty. Nie potrzebowałem dużo czasu, by wpaść na to, że za wszystkim stał ten cholerny von Staufffenberg! Mój kamerdyner Linge nie chciał się z tym zgodzić. Doprowadził mnie z tego powodu do białej gorączki. Później miał powód, by mnie przepraszać! Już kolejnego dnia, natychmiast po pojmaniu, Claus Schenk Graf von Stauffenberg został rozstrzelany.

– Czyli nie wszyscy pana popierali.

– Ależ oczywiście, istniał ruch oporu. Zawsze tak jest, że w stadzie znajduje się kilku baranów, którzy nie rozumieją genialnych planów

Ocalony Hitler pokazuje Benito Mussoliniemu barak zdemolowany wybuchem bomby podłożonej przez Stauffenberga 20 lipca 1944 roku

innych członków stada. Dlatego wszystkich generałów, którzy byli podejrzani o współorganizowanie spisku z dwudziestego lipca, kazałem powiesić na hakach jak zwierzęta w rzeźni, sfilmować i pokazywać innym jako ostrzeżenie.

– Heinrich Himmler pana zdradził?

– Nawet pan już to wie?! Ta świnia, a właściwie kurczak, bo to były hodowca drobiu, okazał się moim największym wrogiem. Zdradził mnie niczym żydowska istota. Coś bardzo przykrego.

– A uważa się pan za osobę szczerą?

– Szczerze?

– Tak byłoby najlepiej.

„Próba zabójstwa musi zostać podjęta niezależnie od jej ceny. Nawet jeśli się nie uda, należy spróbować przejąć władzę w Berlinie. Nie liczy się teraz praktyczny cel zamachu stanu, lecz udowodnienie światu i historii, że członkowie ruchu oporu zdecydowali się podjąć ostateczny krok".

Generał Henning von Tresckow do pułkownika Stauffenbega.

Źródło: J.P. Duffy, V.L. Ricci, *Führer musi zginąć! Plany i próby zabicia Adolfa Hitlera*, Wydawnictwo Replika, 2013.

– W takim razie wolę nic nie mówić… Żartuję! Polubiłem pana do tego stopnia, że wyzwala się we mnie czarny humor. Żydzi to przebiegła nacja, do której pan się również zalicza. Dlatego nie powinien pan zadawać takich niemądrych pytań. Oczywiście, że sprawny polityk nie może być szczery. Szczególnie dyplomacja tego wymaga.

– Nawet wobec swoich najbliższych współpracowników?

– Przykład tego zdrajcy Himmlera pokazał, że nawet wśród najbliższych współpracowników kryją się szczury. Ale oni zapłacą za to i utopią się we własnej krwi! Zaufanie musi być ograniczone, a szczerość mierzona nie w kilogramach, ale najwyżej w gramach. Ktoś może stwierdzić, że byłem tak zakłamany, iż po pewnym czasie nie rozgraniczałem kłamstwa i prawdy. Szczerze? To pewnie prawda…

– Zaufanie do rodziny?

(Hitler sięga po coś do kieszeni na piersi. Wolnym ruchem wyciąga z niej fotografię).

– Panie doktorze, proszę spojrzeć. To jedyna osoba, do której miałem ogromne zaufanie. Kochałem ją ponad życie, z równie dużą wzajemnością. Poznaje pan?

– Ależ oczywiście. To pańska matka.

– Nie chcę budzić suki, która zasnęła wtulona w moje nogi. Proszę mi wierzyć na słowo, że w sypialni mam olejny portret mamusi. Z nim również nigdy się nie rozstaję.

– Jak większość Niemców nie miałem o tym pojęcia.

– Dotychczas chroniłem swoją prywatność. (*Mówiąc to, podnosi głos, wyraźnie podenerwowany. Kiwa głową, potrząsa nią, po czym wraca do rozważań*). Jako wódz Trzeciej Rzeszy nie mogłem mieć życia prywatnego. Zależało mi na tym, żeby sprawiać wrażenie składania siebie w ofierze, udowadniania obywatelom, że pracuję dzień i noc.

– Rok temu skończył pan pięćdziesiąt pięć lat. Jak się pan z tym czuje?

– Do dzisiaj wspominam przyjęcie z tej okazji. Dostałem mnóstwo prezentów. Mimo że w zasadzie jestem abstynentem, raczyłem się białym winem. Uderzyło mi do głowy do tego stopnia, że zacząłem śpiewać, a wraz ze mną ukochana Blondi. Nawet nie jest pan sobie w stanie wyobrazić, jak zabawny duet stworzyliśmy. Prezenty zaś – takie jak czekoladki, owoce czy ciastka – kazałem zniszczyć. Kto wie, czy nie były zatrute?

– Kto mógłby zostać pana następcą?

– Rudolf Hess był przymierzany do tej roli, ale padło mu na głowę. Poleciał samolotem negocjować z aliantami! Kolejny kandydat, Heinrich Himmler, stracił zaufanie partii, a do tego nas zdradził. Za to Göring stracił sympatię całego narodu. Jak pan widzi, wszędzie są same szuje i zdrajcy.

(Mówiąc to, patrzy na mnie obłąkanym wzrokiem. Boję się go jeszcze bardziej niż zwykle).

– Wielokrotnie słyszałem, że właśnie Himmler miał być wyznaczony na pańskiego następcę.

– To tylko plotki. Zresztą Himmler, który ukończył studia rolnicze, najwyżej mógłby być odpowiedzialny za wypas bydła w Trzeciej Rzeszy! On jest zdrajcą największym ze wszystkich!

– Wielu uważa pana za bestię. Mógłby pan na koniec naszego dzisiejszego spotkania opowiedzieć o jakimś swoim ludzkim odruchu?

„NIESZCZĘŚLIWY" WYPADEK RUDOLFA HESSA

„Berlin, 12 maja 1941

Oficjalna nota partyjna:

Towarzysz Hess, któremu ze względu na jego od lat postępującą chorobę Führer surowo zakazał wszelkich aktywności lotniczych, zdołał w ostatnim czasie – wbrew temu zakazowi – znowu wejść w posiadanie samolotu. W sobotę, 10 maja, około godziny 18:00, towarzysz Hess wystartował w Augsburgu do lotu, z którego do dnia dzisiejszego nie powrócił. Pozostawiony list, mętny i zagmatwany, nosi niestety ślady rozstroju umysłowego, które budzą obawę, że towarzysz Hess padł ofiarą urojeń. Führer natychmiast rozkazał aresztować adiutantów towarzysza Hessa, którzy wiedzieli o jego lotach i wbrew znanemu im zakazowi Führera, nie przeszkodzili w nich ani bezzwłocznie o nich nie zameldowali. W tych okolicznościach musimy niestety liczyć się z tym, że towarzysz Hess uległ podczas swojego lotu nieszczęśliwemu wypadkowi".

F. Kellner, *Dziennik sprzeciwu. Tajne zapiski obywatela III Rzeszy 1939–1942*, op. cit., s. 176.

Hitler, Göring, Goebbels i Hess podczas uroczystości państwowej

– Któregoś razu zszokowałem mojego kamerdynera, Heinza Lingego. Było to w nocy. Ja, ubrany w nocną koszulę, próbowałem wymienić żarówkę w lampie, by móc czytać. Cały drżałem z zimna. Nagle niespodziewanie pojawił się kamerdyner. Powiedział: „Mein Führer, dlaczego mnie pan nie wezwał". Na co odpowiedziałem, że głupotą byłoby go budzić w środku nocy tylko po to, by wymienił żarówkę. Jak widać, czasami bestia ma ludzkie odruchy.

– Co teraz?

– Wszystko stracone. Nie da się już uratować Berlina, wojna jest przegrana. Mimo to zostanę w Berlinie do końca. Muszę dać dobry przykład moim żołnierzom. Zawsze powtarzałem, że albo jesteśmy młotem, albo kowadłem. Nigdy nie ukrywałem, że pragnę przygotować naród niemiecki do roli młota.

– Co na koniec chciałby pan przekazać przyszłym pokoleniom?

– Proste słowa: Jestem i zawsze będę dumny, że otwarcie wystąpiłem przeciw Żydom! Nie mam zamiaru teraz czekać, aż te żydowskie świnie mnie zabiją. Sam wezmę sprawy w swoje ręce i nie pozwolę, by Stalin obwoził mnie w klatce.

Jeżeli przegramy, naród niemiecki nie będzie miał po co żyć. Hitler nie żyje

• ostatnie godziny życia Adolfa Hitlera • wujek Adi czyta bajki • zabójcze tabletki • przykładny katolik

Dwudziestego trzeciego kwietnia 1945 roku o godzinie 22:00 Adolf Hitler dostał telegram od marszałka Rzeszy Hermana Göringa, w którym ten proponował przekazanie mu władzy. Kiedy Führer to przeczytał, wpadł w szał. Nazwał go zdrajcą i kazał natychmiast uwięzić. Co ciekawe, jeszcze tego samego dnia Göring został ujęty przez oddział SS. Mimo to nie został stracony. 15 października 1946 roku popełnił samobójstwo[36].

„Ten łobuz to katastrofa; co nie stanowi powodu, by nie wzbudzał zainteresowania jako los i charakter. [...] Dlatego nikogo nie można zwolnić z obowiązku zajmowania się tą mroczną postacią".

Thomas Mann, *Bruder Hitler*

Źródło: V. Ullrich, *Hitler. Narodziny zła 1889–1939*, op. cit.

[36] O dziwo, Herman Göring do końca swoich dni wierzył, że nie popełnił zbrodni wojennych. Jego zdaniem, wszystko, co czynił, miało służyć interesom Niemiec.

Dzień później, 24 kwietnia 1945 roku, przebywający w Szlezwiku-Holsztynie Reichsführer SS Heinrich Himmler za pośrednictwem przedstawiciela Czerwonego Krzyża, Folke Bernadottego, rozpoczął nieudane pertraktacje z zachodnimi aliantami.

Dotychczas urodziny Hitlera, które przypadały na 20 kwietnia, odbywały się według następującego schematu. O północy z 19 na 20 kwietnia wodza odwiedzali jego najbliższi pracownicy i składali życzenia. W przypadku ostatnich urodzin nie było o tym mowy. Hitler poinformował swojego kamerdynera, że w tym roku nie widzi powodu, by składać mu życzenia. Kazał jedynie, by na bieżąco informować go, kto się u niego zjawił. A tych było wielu, m.in. SS-Gruppenführer generał Wilhelm Burgdorf, osobisty adiutant Hitlera Julius Schaub i szef adiutantów w Kancelarii Rzeszy Otto Günsche. Doszło do tego, że delegacja stała pod drzwiami, a kanclerz nie miał ochoty jej przyjmować, tłumacząc przez kamerdynera, że nie ma czasu. Wreszcie po namowach Evy Braun Hitler, niechętnie, przyszedł do oczekujących, usłyszał „Wszystkiego najlepszego" i wrócił do siebie. Później, po nocnej naradzie, Hitler wrócił do swojego gabinetu. Potem dołączyła do niego Eva. Nalała do filiżanek herbatę. Atmosfera urodzin idealnie oddawała klimat całego otoczenia. Daleko było do optymistycznych nastrojów.

Armia Czerwona razem z Ludowym Wojskiem Polskim była w stanie wystawić do walki o Berlin prawie 2,5 mln żołnierzy, wyposażonych w 40 tys. dział, 7 tys. samolotów i ponad 6 tys. czołgów i dział samobieżnych. Broniący stolicy Trzeciej Rzeszy o takim wyposażeniu mogli tylko pomarzyć. Stosunek sił wynosił: żołnierzy jeden do dziesięciu, dział jeden do czternastu, a czołgów jeden do trzydziestu.

HEINRICH HIMMLER. PRZYKŁADNY KATOLIK

Pochodził z konserwatywnej mieszczańskiej rodziny. Decydujący głos miał jego ojciec, który ustalił dla niego i pozostałych synów system obowiązków i zasad, pilnując ich ścisłego przestrzegania. W młodości był chorowity. Po pierwszej wojnie światowej, w której nie brał udziału, podjął studia agrotechniczne na Politechnice Monachijskiej. W czasie ich trwania próbował bezskutecznie znaleźć kobietę. Wobec braku sukcesów w tym względzie myśli erotyczne wypierał marzeniami o wojnie i przemocy.

Hitler na naradzie z dowódcami wojsk broniących dostępu do Berlina, 3 marca 1945 roku

Kilka dni przed urodzinami Führera jego bunkier zostaje kilkakrotnie trafiony pociskami artyleryjskimi. Na solidnych sufitach nie widać jednak śladu po ostrzale. Wartownicy stojący przed potężnym schronem kanclerza otrzymują granaty ręczne i pistolety maszynowe. Rozkaz jest jasny: w przypadku ataku oddziałów szturmowych albo spadochroniarzy mają bronić budynku. W tym czasie na ulicach stolicy Trzeciej Rzeszy trwają zaciekłe walki. Jedynie cud może ocalić stolicę przed zdobyciem. Dzieci Magdy i Josepha Goebbelsa dzielą godziny od śmierci spowodowanej zażyciem trucizny. Wcześniej jednak wujek Adi czyta im bajki na dobranoc.

Do kwatery przyjeżdża Eva Braun. Robi to wbrew wodzowi, który obstawał, by nie podejmowała tak ryzykownych kroków. Po przyjeździe swojej ukochanej Adolf Hitler namawia ją, by opuściła Berlin, korzystając z przygotowanego samolotu. Kobieta pozostaje nieugięta. „Nie zrobię tego! Twój los jest moim losem! Pod żadnym pozorem nie opuszczę ciebie. A jeśli nie będzie innego wyjścia, zginę razem z tobą" – przekonuje.

Ostatnie dni życia kanclerz Hitler spędza dziesięć metrów pod ziemią. W tym czasie wydaje rozkaz adiutantowi Juliusowi Schaubowi,

This is the Gin **Gordon's** Stands Supreme

MAXIMUM PRICES per bottle 25/3, half bottle 13/3 Gt. Britain and N. Ireland only

Daily Mail

4 A.M. EDITION

ONE PENNY — FOR KING AND EMPIRE — WEDNESDAY, MAY 2, 1945

HITLER DEAD

News the world's been praying for broken last night by German radio

ADOLF HITLER is dead. Grand Admiral Doenitz, the Commander-in-Chief of the German Navy, has been appointed the new Fuhrer.

BY **WILSON BROADBENT**
DIPLOMATIC CORRESPONDANT

German radio gave the news to the world at 10.25 last night in the following words:

'On April 30, the Fuhrer appointed Grand Admiral Doenitz as his successor. The Grand Admiral will now speak to the German people.'

Admiral Doenitz, who immediately came on the air, said his task was to save the people of Germany from annihilation at the hands of Bolshevism.

For that aim, only, the war would go on. Germany would have to continue the fight against Britain and America as long as they 'hindered this purpose'.

No details were available last night about the manner of Hitler's death. He was last known to be holed up in a heavily-fortified Berlin bunker surrounded by his most die-hard supporters.

The naming of Doenitz as the new Fuhrer suggests that what remains of Germany has been split into two camps — those who wish to fight on, led by Doenitz, and those who want to surrender, led by Heinrich Himmler, the Reichsfuhrer of the SS.

No reference was made in last night's announcement to Himmler, who has already offered unconditional surrender to Britain and the United States, and was expected to comply with the Allied demand that capitulation must be made also to Russia.

Mysteriously, the broadcast was repeatedly interrupted by what sounded like a ghost voice urging the German people to go on strike and saying the struggle was not worthwhile. Had one of Himmler's advocates for peace sabotaged the recording?

After Doenitz's speech the two

TURN TO PAGE 3

THE LAST PICTURE

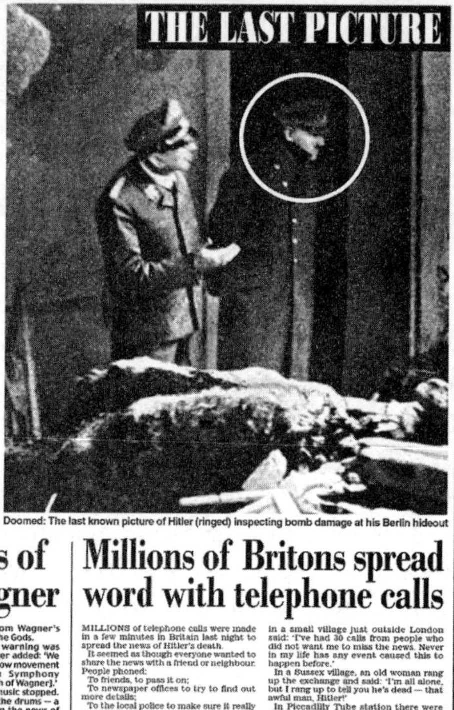

Doomed: The last known picture of Hitler (ringed) inspecting bomb damage at his Berlin hideout

Achtung! 90 minutes of suspense — and Wagner

WHILE the world waited in suspense, for 90 minutes the solemn music of Wagner rolled out from the last stations of the Reich. Listeners were told that an announcement by the German government would be broadcast at 9pm.

Not since Hitler came to power had the term 'German government' been used over the radio. All major announcements were made 'by the Fuhrer'.

Soon after Wagner's Tannhauser had ended, Hamburg Radio began a message to the German people — stressing the aims for which they had fought, for which Berlin's death struggle was being waged.

More music followed, from Wagner's Rhinegold and Twilight Of The Gods.

At 9.57pm, the Achtung warning was repeated and the announcer added: 'We are now going to play the slow movement of Bruckner's Seventh Symphony [commemorating the death of Wagner].'

Abruptly at 10.25pm the music stopped. There came three rolls of the drums — a moment's silence, and then the news of Adolf Hitler's death.

This was followed by the German National Anthem, the Horst Wessel song, more drum-rolls and a three-minute silence.

Millions of Britons spread word with telephone calls

MILLIONS of telephone calls were made in a few minutes in Britain last night to spread the news of Hitler's death.

It seemed as though everyone wanted to share the news with a friend or neighbour. People phoned:

To friends, to pass it on;

To newspaper offices to try to find out more details;

To the local police to make sure it really was official;

To the local telephone exchange.

First on the lines were those who had listened to the German radio and they were followed by the mass who heard the news on BBC programmes. An operator in a small village just outside London said: 'I've had 30 calls from people who did not want me to miss the news. Never in my life has any event caused this to happen before.'

In a Sussex village, an old woman rang up the exchange and said: 'I'm all alone, but I rang up to tell you he's dead — that awful man, Hitler!'

In Piccadilly Tube station there were queues outside the telephone booths. Said one man: 'It seems folks just want to talk about it. They don't quite see what effect it will have, and mostly they say it would have been better if he had been brought to trial. But they must talk.'

„Hitler nie żyje!" - donosił na pierwszej stronie brytyjski dziennik „Daily Mail", 2 maja 1945 roku

by zniszczył skonfiskowane w 1933 roku dokumenty dotyczące jego dzieciństwa i młodości. Ostatni raz wynurza się z tego miejsca w dniu swoich urodzin, 20 kwietnia 1945 roku, czyli dziesięć dni przed śmiercią. Na jego twarzy odbija się stres i oddziaływanie wielu leków i narkotyków. Führer co chwila wpada w histerię, krzyczy na kogoś, zaraz potem cichnie ze zmęczenia, następnie zalewa się łzami i krzyczy: „Wszystko stracone, wojna jest już przegrana!". Bez wątpienia stany depresyjne mieszają się z wściekłością.

W dniu swoich pięćdziesiątych szóstych urodzin widzi się m.in. z byłym gorliwym katolikiem Heinrichem Himmlerem. Himmler tego samego dnia wyjeżdża z Berlina do Szlezwiku-Holsztyna. W tym czasie Goebbels, Ribbentrop i Bormann puszczają w obieg fałszywe informacje o rozmowach z aliantami. Wszystko po to, by podtrzymać wolę oporu wśród niemieckich żołnierzy. 26 kwietnia Martin Bormann pisze do naczelników okręgów: „Trzymajcie się do końca, walczcie zacięcie. My się jeszcze nie poddajemy. Nie ustąpimy. Wkrótce dojdzie do poważnych zmian w polityce zagranicznej. Heil Hitler!"[37]. Podpisuje się: Reichsleiter Bormann.

O powodzie wyjazdu Himmlera kanclerz dowiaduje się osiem dni po swoich urodzinach. Wieczorem 28 kwietnia zostaje powiadomiony, że radio Sztokholm wyemitowało komunikat, iż Himmler nawiązał kontakt z aliantami. Również Agencja Informacyjna Reutera doniosła, że Heinrich Himmler przez hrabiego Bernadotte próbował nawiązać kontakt z aliantami, twierdząc, że Hitler miał wylew krwi do mózgu i w ciągu czterdziestu ośmiu godzin umrze. Reakcja przywódcy Trzeciej Rzeszy jest błyskawiczna: „Nigdy zdrajca nie będzie moim następcą! Musi pan nie dopuścić do tego" – apeluje do feldmarszałka Rittera von Greima, którego samolotem przywiozła Hanna Reitsch.

Tego dnia radzieckie czołgi są już pół kilometra od Kancelarii Rzeszy. Przywódca Trzeciej Rzeszy podejmuje decyzję o wzięciu ślubu z Evą Braun. Do prywatnych pokoi Hitlera Goebbels przyprowadza urzędnika Waltera Wagnera, mającego uprawnienia do udzielania ślubu. Przywódca Trzeciej Rzeszy zauważa, że wybranka przywdziała jego ulubioną długą czarną jedwabną suknię. Kolor zresztą wydaje

---

[37] A. Beevor, *Berlin 1945. Upadek*, Wydawnictwo Znak, Kraków 2015.

Niemiecki jeniec ogląda amerykańską gazetę z informacją o śmierci Hitlera, początek maja 1945 roku

się być nieprzypadkowy. Świadkami całej uroczystości są Joseph Goebbels i Martin Bormann.

– Czy cierpią państwo na choroby dziedziczne? – pyta podenerwowany urzędnik.

Po przeczącej odpowiedzi zadaje następne pytanie:

– Czy są państwo pochodzenia aryjskiego?

Tym razem odpowiedź jest twierdząca. Wreszcie pada oczekiwane pytanie:

– Przechodzę teraz do uroczystego aktu zaślubin. W obecności świadków pytam pana, Mein Führer, Adolfie Hitlerze, czy chce pan zawrzeć związek małżeński z Evą Braun? Jeśli tak, proszę odpowiedzieć tak.

Po przytaknięciu podobne pytanie jest skierowane do Evy Braun. Czas podpisać dokumenty. Świeżo poślubiona żona zaczyna kreślić literę „B", chcąc napisać panieńskie nazwisko, po czym ją przekreśla i pisze Eva Hitler geb[orene][38]. Zaraz potem zdenerwowany Hitler składa nieczytelny podpis.

O godzinie 3.30 nad ranem odbywa się krótkie przyjęcie, po którym Hitler udaje się do swojego gabinetu, by podyktować testament i być mężem Evy Braun przez kolejne trzydzieści sześć godzin.

W testamencie pojawia się zapis: „Ponieważ w latach prowadzenia walk sądziłem, że nie jestem na tyle odpowiedzialny, aby zawrzeć związek małżeński, teraz przed zakończeniem mojej ziemskiej kariery postanowiłem wziąć za żonę tę dziewczynę [...]. Na własne życzenie umrze wraz ze mną jako moja małżonka. Śmierć zrekompensuje nam to, czego pozbawiła mnie moja praca w służbie narodu"[39].

Dwudziestego dziewiątego kwietnia Adolf Hitler wzywa do gabinetu Martina Bormanna i Josepha Goebbelsa. Tematem rozmowy jest utworzenie nowego rządu. Doktor Goebbels godzi się przejąć funkcję kanclerza Rzeszy. Prezydentem ma zostać mianowany Grossadmiral Karl Dönitz. Kamerdyner Heinz Linge z ust Hitlera słyszy: „Zostanę w Berlinie i tutaj umrę. A dlatego, że jestem zbyt słaby, żeby walczyć z bronią u boku, sam sobie odbiorę życie. Tak powinien zachować się komendant twierdzy".

Po naradzie Führer prosi Goebbelsa, by razem z rodziną opuścił Berlin. Goebbels się jednak nie zgadza. Hitler nalegał, ale w odpowiedzi usłyszał:

– Jako komisarz obrony Berlina nie mogę z czystym sumieniem opuścić tego miasta. Pańskie polecenie ma dla mnie status niewykonalny.

– Ja jednak po ludzku nalegam. Ma pan fantastyczną żonę, gromadkę dzieci. Nie może pan tego stracić.

Po kilkunastu minutach przekonywania Hitler stwierdził:

– Do czego to doszło! Nawet mój najbliższy współpracownik odmawia wykonywania rozkazów!

Goebbels puścił tę uwagę mimo uszu. Ze łzami w oczach zasalutował na pożegnanie i wyszedł.

---

[38] *Geborene* (niem.) – „z domu".

[39] H. Linge, *Byłem kamerdynerem Hitlera*, Wołoszański, 2010, s. 325.

Amerykański żołnierz w bunkrze pod Kancelarią Rzeszy ogląda pokój, w którym Hitler popełnił samobójstwo

Heinz Linge zostaje wezwany do gabinetu kanclerza Trzeciej Rzeszy:

– Proszę przygotować w mojej sypialni bawełniane kołdry i wystarczającą ilość benzyny do kremacji. Wkrótce z Evą mamy zamiar się zastrzelić. Zaraz potem weźmie pan nasze zwłoki, zawinie w kołdry, zaniesie do sypialni i je spali.

Linge jest zszokowany. Sparaliżowany tą wiadomością odpowiada drżącym głosem:

– Jawohl, Mein Führer!

Kilka minut później Heinz Linge wypija kilka kieliszków wódki, po czym prosi Kempę, kierowcę Hitlera, by przygotował kanistry z benzyną.

W ostatnich dniach w bunkrze współpracownicy wodza mają jeden temat rozmów: jaki sposób popełnienia samobójstwa jest najskuteczniejszy?

– Najlepiej jest strzelić sobie w usta. Wtedy pęka czaszka, nic się nie czuje, a śmierć jest natychmiastowa – tłumaczy Hitler.

Eva Braun oznajmia, że preferuje ampułkę, tłumacząc, że chce być ładną nieboszczką. Niektórzy żartują nawet, że jest to bunkier pełen żyjących trupów.

Jest noc z trzydziestego kwietnia na pierwszego maja – święto czarownic, nazywane „Nocą Walpurgii". Zdaniem nazistów to święto ma charakter oczyszczający dusze. Kamerdyner zastaje Hitlera w łóżku

Pokój, w którym zginęli Adolf i Ewa Hitler

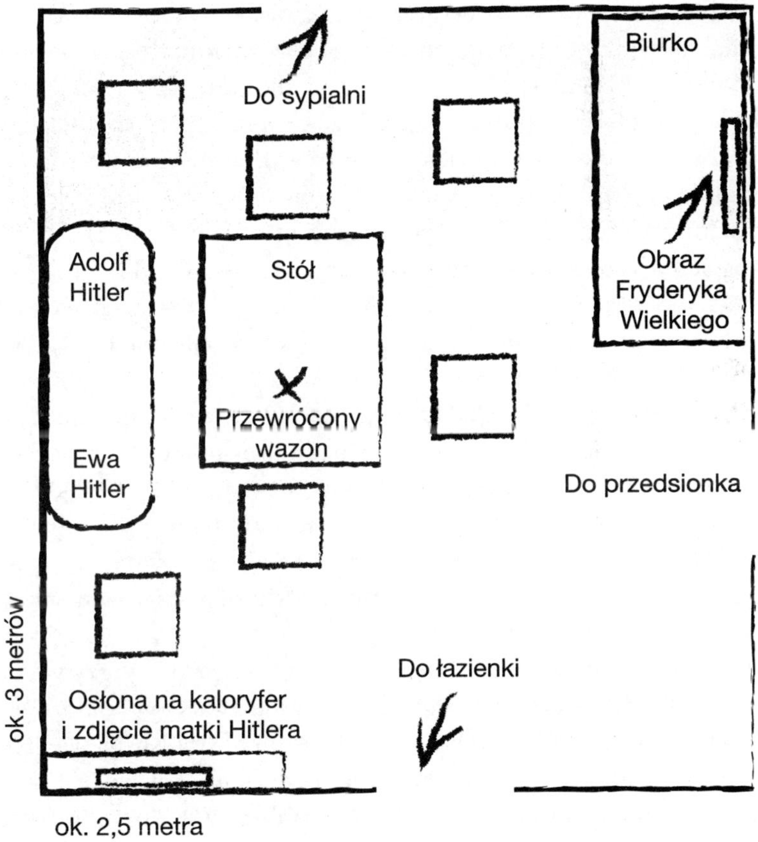

Źródło: E. Kempka, *Byłem kierowcą Hitlera*, op. cit.

w pełnym umundurowaniu. Widząc Lingego, wódz Rzeszy kładzie palec na ustach, pokazując, by zachowywał się cicho i nie budził drzemiących w fotelach przed jego sypialnią współpracowników, w tym m.in. Martina Bormanna. Wszyscy z naładowanymi, odbezpieczonymi pistoletami.

O godzinie 13.00 Hitler zgarbiony mocniej niż zwykle razem ze swoją małżonką udają się na obiad. W towarzystwie swoich sekretarek i kucharki zjada spaghetti. Kilka godzin później widzi się po raz ostatni ze swoim kamerdynerem.

– Nie chcę skończyć jak Benito Mussolini, powieszony na drzewie – mówi.

Kosmyk siwych włosów opada mu na blade czoło. Podaje prawą rękę, po czym unosi ją w niemieckim pozdrowieniu. Zegarek wybija godzinę 15.15. Adolf Hitler, ubrany w mundur, czarne spodnie, czarne skarpetki i czarne buty żegna się ze swoimi współpracownikami, bierze pod rękę świeżo poślubioną żonę Evę Braun, ubraną w ciemną sukienkę z różami wyszywanymi na białym kołnierzu, buty na płaskim obcasie i bawełniane pończochy, i idą do pokoju. Siadają na kanapie. Chwilę później rozlegają się strzały. Adolf Hitler i Eva Braun nie żyją. Strzał w prawą skroń (inna wersja – strzał w usta) miał być tylko zabezpieczeniem, gdyby zażyta wcześniej pigułka z trucizną nie zadziałała.

Świta Hitlera, z Goebbelsem na czele, zastaje w pokoju dwa trupy na czerwonym dywanie. Na podłodze leży pistolet kaliber 7,65 mm, z którego Führer strzelił sobie w prawą skroń. Obok drugi – kaliber 6,35 mm, który był przygotowany na wypadek, gdyby pierwszy nie wystrzelił. Głowa Hitlera jest lekko odchylona w stronę ściany. Niedaleko leży ciało Evy Braun. Ma nogi podciągnięte na kanapę. Dywan przy kanapie jest zachlapany krwią. Na stole wazon. Po drugiej stronie w ramce zdjęcie matki nieżyjącego już przywódcy Trzeciej Rzeszy. Za chwilę oba ciała zostaną owinięte w kołdry, wyniesione z bunkra do parku Kancelarii Rzeszy i ułożone w niewielkim zagłębieniu. Następnie oblane benzyną i podpalone. Zwęglone resztki ciała Hitlera pochowano w leju po bombie. W tym momencie skończyła się historia najbardziej znanego kanclerza Rzeszy.

Epilog Eduarda Blocha

Od mojego ostatniego spotkania z Hitlerem upłynęło kilka dni. Siedzę teraz w piwnicach otoczonego morzem ruin hotelu Adlon razem z takimi jak ja nieszczęśnikami, najczęściej mieszkańcami sąsiednich kamienic. Razem nasłuchujemy odgłosów wybuchów, salw, strzałów, kulimy się ze strachu przy każdej pobliskiej eksplozji. Rosjanie szturmują miasto i są coraz bliżej. Kobiety w piwnicy modlą się, dzieci płaczą, starcy tępo patrzą przed siebie.

A mnie ciągle drżą ręce na wspomnienie rozmów z Hitlerem i nie mogę opanować emocji. Staram się pośpiesznie skreślić relacje z tych rozmów w nadziei, że ktoś je przeczyta, że komuś się przydadzą i świat pozna to zadziwiające świadectwo historii. O swoje życie lękam się coraz mniej. Jeśli nie zginę przysypany gruzem w tym podziemnym świecie, to zmoże mnie śmiertelna choroba, niewiele już dni mi zostało.

W piwnicy jest Heidi, dziewczyna poznana u hrabiego Bernadotte. Powiedziała mi, że Fegelein prawdopodobnie nie żyje. Przyszli po niego na rozkaz Hitlera i wyrwali go z jej objęć, nie całkiem trzeźwego, a właściwe całkiem pijanego. Ona sama, korzystając z nieuwagi esesmanów, zbiegła. Nie gonili jej, nie o nią im chodziło, zresztą w mieście trwały walki. Bała się wrócić do hotelu, ukryła u znajomej w sąsiedniej kamienicy, ale gdy wszyscy zajęci byli sobą i swoim życiem w chwili mocnego ostrzału, wpadła do pokoju hotelowego, porwała najważniejsze rzeczy osobiste i pędem zbiegła po schodach do piwnicy. Powiedziała mi w zaufaniu, że ma szwedzki paszport i spróbuje wyjść na ulicę, przedostać się przez linie rosyjskie, a potem udać do Szwecji. To niebezpieczne, ale jeszcze bardziej niebezpieczne jest bezczynne czekanie tu na śmierć. Zgodziła się zabrać ze sobą moje notatki, dlatego w pośpiechu kreślę ostatnie słowa.

Do rozmów z Hitlerem nie mogłem się przygotować, zostałem zawezwany znienacka. W czasie tej okrutnej wojny rozmawiałem z wieloma ludźmi. Z osobami zastraszonymi przez Gestapo i SS. Milczącymi w trosce o swoje życie. Następstwa były okrutne. Nie brakowało postaci, które w ostatniej chwili wycofywały się z obietnicy rozmowy albo były zastraszane do tego stopnia, że dla ich dobra i dobra własnego wolałem rezygnować z dalszych kontaktów.

Co do samej możliwości przeprowadzenia rozmowy z kanclerzem Rzeszy, to trudno mi to przypisać do jakiejkolwiek kategorii. W żadnym wypadku nie rozpatrywałem tego jako wyróżnienia. Trudno mi to było traktować także jako szansę. Owszem, siedziałem naprzeciwko bestii, która na swoim koncie miała śmierć milionów niewinnych osób. Stąpałem po wyjątkowo cienkim lodzie. Miałem świadomość, że jedno złe pytanie może oznaczać koniec – w najlepszym wypadku naszych dalszych rozmów, w najgorszym moją śmierć. Dlatego niektóre pytania nigdy nie padły z moich ust. Tak, miałem za mało odwagi. Uznałem, że cena niektórych pytań była na tyle wysoka, że nie ma sensu płacić za nią własnym życiem. Jeśli kiedykolwiek czytelnicy będą mieli okazję przeczytać moje zapiski, może zadadzą sobie pytanie: dlaczego on o to nie zapytał? Nie zrobiłem tego może ze strachu, może nie przyszło mi to pytanie do głowy, a może mój paraliż wewnętrzny był zbyt duży, by się na to porywać.

Muszą Państwo wiedzieć, że zadanie każdego pytania wiązało się z ogromnym ryzykiem. Pytając o cokolwiek tak nieobliczalną osobę, nie można nigdy było mieć pewności, że za moment nie usłyszy się: Rozstrzelać go! Nie piszę tego, by próbować kreować siebie na bohaterską postać. Zwyczajnie nie jest mi to w żaden sposób potrzebne. Na wspomnienie tych rozmów sprzed kilku dni przechodzą mnie dreszcze. Rozglądam się, by sprawdzić, czy nikt mnie nie śledzi. Wypatruję mundurów SS, ale są tylko modlące się kobiety, są dzieci i starcy – wszyscy kulący się ze strachu, jeśli gdzieś bliżej rozerwie się pocisk.

Czy Adolf Hitler jest tyranem? Z pewnością tak. Czy ma ludzką twarz? Myślę, że po lekturze moich zapisków domniemani czytelnicy

Adolf Hitler we władczej pozie. Jego Trzecia Rzesza miała przetrwać 1000 lat...

będą w stanie sami wydać stosowny osąd o tej bestii. Te nerwowe notatki i wszystkie przeżycia wokół kosztowały mnie zbyt wiele sił. Zdążyłem się już pogodzić z myślą, że w każdej chwili może po mnie przyjść śmierć. Dlatego niech te słowa pozostaną moją spuścizną. Stojąc teraz w obliczu Dni Ostatecznych wiem, że po ewentualnej publikacji tych rozmów padną oskarżenia – że spisał te notatki Żyd, że nie był w pełni sił umysłowych, albo zdaniem zatwardziałych nazistów – nie zasługiwał na to, by rozmawiać z Adolfem Hitlerem. Nie będę się bronił, bo nie będzie mnie już na świecie. Niechaj te gorące zapiski będą orężem w walce o moje dobre imię. Czy wystarczająco ostrym? Zapewne to okaże się dopiero po mojej śmierci...

Epilog Christophera Machta

Sięgając po tę książkę, należy pamiętać, że jest to literatura faktu, która zawsze sprawia kłopot. Właściwie zwykle mowa jest o tym samym problemie. Jakiś czas temu bestsellerowy amerykański pisarz zapisał mniej więcej takie słowa: „Trzeba odłożyć na bok to, co wszyscy już wiemy – co wiemy teraz – i starać się towarzyszyć dwojgu bohaterom w takim świecie, jakim go widzieli”[40]. Tak jest również w przypadku tej pozycji.

Dzisiaj wiemy zdecydowanie więcej, niż wiedzieli rozmówcy – bohaterowie książki.

A kiedy ja postanowiłem zająć się tematem? Było to wiele lat temu, mieszkałem wraz z rodzicami w Neubrandenburgu, w Niemieckiej Republice Demokratycznej. Pewnego dnia wezwała mnie moja babcia i w tajemnicy wręczyła jakieś pożółkłe kartki zapełnione odręcznym, nerwowym pismem. To były notatki doktora Blocha. Dziewczyna o imieniu Heidi, której je powierzył w piwnicy hotelu Adlon, zdołała przedrzeć się z Berlina do Neubrandenburga, tu przez chwilę gościli ją moi dziadkowie. To ona była kochanką Fegeleina, pracownicą hrabiego Bernadotte, a jednocześnie agentką brytyjskiego wywiadu, ale o tym już doktor Bloch nie wiedział. Pewnego dnia wyszła z domu, zostawiając cały swój bagaż, i już nie wróciła. Może nie przeżyła zbiorowego gwałtu, jakiego mogli się na niej dopuścić sowieccy żołnierze? Pełno było w 1945 roku takich tragedii na wschodzie Niemiec. A może

[40] Jest to nawiązanie do słów zawartych w książce Erika Larsona, W *ogrodzie bestii*, wydawnictwo Sonia Draga, Katowice 2014.

zagarnęło ją NKWD? Nie wiadomo. Pozostawione zapiski doktora Blocha dziadkowie ukrywali. Wiadomo że ich ujawnienie w systemie stalinowskim mogło być niebezpieczne. Babcia, znając moje zainteresowanie historią, powiedziała: opublikuj te zapiski, jeśli dożyjesz czasów, gdy Niemcy będą wolne.

Ot, cała historia.

Co się zaś tyczy doktora Edwarda Blocha, to zdołał przeżyć w nazistowskim Berlinie, ale życiem nie cieszył się długo. Zaraz po zajęciu miasta przez Rosjan szwedzki Czerwony Krzyż zorganizował mu przelot do Stanów Zjednoczonych. Wkrótce jednak zmarł, osłabiony wojennymi przeżyciami organizm szybko poddał się śmiertelnej chorobie, która go trawiła.

Kiedy postanowiłem opracować i udostępnić zapiski doktora Blocha, wiele osób ostrzegało mnie, że to jedno wielkie wariactwo. Gdy po raz pierwszy przedstawiłem pomysł na zebraniu pracowników jednego z wydawnictw, rozległ się głośny śmiech... Ktoś zapytał, czy to żart, a inna osoba tylko puknęła się w głowę.

Nie dość, że musiałem dostosować zapiski do stylu zrozumiałego dla współczesnych czytelników, to jeszcze – jako zamiłowany historyk – zapragnąłem dodać swoje komentarze. Chciałem ożywić trudny miejscami tekst oraz przybliżyć laikom realia tamtych czasów. Przecież upłynęło kilkadziesiąt lat od tamtej rozmowy i tych smutnych, krwawych czasów.

Szukając wydawcy, słyszałem, że rozpoczynając pracę nad tymi komentarzami, zabieram ze swojego życia kilka kolejnych lat. Akurat w tym się nie mylili. Nim napisałem pierwsze zdanie, wchłonąłem kilkadziesiąt książek i obejrzałem drugie tyle filmów.

W czasie pracy nad książką nie czytałem żadnej publikacji niezwiązanej z tematem. Poznawałem swojego bohatera z każdej strony. Czytałem wszystko na jego temat – również opinie bardzo kontrowersyjnych historyków. Kreśląc każde ze zdań, zadawałem sobie pytanie: Czy on naprawdę powiedział te słowa? Jeśli pojawiały się w mojej głowie wątpliwości, w postaci nawet małego ziarenka, rezygnowałem. Chcąc wejść w psychikę Hitlera, poznawałem jego styl wysławiania się, korzystałem z pomocy psychologów, czytałem archiwalne opinie jego lekarzy.

Pamiętam dość zabawną sytuację sprzed kilku lat. Czekałem na lotnisku w Monachium na samolot do Warszawy. Moja walizka wypchana była po brzegi książkami o Adolfie Hitlerze. Było ich z tuzin. Oddając bagaż, zastanawiałem się, czy coś grozi za przechowywanie tylu książek o jednej, dość niebezpiecznej tematyce. Może wśród nich była nawet *Mein Kampf*?

To wszystko kosztowało mnie kilka lat ciężkiej pracy. I choć już po kilku miesiącach tkwiłem w temacie po uszy, nadal uważam, że są jeszcze pozycje, których nie przeczytałem. Sama tylko wyszukiwarka Google po trwającym 0,31 sekundy wyszukiwaniu znalazła w Internecie 30 500 000 wyników zawierających hasło „Adolf Hitler" (nie mówiąc już o odmienionych formach – „Adolfa Hitlera", „Adolfie Hitlerze" itp.) Po prostu nie da się tego przerobić. I nie da się wszystkiego o nim wiedzieć. Choć mam świadomość, że jestem bliżej niż dalej osiągnięcia tego celu.

Chciałbym podziękować wszystkim, którzy wsparli mnie przy pisaniu książki. Dziękuję przede wszystkim mojej żonie Pauli za to, że cierpliwie znosiła moją niesłabnącą chęć pochłaniania wszystkiego na temat Adolfa Hitlera. Jak ona tego dokonała, do dziś nie mam pojęcia.

Dziękuję również Rodzicom i Rodzeństwu – nie tylko za to, że są!

I – a może przede wszystkim – Wydawnictwu Bellona, które od początku naszej znajomości podeszło do sprawy bardzo poważnie, a owocem naszej współpracy jest ta książka. Żadne z niemieckich wydawnictw w epoce poprawności politycznej pod rządami Angeli Merkel nie chciało się podjąć wydania książki. Zdecydowała się Bellona. Znam nieźle język polski i z pomocą nieocenionej Pauli, która jest Polką, powstała polska wersja językowa publikacji wraz z odniesieniami do przekładów na polski w komentarzach i przypisach.

Czego życzyć Czytelnikom – i w ogóle ludzkości? To proste. Jak najmniej konfliktów zbrojnych i tego, byśmy o takich zbrodniarzach jak Adolf Hitler czytali tylko w książkach. Tego życzę Wam i sobie...

Christopher Macht

LITERATURA

Audycja radiowa „Wieczór Radia Dla Ciebie", rozmowa z Krzysztofem Pyzią, http://rdc.pl/publikacja/wieczor-rdc-pakiet-onkologiczny-krzysztof-pyzia-w-rocznice-wyzwolenia-warszawy-o-ekspedycji-naukowo-podrozniczej/.

Beevor Antony, *Druga wojna światowa*, Znak Horyzont, Kraków 2013.

Bernstein Arnie, *USA w cieniu swastyki*, Dom Wydawniczy Rebis, Poznań 2013.

Cawthorne Nigel, *Sekrety wuja Adolfa, życie erotyczne wielkich dyktatorów*, Mireki Wydawnictwo, 2005.

Craigie Emma, Mayo Jonathan, *Hitler's Last Day: Minute by Minute*, Short Books, London 2015.

Crowdy Terry, *Deceiving Hitler. Double Cross and Decaption in World War II*, Osprey Publishing, 2008.

Davies Norman, *Europa*, Znak, Kraków 2010.

Davies Norman, *Serce Europy*, Znak, Kraków 2014.

Delaforce Patrick, *Adolf Hitler: The Curious and Macabre Anecdotes*, Fonthill Media, 2012.

Delpla François, *Hitler i kobiety*, Wydawnictwo Dolnośląskie, Wrocław–Poznań 2005.

Delpla François, *Les tentatrices du diable*, L'Archipel, 2005.

Ducret Diane, *Kobiety dyktatorów*, Znak, Kraków 2012.

Ducret Diane, Hech Emmanuel, *Ostatnie dni dyktatorów*, Znak Horyzont, Kraków 2014.

El-Hai Jack, *Goering i psychiatra*, Prószyński i S-ka, Warszawa 2015.

Fohrmann Petra, *Weźmiemy ze sobą dzieci. Ostatnie lata życia rodzinnego Goebbelsów*, Prószyński i S-ka, Warszawa 2015.

Goebbels Joseph, *Dzienniki*, t. 1: 1923–1939, Świat Książki, Warszawa 2013.

Goebbels Joseph, *Dzienniki*, t. 2: 1939–1945, Świat Książki, Warszawa 2013.

Goebbels Joseph, *Dzienniki*, t. 3: 1943–1945, Świat Książki, Warszawa 2014.

Grünberg Karol, *Adolf Hitler. Biografia Führera*, Książka i Wiedza, Warszawa 1988.

Grunberger Richard, *Historia społeczna Trzeciej Rzeszy*, Warszawa 1987.

Gumulak Andrzej, *Kobiety Hitlera*, Ringier Axel Springer, Warszawa 2014.

Hamann Brigitte, *Hitlers Edeljude, Das Leben des Armenarztes Eduard Bloch*, Piper Verlag GmbH, 2008; polskie wydanie *Szlachetny Żyd Hitlera. Życie lekarza biedoty Edwarda Blocha*, ukazało się nakładem wydawnictwa TAiWPN Universitas, Kraków 2013.

Hamann Brigitte, *Wiedeń Hitlera*, Dom Wydawniczy Rebis, Poznań 2011.

Herwarth Hans von, *Między Hitlerem a Stalinem*, Bellona, Warszawa 1992.

Hesemann Michael, *Hitlersreligion*, PattlochVerlag GmbH & Co KG, 2004; polska edycja: *Religia Hitlera*, Prószyński i S-ka, Warszawa 2011.

Hesemann Michael, *Kłamstwa Hitlera*, Świat Książki, Warszawa 2014.

Hitler Adolf, *Mein Kampf* (polskie tłumaczenie: Puchalska Irena oraz Marszałek Piotr), b.d. i m.

Hoffmann Heinrich, *Hitler was my friend*, Frontline Books, 2011.

Hoffmann Peter, *Hitler's Personal Security*, polskie tłumaczenie ukazało się pod tytułem *Osobista ochrona Hitlera*, Wydawnictwo Wołoszański, Warszawa 2012.

Kellner Friedrich, *Dziennik sprzeciwu. Tajne zapiski obywatela III Rzeszy 1939–1942*, Ośrodek Karta, Warszawa 2015.

Kempka Erich, *Byłem kierowcą Hitlera*, Vesper, Poznań 2012.

Kershaw Ian, *Hitler*, t. 1–3, Dom Wydawniczy Rebis, Poznań 2013.

Kershaw Ian, *Hitler. The Germans and The Final Solution*, 2008 (polskie wydanie *Hitler, Niemcy i ostateczne rozwiązanie)*, Dom Wydawniczy Rebis, Poznań 2010.

Kershaw Ian, *The „Hitler Myth",* Clarendon Press, 1987.

Kershaw Ian, *Führer. Walka do ostatniej kropli krwi*, Znak, Kraków 2011.

Klabunde Anja, *Magda Goebbels. Pierwsza dama Trzeciej Rzeszy*, Prószyński i S-ka, Warszawa 2014.

Kubizek August, *Adolf Hitler. Mój przyjaciel z młodości*, Vesper, Poznań 2014.

Lambert Angela, *Przegrane życie Ewy Braun*, Dom Wydawniczy Rebis, Poznań 2006.

Larson Erik, *W ogrodzie bestii*, Sonia Draga, Katowice 2012.

Leeb Johannes, Heydecker Joe J., *Proces norymberski*, RM, Warszawa 2015.

Linge Heinz, *Byłem kamerdynerem Hitlera*, Wydawnictwo Sensacje XX wieku, Warszawa 2010.

Lynch Michael J., *Hitler*, Routledge, 2013.

Moorhouse Roger, *Pakt Diabłów*, Znak, Warszawa 2015.

Mrożewski Bartłomiej, *Naziści. Ikony zła*, Grupa Wydawnicza Foksal, Warszawa 2014.

Nagorski Andrew, *Hitlerland. Jak naziści zdobywali władzę*, Dom Wydawniczy Rebis, Poznań 2012.

Neumann Hans-Joachim, Eberle Henrik, *Czy Hitler był chory?*, Świat Książki, Warszawa 2012.

Poppek Anna, *Życie prywatne dyktatorów XX wieku*, G+J, Warszawa 2012.

Pyzia Krzysztof, *Adolfie, brałeś coś?* „Focus Historia" 2015, nr 3.

Pyzia Krzysztof, *Mein Kampf*: książka, o której Adolf Hitler chciał zapomnieć, dostęp: http://histmag.org/Mein-Kampf-ksiazka-o-ktorej-Adolf-Hitler-chcial-zapomniec-10505.

Raina Petter, *Adolf Hitler. 1945 Koniec legendy*, Von Borowiecky, Warszawa 2007.

Rees Laurence, *War of the century*, BBC Books 1999.

Rees Laurence, *Złowroga charyzma Adolfa Hitlera. Miliony prowadzone ku przepaści*, Prószyński i S-ka, Warszawa 2013.

Ricci Vincent L., Duffy James P., *Target Hitler. The Plots to kill Adolf Hitler*, Praeger, 1992.

Ryback Timothy W., *Hitler's Private library: The Books That Shaped His Life*, Vintage, 2010.

Schmölders Claudia, *Hitlers Gesicht. Einephysiognomische Biographie*, Verlag C.H. Beck oHG, 2000.

Schroeder Christa, *Byłam sekretarką Hitlera*, Bellona, Warszawa 2014.

Sigmund Anna Maria, *Das Geschlechtsleben bestimmen wir: Sexualität im Dritten Reich,* Wilhelm Heyne Verlag, 2008.

Sigmund Anna Maria, *Seks w III Rzeszy*, Bellona, Warszawa 2015.

Spitz Vivien, *Doctors from Hell: The Horrific Account of Nazi Experiments on Humans,* Sentiens Publications, 2005.

Suworow Wiktor, *Alfabet Suworowa*, Dom Wydawniczy Rebis, Poznań 2014.

Tablice Historyczne, wyd. zbiorowe, Wydawnictwo Adamantan, Warszawa 2013.

Toland John, *Hitler. Reportaż biograficzny*, Albatros, Warszawa 2014.

Tygodnik „Forum" 2010, nr 17/18, oprac. Hanna Hartwig na podstawie: „Bild", „Der Spiegel", „Daily Mail", „Haaretz".

Uhl-Herkoperec Danuta, Słowiński Przemysław, *Erik Jan Hanussen. Jasnowidz Hitlera*, Videograf, Chorzów 2014.

Ullrich Volker, *Hitler. Narodziny zła 1889–1939*, Prószyński i S-ka, Warszawa 2015.

Ullrich Volker, *Hitler*, Prószyński i S-ka, Warszawa 2015.

Valode Philippe, *Hitler i tajne stowarzyszenia*, Prószyński i S-ka, Warszawa 2010.

Victor George, *Hitler. Anatomia zła*, Wydawnictwo Wołoszański, Warszawa 2010.

Wielkie Mowy Historii. Od Hitlera do Eisenhowera, Zawadzki Tadeusz (wybór i opracowanie), t. 3, Polityka Spółdzielnia Pracy, Warszawa 2006.

Vitkine Antoine, *Mein Kampf. Historie d'un livre*, Flammarion, 2009.

Wołoszański Bogusław, *Największy wróg Hitlera*, Wydawnictwo Wołoszański, Warszawa 2012.

Wołoszański Bogusław, *Tamten okrutny wiek. Nowa historia XX wieku. 1914–1990*, Wydawnictwo Wołoszański, Warszawa 2003.

World War II Data Books: Third Reich 1933–1945. The Essential Facts And Figures For Hitler's Germany, red. Michael Spilling, Amber Books Ltd, 2009.

Wywiady prasowe wszech czasów, Wywiad przeprowadzony przez George'a Sylvestra Vierecka z Adolfem Hitlerem, w: *Silvester Christopher*, „Liberty" 9 lipca 1932.